聖嚴研究 第一輯

Studies of Master Sheng Yen **Vol.1**

二〇一〇年三月

序一

　　恩師法鼓山創辦人聖嚴師父少年出家，就讀佛學院期間，淺嘗法乳滋味，就體會到佛法的殊勝美妙。只可惜當時大多數人無緣接觸正信的佛法，即便接收到一些佛法的訊息，多半也是錯誤的，社會上普遍對佛教、出家人有著誤解與排斥。

　　聖嚴師父於是喟歎「佛法這麼好，知道的人這麼少，誤解的人這麼多」，雖然當時還只是個十多歲的少年，卻已默默發下弘揚正知正見佛法的志向，更發願要盡力傳揚佛法化世導俗的功能。

　　之後，聖嚴師父歷經大時代戰亂的洗禮，從軍中退役後，三十一歲時得以再度出家，接著修學閉關、留學日本、弘化美國，創辦中華佛學研究所、開創法鼓山、推動世界和平，晚年更創立「中華禪法鼓宗」，致力弘傳漢傳禪佛教。其所做所為、所思所行，看似隨順因緣，卻無時無刻不在呼應著年少時所發下的初衷本願。

　　而恩師所走過的這一路歷程，可以說就如當代佛教史的縮影，一生的思想、行誼，有承續傳統部分，也有融合與開創的部分，例如：默照禪、話頭禪、菩薩戒，提倡人間淨土、心靈環保、心五四、心六倫……等等，為佛教帶來無比新鮮、活力的新生命，既受到這個時代的啟發和影響，其成果又回過頭來深刻啟發、影響著這個時代。

　　聖嚴教育基金會成立於2006年，主要以研究、推廣聖

嚴師父的思想為宗旨。2006年舉辦第一屆「聖嚴思想研討會」，2008年舉辦第二屆，計畫每兩年舉辦一次。

在第一屆的研討會中，師父曾親自蒞臨開、閉幕式，並於會中致詞，對自己的思想內容，有一番生動的描述和說明，甚至自問自答，以解答眾人的疑惑。例如對於思想次第、思想脈絡，師父坦言：「這個問題，連我自己也無法回答。我從來只有一個目的……我一心想要把佛法分享給人。」如同少年時期所發的願，師父說：「我永遠最關切的是佛教薪火的承傳，這是我唯一要做的事。」

因為博士的身分、因為創辦了中華佛學研究所，聖嚴師父始終有著佛教學者的名號，對此，師父特別表明，「雖然我有博士學位，但我不是僅為了博士學位而出國留學」，他更進一步為自己定位「不是學問家、不是學者，但承認自己是一個宗教思想家」，又說：「我是一個帶動思想的人，是帶動我們這個時代往前走的人。」所以，特別「重視實用，重視和現代社會結合、接軌。」

去年（2009年）2月3日恩師捨報圓寂，台灣社會乃至國際，在緬懷追思的同時，對於師父所扮演心靈導航的角色，致力於淨化社會人心的貢獻，有著極高的推崇和肯定，恰恰印證了師父的自我解讀：是重視實用的、是一位思想帶動者。而師父當時這番坦率真誠的言語，如今讀來，更是彌足珍貴。

在此要感謝聖嚴教育基金會董事長施建昌居士、學術研究部召集人楊蓓教授舉辦「聖嚴思想研討會」，感謝各界專

家學者的參與。我們期望透過更多不同的觀點、立場與角度,經由持續不斷地研究探討,激盪出更豐碩的研究成果,將聖嚴師父的思想行誼分享給更多人,讓佛法的慈悲智慧永遠普利人間。

釋果東

法鼓山方丈

2010年2月

序二

　　本書收的八篇論文是在2006及2008年開的兩次「聖嚴法師思想」的國際會議上首次發表的。我有幸參加那兩次的會議、聆聽論文。在此書付梓前，我很高興寫此序。聖嚴法師（1930—2009）是國際有名的禪師和法鼓山的創建人及教育家。不過，一般社會人士及佛教教可能不是同樣熟知法師是一位偉大的學者及思想家，《法鼓全集》充分顯示他的博學及精思。本書的論文討論法師思想的不同重點，因此這是有助我們探討聖嚴法師思想及學術的寶貴指南。

　　回想當年我最早認識師父是因為讀了他的博士論文，我的論文是雲棲袾宏（1535—1615），而師父寫的是蕅益智旭（1599—1655），這兩位是明末四大師中的兩位大師。當聖嚴法師從日本大正大學得到博士學位，於1975年來紐約弘法時，我有了機會多次向他求教，不只明代佛教，而且包括所有有關佛教的問題，從那之後，我從閱讀師父的多種著作中，對天台、華嚴、禪、淨土及戒律學得到很多的啟示，每次我在研究中遇到困難，第一位請益的也是師父。

　　在他的講演及著作中，聖嚴法師一向強調研究及教授漢傳佛教的重要性，他特別提出唐以後的佛教有急需研究的必要，這是因為我們對宋代以降的佛教仍有非全面的了解，所以如此，是因為多年以來，傳統的看法是佛學在唐代進入了所謂「黃金時代」，然後從那以後就逐漸衰落，可幸的是，這個過時的想法現在已被學界否定。其實宋明理學、全真

教、明清的新興教派，以及「燈錄」、「語錄」、「寶卷」
這些宗教文學，都是在唐以後的一千年出現的，在這些新的
哲學、宗教、文學運動的興起及發展的過程中，無可置疑
地，佛教都扮演了不可或缺的重要角色。佛教一向跟儒道兩
教有密切互動的關係，因此如果沒有佛學的知識，不可能真
正了解宋代以降儒道的歷史及思想，同樣的，如果希望徹底
了解佛教的發展，我們也有必要研究儒及道。在悠久的歷史
中，很多外來的宗教傳入中國，但是只有佛教成功地本土
化，因而與儒道合稱「三教」。

　　在《漢傳佛教的智慧生活》，聖嚴法師說：

　　　佛教的適應力強，彈性度高，遇到任何狀況，都會保
　　持無我而尊重對方的立場。講空，也講有；講解脫，也講
　　入世；講出俗，也講隨俗。特別是佛法不違世法而淨化人
　　間，佛教徒弘法不為自己求名聞利養和權力地位，但為人
　　間大眾離煩惱之苦、得解脫之樂；只希望能有為人付出、
　　奉獻的機會，不與人爭長論短、比高比低。所以到了中
　　國，對於儒道二家的固有文化，一向站在肯定的立場，稱
　　之為人天善法，也是佛法的共同基礎。

　　佛教雖然起源印度，十三世紀以後就消失了，一直到
二十世紀才在印度復興，但在那以前，佛教早已在東南亞、
東亞及西藏生根，因此我們說南傳佛教、藏傳佛教、東亞佛
教，而東亞佛教中，又可分漢傳佛教，及從漢傳佛教展延出
來的日本、韓國及越南佛教。既然佛教在中國已有兩千多年

的歷史，而且對中國文化做了非常重要的貢獻，中國的佛教學者自然有責任推廣及弘揚漢傳佛教，這是聖嚴法師一生的志願，他的著作已是提供後人研究漢傳佛教的途徑，綜觀《法鼓全集》，我們可歸納法師的著作為下列五類：漢傳佛教歷史及思想、佛經的現代詮釋、佛教與當代社會、漢傳佛教與藏傳、日本及韓國佛教的比較同異、漢傳佛教與世界宗教的對話。

　　法師一生好學、著作等身，他的著作是留給我們的精神遺著，紀念他、感謝他，最好的方法可能是使社會人士通過他的著作對漢傳佛教有進一步的認識及了解，本書乃是最好的入門，我希望這是第一本介紹聖嚴法師思想的書，以後會有更多的書協助我們進入聖嚴法師的學術及思想世界，雖然師父的色身已經離開婆娑世界，他的智慧及慈悲是會永遠通過他的著作常住人間。

于君方

美國哥倫比亞大學教授

2009年4月2日於紐約

PREFACE

The authors of the eight essays in this book first presented them at the two international conferences devoted to the thought of Master Sheng Yen (1930-2009) held in 2006 and 2008. I had the good fortune to attend both conferences and was present when the papers were delivered. It gives me great pleasure to write this preface on the eve of the publication of this volume. Master Sheng Yen was known internationally as a Chan master and the founder of the Dharma Drum Mountain. What is perhaps less known among students of Buddhism as well as population at large is that he was equally gifted as a great scholar and thinker. His collected work, Fa-ku chuan-chi (Complete collection of Dharma Drum), exemplifies the breadth of his scholarship and the depth of his thought. The essays in this book all address different aspects of Master Sheng Yen's thought and scholarship. It is for this reason that the book can serve as a precious guide to the great treasure of Master Sheng Yen's thought and scholarship.

I first came to know Master Sheng Yen through his scholarship. Since my dissertation was on Yün-ch'i Chu-hung (1535-1615), one of the four late Ming masters, I was overjoyed to learn that Master Sheng Yen's dissertation was on Ou-i Chih-hsü (1599-1655), another one of the four great masters. In 1975, after Master Sheng Yen came to New York upon receiving the Ph.D. degree from Taisho University in Japan, I had the chance to learn from him on many occasions not only Ming Buddhism, but Chinese Buddhism in general. In the subsequent years, I benefited greatly from studying Master Sheng Yen's writings on T'ien-t'ai, Hua-yen, Chan, Pure Land, Vinaya as well as his commentaries on major scriptures in the Chinese Buddhist tradition. He was usually the first person I went for guidance when I had some problems relating to my academic research.

In his lectures and writings, Master Sheng Yen was untiring

in emphasizing the necessity of studying and teaching Chinese Buddhism, particularly Buddhism in the post-T'ang periods. This was because much about Buddhism after the T'ang was still not well known. The reason for this lack was due to the conventional view that Buddhism reached the so-called "golden age" in the T'ang and started its downward decline after that. Fortunately, this view is no longer valid today. We know it was only after the T'ang that Neo-Confucianism, True Realization Taoism, as well as many sectarian religions arose. It was also after the T'ang that new religious literary genres such as "lamp records" (teng lu), "recorded sayings" (yü-lu), and "precious volumes" (pao-chüan) made their appearances in Chinese society. Chinese Buddhism played essential role in the genesis and development of these new philosophical, religious and literary movements. Buddhism has always interacted actively with Confucianism and Taoism. We cannot really understand Confucianism and Taoism without a knowledge about Buddhism. Similarly, the reverse is true. In her long history, many foreign religions have been introduced into China. Yet it is only Buddhism which has succeeded in becoming completely indigenized to the extent that it, along with Confucianism and Taoism, form the so-called "Three Teachings".

In "The Life of Wisdom of Chinese Buddhism", Master Sheng Yen put it this way: "The adaptability of Buddhism is very strong and the degree of its elasticity is also very high. No matter what situation is encountered, while it maintains the basic teaching of no-self, it respects the viewpoints of the other. Buddhism teaches 'emptiness', but also 'true being'; it teaches 'release from the world', but also 'entering into the world'; ...The Buddha Dharma purifies the world without transgressing the law of the world. In preaching the Dharma, Buddhists did not seek for fame, profit, or power. Instead, their only goal was to enable sentient beings to depart from the suffering of afflictions and to gain the bliss of deliverance. They hoped to have the opportunity to offer themselves to serve everyone. They were not interested in comparing and competing with others to see who was superior and right and who was inferior and wrong. That is why after Buddhism was introduced into China, Buddhists took a positive attitude toward the native religious traditions of Confucianism and Taoism. Identified as "good teachings for humans and gods(devas)", Confucianism and Taoism were said to share the common foundation with the Buddha Dharma."

One of the effective ways to understand the contributions that Buddhism has made to Chinese culture is to make a systematic study of Master Sheng Yen's writings. His collected work, the Fa-ku chuan-chi, can be divided into five categories: (1) History of Chinese Buddhism and Buddhist thought; (2) modern commentaries on Buddhist scriptures; (3) Buddhism and contemporary society; (4) comparative studies on Chinese Buddhism and Tibetan, Japanese and Korean Buddhism; (5) Chinese Buddhism and world religions. Master Sheng Yen left a rich legacy for students of Buddhism. It is my fervent hope that this book is the first of many others to come which help us to benefit from his far ranging scholarship and profound thought.

Chün-fang Yü
New York City

序三

　　有人說，要研究聖嚴法師很容易，因為他的一生為我們留下了種種足跡。《法鼓全集》中，共有中、外語文219種書籍；27部講經錄音，有一千多個小時；針對當代人類種種內外疑問提出見解的「大法鼓」，則有一千二百多集的錄影；還有跨越時空、行腳對談的「不一樣聲音」，則錄製了約五百集。

　　此外，更有他親自指導創立的法鼓山建築，默立於金山，等待著有緣人去感受什麼是「人間淨土」；他領導的法鼓山僧團，則分散於世界各地，為「提昇人品」而服務。而他建立的佛教高等學府，培養出來的師生，亦分布各領域帶動佛教教育的提昇；有數百萬信眾依循法師的教導，落實於生老病死的大關懷及大普化之社會運動……，這些都在我們身上及身邊垂手可得。所以，要研究聖嚴法師一點都不難。但也正因如此，有人認為法師所橫跨的領域博大精深，太過寬廣，要深入其內心世界，反而不知如何入手而難觸其邊界。

　　聖嚴教育基金會分別於2006年及2008年由楊蓓教授籌畫舉辦了兩屆的「聖嚴思想國際學術研討會」，研討的主題分別為「聖嚴思想與當代社會」及「聖嚴思想與漢傳佛教」，一共邀請到國、內外數十位跨領域的學者專家共同參與，內容篇篇精彩。為了讓更多讀者了解學術研究的本懷，乃是做為信仰實踐的基準，進而成為帶動和指導多數人生活方向的

軸心,所以我們特別收錄了八篇論文、一篇主題專文,以及一場由于君方教授和楊國樞教授的對談於本書中。其中更難能可貴的是,還收錄了聖嚴法師本人於兩次會議中親自口述的〈如何研究我走的路〉及〈以研究「聖嚴」來推動淨化世界〉二文,可以說是法師的思想中心及悲願智行的最佳代表。

我們嘗試著從不同的領域和觀點來研究理解聖嚴法師的思想脈絡及其內心世界,猶如從地表上向虛空中升起了面面拼圖,試圖拼湊出法師的全貌。剎那間好像捕捉住了些什麼,而轉眼之間,從上下十方擴散的虛空中又只剩個小點。但是只要對研究及研讀的菩薩有助益,對人品的提昇有成效,我們也一定會追隨聖嚴法師的足跡,步步前行,直到「人間淨土」的實現。

施建昌　合十

聖嚴教育基金會董事長

2010年1月21日

聖嚴研究

第一輯

目錄

如何研究我走的路

聖嚴法師
法鼓山創辦人

　　一個人的思想，從不同的角度去分析，就會產生不同的觀點；從不同的身分、立場去解讀，也會產生不同的結果。因此，要為「聖嚴思想」定位，只能描述出大意、輪廓，而不容易有一個精準的聚焦、明確的定位。

我走的路：結合印度佛教和漢傳佛教

　　在我成長的那個年代，佛教界是以太虛大師、印順長老的思想為主流。當時台灣佛教界約有三、四十年的時間，幾乎一面傾向以印順長老的思想為依歸，在那樣的時代風氣下，我也順隨潮流，追尋印老的思想，因此我受印老思想的影響，可謂相當之深。

　　我十分感恩印順長老帶給我的啟發，然而我走的路，一開始就跟長老不同。我走的是太虛大師的路，也是我師父東初老人的路，因為我認知到：漢傳佛教的包容性、涵融性及適應性，可以順應我們這個時代，發揮其普及化、人間性及人性化的功能；而印度大乘佛教的中觀、唯識，雖然哲學觀念很強，但應用於人間，其普遍性及生活化的推廣、應用，

則仍有商量的餘地。

事實上，釋迦牟尼佛在人間出現，就是希望我們將他的教法活用在生活上，融入生命之中，並普遍在人間推廣，而非僅僅讓少數的思想家、哲學家和學者進行思辨、研究分析之用。基於這些認知，我選擇了漢傳佛教。

將佛法普及於人間，是漢傳佛教的特色，特別是漢傳佛教中的禪佛教。不過，禪佛教本身的理論依據，與原始印度佛教密切相關，也與中國其他宗派交互影響，因此我走的路，便是將印度佛教和中國漢傳佛教的特質結合起來。

我的工作：分享佛法給各階層的人

我個人雖然擁有博士學位，但是我既不是學問家，也不是專門學者。我不是為了博士學位出國留學，我留學的目的，是為了使漢傳佛教的佛法在這個時代、在今天的社會，能為各階層的人士所接受、所分享。

我的博士學位確實發揮了用處，而且不只在東方社會有用，在西方社會一樣受用，譬如獲得博士學位後，我可以進入美國大學校園演講，由於這樣的機緣，當時在哥倫比亞大學求學的史蒂文生（Dan Stevenson）和于君方教授，便跟我這個博士和尚修學禪法。

不過我仍要重申：我不是學者，也不是專研某個領域的專家，然而到目前為止，也的確寫了、講了一百多冊著作。這麼多書，我究竟寫了些什麼？

有些學者讀我的書，覺得面向太紛雜，不知道從何研究起？這次活動的主辦人楊蓓教授曾向我表示：「師父寫了上

百冊的書，教我們從何研究起？主要的綱目是什麼？從何研
究？這麼多的內容，怎麼研究？」為我編撰《七十年譜》的
林其賢教授他大概看過我所有的著作，但是關於我的思想次
第、思想脈絡，則未必清楚；其實這個問題，連我自己也無
法回答。

在我年輕的時候，我一心只想要把佛法分享給人。過去
很多人寫的佛教文章，只有受過高等教育的知識分子看得
懂，我則希望把佛法分享給每個人，即使是小學、中學生，
也都能看懂。譬如我在錄製的電視節目中，很少講專有的佛
學名詞，因為如果我講了那些名詞，觀眾的接受度一定很有
限。

記得在英國的時候，我的第一位西方法子約翰・克魯克
（John H. Crook）說：「師父有一項天賦，那就是能將艱深的
佛學名詞和觀念，轉變成淺白易懂的現代語言，讓一般人都
能接受。」他真是我的知音，因為我做的工作就是這些。

自我定位：一個帶動思想的人

我不是學問家、不是學者，但我承認自己是一個宗教思
想家。思想家的責任，就是先設想別人還沒想到的事、還不
知道如何處理的事，以及尚未有的解釋法。

譬如今天的台灣社會需要什麼？未來可能面臨的問題是
什麼？我看到台灣社會的問題後，會從佛法的角度提出自己
的想法，我提出的觀念和想法，通常都能適時引導社會的風
氣、思想，以及引導社會觀念的轉變，因此對社會產生了一
些影響力。

西元兩千年以後，我出席了多場國際會議，與跨宗教、跨領域的領導人士接觸、座談、討論及交流。在出席每場會議之前，我總是思索：「會議目標是什麼？」「有哪些人參加？」「希望達成哪些效果？」因為設想到這些，所以每次出席的國際會議，我的發言常有「一鳴驚人」的效果，而且能止息爭論，大家也經常把我的發言當成了會議結論。

不管是台灣的佛教史也好，中國佛教史也罷，還是現在的世界佛教史，我對自己的定位是一個帶動思想的人、帶動我們這個時代往前走的人。已經走過的歷史，需要去檢討，但光檢討並不夠積極，因為過去的已經過去了，重要的是要往前走，走出一條新路來，走出一條別人尚未設想的康莊大道。

以漢傳佛教來說，如何走出一條新路？到目前為止，漢傳佛教在國際場合鮮少曝光，出家法師更是不容易看到，因此這幾年來，法鼓山非常重視年輕法師和青年居士的培植，希望增強漢傳佛教在國際社會的能見度，這是漢傳佛教的希望。此外，法鼓山也積極和世界各國、各界、各層面的人士交流，並參與、主辦各式各樣的跨宗教、跨國際會議，這些都是幫助漢傳佛教增加國際曝光度的方法之一。

關切的事：佛教薪火的承傳

在我六十歲那年，才創立法鼓山，才開始建設法鼓山園區。當時，法鼓山工程緊鑼密鼓，我自己也有各式各樣的弘法行程，這麼忙碌的情況下，每年我還是出版兩、三本著作。我為什麼寫這麼多書？目的是為了分享佛法、用佛法來因應我們這個時代和社會的需要。

　　出書的另一層目的，是希望留下今天這個時代的佛教文明、佛教發展軌跡。我最關切的，永遠都是佛教薪火的承傳，因此，無論是訪問中國大陸，或是在歐美各國演講、主持禪修，我都會用心觀察當地的佛教訊息、發展，試圖了解佛教在這個時空環境中留下的歷史軌跡。

　　例如，我在日本留學六年期間，雖然非常忙碌，但仍抽空到處觀摩，為當地的佛教留下紀錄。在那期間，我寫了一本書《從東洋到西洋》，後來成為台灣、乃至中國大陸許多法師到日本留學的行前指南。

　　為何這麼忙碌的情況下，我還要將當時的日本佛教寫成一本書？因為當時的台灣佛教界，很少人關心日本佛教的發展，由於我這本書描寫日本當時的佛教教育、文化和宗教現況，書出版後，帶給台灣社會一些參考和省思，開始有人重視日本的佛教現況，也發現台灣佛教界還有許多地方有待努力。之後我每到一個地方，大概都會寫一本書，不是我有寫作狂，而是我有一種不得不然的感受：我要把佛法分享給人，我想為當代佛教留下記錄的痕跡。

唯一目的：將佛法介紹給現代社會

　　至於怎麼研究我這個人？其實很簡單，我既然不是學問家，所以不要把我當成一名學問僧，不一定只研究我的學術成果──雖然我曾撰寫十多本研究性著作。建議應從更多元性、實用性、需要性的角度，來研究我聖嚴這一生最終的目標是什麼。

　　我所做的每一件事情、推動的任何一項工作，我的目標

都相同。譬如我寫了百餘冊的書，雖然時間點不同、材料不同、寫作的角度不同，涉及的廣度及深度也不同，但目的只有一個：就是藉由各種層面，將佛法介紹給現代社會。

例如，早期所寫關於戒律學的書，是觀察到當時台灣與中國大陸的出家人多半不懂戒律，講戒律的人也都在咬文嚼字、食古不化，只講究枝微末節，不重視現實生活的實用性。所以，我開始著手研究戒律，先出版《戒律學綱要》，後來又結集出版了《律制生活》及《菩薩戒指要》。過了這段時間之後，由於風氣已經改善，我就不再專攻戒律了。

另外，約在三、四十年前，當時的基督教、天主教都對佛教提出嚴厲批判，認為佛教已經到了窮途末路，在這種情況下，我陸續寫了幾本宗教學的書，包括《基督教之研究》、《比較宗教學》，同樣地，過了那段時期，我就不再寫了。晚近幾年，我非常關心跨宗教的交流合作，與各宗教的領袖們對話，現在我們已是可以攜手合作的朋友。

此外，早期華人世界缺少佛教歷史的常識，也缺少反省能力，更不知佛教的盛衰，因此我也寫過一系列佛教史的書。至於禪修的書，其實一開始禪修並不是我的本行，我並沒有想要成為一名禪師，只是到了美國以後，遇到有人對打坐很有興趣，於是我向他們說：「沒問題，禪修我懂！」

結果他們真的來跟我學打坐，我也因此成為禪師了。我講禪修的英文書，從此一本接著一本出版。我在西方帶領禪修之後，漸漸地，台灣也有人希望我指導他們打坐，所以我就在美國、台灣兩地跑，在兩地主持禪修。

基本立場：漢傳佛教的禪佛教

研究我這個人的思想，可以從禪修理論及方法、戒律的觀念、宗教學、歷史等角度，或是淨土、天台、華嚴的角度；也可以從我對佛經及祖師的諸種講錄、註釋、考詮的角度；還可以從慈善救濟、社會關懷、兩岸交流、世界和平、佛教復興等，以及我所從事的四種環保、三大教育、心五四運動等角度，分別來研究我的思想。不管從哪一個角度，漢傳禪佛教是我的基本立場，也就是融攝各系諸宗乃至內外，使佛法普行、普攝、普化的功能，能超越一切界限。

我所創的「中華禪法鼓宗」，並非要否定一切、獨尊自宗；相反的，是要結合一切，而與今日乃至未來的世界佛教接軌。其目的只有一個，就是法鼓山的理念：「提昇人的品質，建設人間淨土」，所以我對建僧的努力、對護法團體的組成和發展，都是在此原則下進行，這些都可參考我相關的講稿。

所以我說，我不是學問家，但承認自己是一名宗教思想家，可以從不同角度來研究我，可以從《法鼓全集》找到各個主題的相關資料。

我對明末佛教的研究，在國際佛學界有一定的定位；我的禪學系列中英文講錄，在國際上也頗受重視；我的傳記及遊記，也有其史地的價值；我寫佛教入門書、宗教批判書、序文、悼文、短評、隨筆，以及有關將禪活用在生活中的演講稿，尚有超過十家報章、雜誌、電視、電台進行專欄刊載或訪問，這些過程和結果，均可看出我對活用佛法、對現代人間的用心。

我的存在：不專注某一特定領域研究

　　佛教的中心思想是：好好地生活，生活在當下；少煩惱、少造業；增智慧、增慈悲。基於這樣的中心思想，在我的書裡，既講「空」，也講「有」，譬如漢傳佛教的主流，無論天台、華嚴、禪及淨土等，都是講有佛性、如來藏；所依諸經《楞嚴經》、《圓覺經》、《法華經》、《涅槃經》、《華嚴經》和《維摩經》等，都是講「有即是空」。此外，我對太虛大師「大乘三大系」及印順長老「大乘三大系」，每一系都涉獵，但每一系都不深入，因為我不是學究型的專門學者，我只借用自己需要的部分，用不上的便不去研究。

　　我這一生一世，從來沒有鍾情或專情於哪一門學問，如果我有某一宗、某一派，或某一經一論的終身立場，今天的聖嚴法師便是不存在了；或許可以說，聖嚴法師的存在，就是因為不專注於佛教的某一特定領域。

（2006年10月18日講於台北圓山大飯店）

以研究「聖嚴」來推動淨化世界

聖嚴法師

法鼓山創辦人

　　本來「聖嚴」這個人是默默無聞的，但是由於諸位學者的注意、研究，以及發表論文，我好像變成有了一點分量。我覺得這次的學術會議辦得非常成功，因為通常在學術會議上，學者們發表完自己的論文以後就離開了，很少會留下來直到最後，而今天我看到很多發表論文的學者、教授都還留在現場，這是非常難得的。

　　這次的學術論文，一共有12篇，其中有9篇是討論我的思想，這也很難得，我非常感謝。雖然還有3篇並非以我為研究主題，但是沒有關係。其實，「聖嚴」是一個很難的題目，因為「聖嚴」不是一個很有名的人，而諸位可能平常也沒有讀過「聖嚴」的著作，所以一時之間要研究「聖嚴」，大概不容易。諸位這次來參加了研討會，聽到一些關於「聖嚴」的議題，也可以了解「聖嚴思想」是怎麼一回事。

　　此外，剛才在會場外，我聽到有人問起幾個問題，譬如「聖嚴對現代社會有什麼貢獻」、「聖嚴與印順法師的思想有什麼關係」等，大家不容易回答，所以，等一下就由我自己來說明。

研究傳統佛教以為今用

有人把我當成學究型的人，所謂「學究」，就是專門為研究而研究的學者。能專門為研究某一項學問而花上幾十年的時間，這沒什麼不好，像印順長老可以說是這種型態的人，對於思想和學說很有貢獻。我的學術基礎不夠，卻走上了學術的路，在完成了博士學位之後，反而又變成了「不學無術」、「學非所用」。當然，我的老師是國際知名的，沒有問題；我研究的主題也沒有問題，我的學術論文更沒有問題。然而，問題是出在哪裡？就是在完成學位之後，我沒有專門在學院裡教書，也沒有專門做研究。

我的專長可能只有兩項：一是戒律學，但是這次好像沒有人討論，只有提到我倡導的菩薩戒。其實我這輩子很重視戒律學，並且專攻戒律學；我的另外一項專長，則是明末的佛教。

在明末這段期間，中國佛教出現了很多思想家，特別是四位大師：包括于君方教授研究的蓮池大師、我研究的蕅益大師，現在也有人研究憨山大師和紫柏大師。可是，明末這段時期並不僅僅只有這四個人，還有許多居士也非常傑出，在稍微晚一點的清初時期，中國佛教也出了不少人才。所以，明末的唯識、淨土和禪我都研究了，而且我也準備研究明末的天台、華嚴，因為當時有許多這類的人才和著作留傳下來。

以上的說明，我想可以讓大家了解我的研究範圍和廣度。除了戒律學和明末佛教外，中觀、唯識、天台和華嚴，我都曾經講過，也出版了相關的著作：在天台方面，我寫了

一本《天台心鑰》，內容是研究蕅益智旭撰述的《教觀綱宗》，從中可以看出我的天台思想；此外，在華嚴方面，則出版了一本《華嚴心詮》，研究的是圭峯宗密的《原人論》，從這裡也可看出我的華嚴思想。

大體來說，我的思想屬於漢傳佛教，因此，不管是哪一種學說，只要經過我，就變成了漢傳佛教的學說，譬如唯識、中觀，它是屬於印度佛教的學說，但是經過我的詮釋以後，就融入了漢傳佛教的內涵；當然也有根本就是屬於漢傳佛教的禪，可是我又把它與印度的中觀、唯識思想結合起來。因此，我並非僅僅只是研究某種思想或學說而已。尤其我並非學究型的人，不是為了研究而研究，我主要是為了讓傳統佛教與現代社會結合而研究。如果佛學只是擺在圖書館，對學者來說雖然有用，可是對整個社會而言，用處不多、影響不大。為了讓現代社會的人能夠理解、能夠運用印度或中國古代大德祖師及大居士所留下來的著作，我才研究它們，然後把它們帶回到現代社會上。因此，我們中華佛學研究所也辦了許多場國際學術會議，皆以「傳統佛教與現代社會」為主題，目的就是希望將傳統佛教的思想、理論與方法，運用在現代的社會。

我有一個學生，也是一位學者，對我說：「師父，您演講的時候，經常有成千上萬的人聽，很有魅力。」我說：「其實不是，我只是把小眾的佛法，解釋得讓大眾都能聽懂、都可以運用到生活裡去，這樣佛法淨化社會的功能就產生了。」當然我也會對小眾演講，像今天的學術會議，主要就是為了小眾而舉辦。我想請問，學術論文發表的時候，諸

位能夠聽懂多少？每一篇都聽得懂？或者是只能抓住重點？每一篇論文都很長，在十五到二十分鐘之間要念完，很不容易。要是有人說他全部聽懂了，我不太相信。因為我聽學術論文發表的時候，也都很用心聽，但是有的學者念得很快，當我想要知道他究竟講什麼時，就已經念過去了。可是，如果在幾百、幾千，甚至上萬人的場合，也用念論文的方式來說法，我想大家一定會「頻頻點頭」，為什麼？都睡著了！因為我對大眾演講的機會比較多，所以慢慢練習，讓佛教從小眾的發展成為大眾的。

我也重視實用，我們中華佛研所的所訓裡，就有「專精佛學，實用為先」兩句話。對於佛學要專精，這是第一步，然後要能夠實用。可是研究所辦的每一屆學術會議，大致上都達不成這個目標，雖然我們希望能結合傳統佛教和現代社會，但是大家發表的、提供的論文都還是傳統佛學。不過沒有關係，我們還是把主題定位在「傳統佛教和現代社會」，若是有人注意到這個主題，而且能夠配合，那很好；即使不能配合，也可以把傳統佛學複習一遍，讓我們了解傳統佛教，然後再慢慢將它與現代社會結合。

兼容小眾佛教與大眾佛教

所以，我個人重視實用，重視佛法與現代社會的結合、接軌。因此，我雖然也是一個擁有博士頭銜的學者、法師，然而我在美國不是到大學裡教書，而是教禪修。這是一個很有趣的身分，身為一個學者，卻以一位禪師的身分出現，而且做得還不錯，也寫了十幾本禪修的書。

　　我在美國雖然不是做研究、做學者，但在歐美還是有一些影響力。在台灣呢？我的身分也是多重的：我在研究所、大學裡教書，指導博士、碩士論文，但是我也住持寺院。後來由於跟我學習的人愈來愈多，寺院也愈來愈大，所以漸漸地推廣成為大眾佛教。

　　但是我並沒有放棄小眾，因為佛教還是應該要有研究學問的人，一代一代地發掘其中的好處，否則佛教會變成落伍的、低級的宗教，而沒有高層知識分子願意再去接觸。因此，法鼓山的信眾中，有許多高層知識分子，所以應該要提供他們研究的環境。我回到台灣以後，首先創辦了中華佛研所，到現在為止，已經培養了二十六屆的研究生。雖然往後不再招生，但是仍然持續提供老師們，也就是研究員們研究的環境。為了鼓勵國際上各地學者研究漢傳佛教，中華佛研所也花了許多經費，推出研究漢傳佛教的計畫；同時，我們也與哥倫比亞大學合作，共同籌辦了「聖嚴漢傳佛教講座教授」。此外，我在法鼓山還創辦了一所單一宗教的法鼓佛教學院，其中包含碩士班和博士班。所以，在國內，我看起來好像是在經營大眾佛教。其實，我不但重視大眾佛教在社會上的淨化功能，也很重視小眾佛教在高層次人才上的培養。但是，如果我只專門做研究，那麼這些事業可能全都不存在，研究所、佛教學院也都辦不起來了。

　　現在，我正在籌辦法鼓大學，可是有人覺得台灣的大學已經有一百五十多所了，而隨著台灣的出生率愈來愈低，學生的人口數也愈來愈少，為什麼還要辦大學？其實我們要辦的大學，跟其他大學不一樣，除了學院設定、課程內容不一

樣，培養出來的人才也不一樣，全是根據心靈環保、根據漢傳佛教裡最重要的核心價值而規畫的。

因此，要研究我的話，僅僅根據我的幾本著作是不會清楚的，還要根據我的其他文章、談話，包括我在各種國際會議、宗教領袖會議上所發表的言論，否則是無法了解我這個人的。

而我對社會的貢獻與影響是什麼？俞永峰（Jimmy Yu）在他的論文裡提到，我是台灣《天下》雜誌評選出來，四百年來對台灣最有影響力的五十人之一，這是不容易的。為什麼能得到這項殊榮？不是因為我有一個博士學位，而是因為我對台灣社會的貢獻。

今年發生四川大地震時，中國大陸是不開放讓外國人去救援的，但是只准許台灣的兩個宗教團體：慈濟功德會、法鼓山，以及日本的一個救援團進入災區，從這裡就可以看出法鼓山的影響力。直到今天，我們還是一梯、一梯地派員到四川為災區的民眾服務，以後仍然會繼續為災區的重建，提供經費與人力。因此，諸位學者可能也要仔細地看關於我們的新聞報導，才能知道法鼓山對於台灣、大陸，以及國際上的影響。

我聖嚴這個人，雖然沒有變成一個非常專精於學問的人，但是也有一些好處；如果我變成專精於學問的人，有沒有用呢？還是有用哦！

「人間佛教」與「人間淨土」的差異

我想在這裡解答一個問題：我與印順法師不同的地方在

哪裡？

　　印順長老主張的是「人間佛教」，而我主張的是「人間淨土」，兩者聽起來好像差不多，但是內涵並不相同。印順長老認為釋迦牟尼佛說法是為了人，佛教的中心是人，教化的對象是人，而不是死人，也不是對鬼、對天說，所以是「人間佛教」，因此他不講鬼、神，只講佛，而佛是指釋迦牟尼佛。他不太願意說有十方三世的佛、不念阿彌陀佛，更不想到西方極樂世界去，因為他認為阿彌陀佛大概不是釋迦牟尼佛講的，這在他的《淨土新論》中，可以看到他對於淨土的想法。所以，如果有信徒過世了，印順長老的關懷不是念阿彌陀佛，而是默默向釋迦牟尼佛祈禱。

　　有一次，我講「十方」，他就問我：「聖嚴法師，你講講看十方是哪裡？」我說：「上下四維，也就是東、西、南、北、東南、東北、西南、西北、上、下，總稱『十方』。」他又問我：「你是站在什麼立場講有上、下？地球在轉，哪一個方向是上？哪一個方向是下？如果說十方有諸佛，那你的腳底下有佛嗎？你的頭頂上有佛嗎？」因此，他不相信有「十方」，只相信有「八方」，而「八方」則是根據地球來講的，所以他是一種很科學的態度。

　　我和他不一樣，我念阿彌陀佛，也承認有十方的佛，為什麼？大乘佛法、漢傳佛教就是這樣說的。印順長老是不是漢傳佛教的？不是，他所研究、傳播的，他的信仰、信心是中觀，他批判瑜伽、唯識，只肯定中觀思想，他的一生是這樣。因此，簡單來說，印順長老不是漢傳佛教的，而我是非常重視漢傳佛教。

　　雖然如此，我受印順長老的影響還是非常深刻，他把我從迷信的漢傳佛教拉出來，而我因此看到了有智慧、正信的漢傳佛教。所以我講的漢傳佛教、我講的禪宗和淨土，都與歷史上的漢傳佛教有所不同，這一點諸位學者如果用心看的話，可以看得出來。

佛教同一味──「成熟眾生，莊嚴國土」

　　我認為佛教是一味的，之所以會分派，主要是因為各宗各派的宗師們，其各自的思想立場不同，而我希望能夠透過我，來重新認識、介紹佛教。其實不管是站在哪一部經、哪一部論，都有其共同的目標──解脫、度眾生，就像是《般若經》不斷強調的「成熟眾生，莊嚴國土」。我歸納佛教的任何一派，最後都是同樣的一個目標──莊嚴國土，也就是莊嚴淨土，亦即我們要將現在的國土莊嚴起來。因此，我的「人間淨土」理念，就有了立足點。

　　此外，我們要練自己的心，就要練眾生的心，因為不僅我的心要清淨，眾生的心也要清淨，國土才能夠清淨；如果眾生不清淨，國土是無法清淨的。因此，建設人間淨土必須先提倡心靈環保，而心靈環保就是「成熟眾生，莊嚴國土」，這是佛教的兩大目標，而且是分不開的。這就是我的思想，所以我看任何一宗一派，都是一樣的。

以研究「聖嚴」來推動淨化社會、淨化人心

　　中國讀書人有兩句話：「路逢劍客須呈劍，不是詩人莫獻詩。」當你見到偉大的劍客、武士，要把自己收藏的寶

劍呈現出來；若非見到偉大的詩人，則不需將自己的詩獻出來。而我今天見到諸位行家，所以將這些沒有人知道的事介紹出來，也可以說，我是看到了諸位的論文，覺得很感動，因為竟然有這麼多人在研究我、願意了解我，關於我的資料蒐集得滿豐富的，而且有些人對我也了解得滿深刻的。

以上所講的，或許諸位已經知道了，也或許不知道。但是用講的畢竟很有限，所以下一屆研討會還請諸位再刻意研究一下，看看聖嚴跟印順之間有什麼不一樣？聖嚴對現代社會有什麼貢獻？聖嚴的思想究竟是以什麼為中心？

諸位今天發表的論文，主要是針對一個主題來發表，下次也可以擬定不同的主題來研究。如果僅是根據我的著作、論文裡提到的某些觀念來寫也可以，任何一點都能夠把「聖嚴」這個人的一生串連起來。有的人不敢寫我，實際上寫我是最容易的，因為我沒有什麼高深的大道理，而且是一個現在正活著的人。也有人覺得寫活著的人比較難，因為顧慮到如果讚歎太多了，會被認為是阿諛；如果批評太多了，又會覺得不好意思。

其實諸位不需要全部都是批評或者都是讚歎，而是應該讚歎的地方讚歎，應該批評的地方還是要批評，這樣學問才可以成長，對我而言才有幫助。這一次的論文裡，讚歎我的很多，批評的不多，我覺得不好意思，謝謝大家對我的包容。事實上，舉辦這個研討會的目的，是要將我這個人所做的、所想的，向社會與學術界介紹，而這就是在幫我推廣淨化社會、淨化人心的目標。今天與會的有很多人是學者，或是未來的學者，因此諸位的功德很大，這並非對我個人有什

麼好處，而是對我們這個世界、這個社會有很多的利益，非常感恩諸位在百忙之中來出席及參與研討會。

（2008年5月25日講於台灣大學集思國際會議廳）

聖嚴法師與當代漢傳佛教

于君方

美國哥倫比亞大學宗教學系教授

佛教是世界上最早的世界宗教，比基督教早上五百年，比伊斯蘭教早一千兩百年。為什麼稱為世界宗教呢？因為它雖然屬於一個特定的時間及地點，在某一程度上也反映了當時的歷史、社會等背景，但是它傳教的對象並不限於某一個國家及人民。佛教傳遍不同的文化地區，不像一神教那樣排斥當地的宗教，卻通過跟本地文化的互動，而發展出不同的佛教傳統與特色。因此我們在討論佛教時，通常說南傳佛教、藏傳佛教、漢傳佛教，其中漢傳佛教也包括中國、韓國、日本佛教。

佛教傳入中國的發展

佛教自漢朝，大約西元一世紀從中亞傳入中國以來，現在已經有兩千年的歷史，佛教對中國原有的儒、道教，特別是宋明理學及全真教產生很大的影響。不但如此，明末的新興教派以及變文、語錄、寶卷等新型的文字作品，都是唐代之後一千多年間出現的。而漢傳佛教在這些新的哲學、宗教及文字發展上都扮演了非常重要的角色。正如聖嚴法師在

〈佛教對於東方文化的影響〉中說：

> 佛教的適應力強，彈性度高，遇到任何狀況，都會保
> 持無我而尊重對方的立場。講空也講有；講解脫，也講入
> 世；講出俗，也講隨俗。特別的是佛教不違世間法而淨
> 化人間，佛教徒弘法不為自己求名聞利養和權力地位，但
> 為人間大眾離煩惱之苦、得解脫之樂；只希望能有為人付
> 出、貢獻的機會，不與人爭長論短、比高比低。所以到了
> 中國，佛教對於儒道二家的固有文化，一向站在肯定的立
> 場，稱之為人天善法，也是佛法的共同基礎。

以上這一段是聖嚴法師形容佛教為什麼能使「佛教至中
國而變成中國的佛教，與儒道和平共存在三教合一的中國」
的一段引文。

如果我們要了解佛教在中國的發展，或想知道中國文
化、思想、宗教、文學、藝術等在佛教的影響下有什麼變
化，我們一定要研究中國的佛教史。一個發源於印度的佛教
如何漢化，而成為漢傳佛教，是一個非常複雜而有意義的故
事。與其說「佛教征服中國」，我們反過來，也應該知道中
國如何征服佛教。佛教跟中國文化之間存在互相激盪的關
係。長久以來，中外學者將隋唐視為佛教的黃金時代，他們
的研究也因此集中在隋唐，或更早的南北朝。至1970年代，
只有極少數的學者包括我，以及聖嚴法師一樣注意明代佛教
的歷史。

聖嚴法師的博士論文主題，是研究蕅益智旭，我的論文

研究主題是雲棲袾宏。後來的三十年中，很慶幸的是，其他中外學者也致力於五代、宋、元、明，甚至清代的佛教研究。大家有一共識，不再用過去的標準來判斷黃金時代的代表，比如宗派的建立、譯經多少等並不完全顯示佛教對中國社會的影響力或對廣泛大眾的吸引力。佛教所以能在中國生根，絕對不只靠佛經深奧的哲理、高僧們精細的註釋，以及博學的論述。

佛教不曾衰落，何來復興？

　　佛教通過修持的儀式，佛菩薩的信仰給予人們心靈及精神的提昇和慰藉，是我們不可忽視的事實。從這個角度看佛教史，我們會有一個比較正確的認識，那就是佛教傳至中國後，一直沒有衰落過，佛教在不同的時代、不同的型態，均能做出不同的貢獻。但是如果佛教沒有衰落，那為什麼學者常用「復興」一詞呢？比如明末佛教復興、清末民初佛教復興，還有1980年以後至目前的佛教復興？

　　有兩個原因。第一個原因是佛教的末法思想。從南北朝也就是六世紀開始，佛教常說已進入末法，這是因為漢傳佛教把末法的起始點放在西元550年。三階教的創始人信行（西元540-594年）就是這個思想的代表，每次遭遇法難，都以此解釋，自然就會把法難以後的佛教發展恢復稱為「復興」。第二個原因，是佛教大師們在推動他們的改革時，他們或強調戒律的重要或糾正參禪及修行的錯誤，在批評僧團一般的弊病時候，都歸咎於當時佛教界的龍蛇雜處、良莠不齊，因此必須復興。比如明末四大師、民初的太虛大師及聖嚴法師

都強調改革及復興。

如果我們只著重復興時期而忽略了復興以前的歷史，我們對漢傳佛教的整個歷史就變成片面而武斷。我們應該是研究佛教的全面歷史，尤其是宋、元、明、清、民國和當代的歷史，很需要我們去關注。因為這一千年不管在佛教制度、思想及實踐方面都有很多的演變，不過到目前為止還沒有受到學者的普遍注意，有系統的研究仍待進展。正因為如此，「聖嚴思想國際學術研討會」意義重大，因為它全面強調研究現代漢傳佛教的重要性；另一方面，同時提供了切入這個領域的方法，就是通過聖嚴法師的思想。

《法鼓全集》，法師的思想菁華

《法鼓全集》（含《法鼓全集二〇〇五續編》）全套102冊，含2冊總目錄，共分為九輯。如果我們分析《法鼓全集》的著作，可以分成五大類。

一、學術論著14冊，包括：《比較宗教學》、《明末佛教研究》、《大乘止觀法門之研究》、《戒律學綱要》、《基督教之研究》、《菩薩戒指要》、《印度佛教史》、《中國佛教史概說》、《西藏佛教史》、《漢藏佛學同異答問‧密教史》、《日韓佛教史略》、《學術論考》、《學術論考II》、《明末中國佛教の研究》。

二、禪修類著作25冊，包括：《禪門修證指要》、《禪門驪珠集》、《禪的體驗‧禪的開示》、《禪的生活》、《拈花微笑》、《禪與悟》、《信心銘講錄》、《禪的世界》、《聖嚴法師教禪坐》、《禪鑰》、《禪門》、《聖

嚴說禪》、《聖嚴法師教觀音法門》、《聖嚴法師教默照禪》、《動靜皆自在》、《神會禪師的悟境》、*Faith In Mind*、*Chan Retreats in the U.S. and U.K.*、*The Sword of Wisdom*、*Dharma Drum*、*Zen Wisdom*（2nd edition）、*Subtle Wisdom*、*Hoofprint of the Ox*、*Illumination Silence*、*Song of Mind*。

　　三、佛經現代語詮釋及歷來佛教人士記述19冊，包括：《心經新釋》、《福慧自在・金剛經講記》、《維摩經六講》、《四弘誓願講記・普賢菩薩行願讚講記・慈雲懺主淨土文講記》、《四十二章經講記・觀世音菩薩普門品講記》、《無量壽經講記》、《智慧一〇〇》、《公案一〇〇》、《探索識界──八識規矩頌講記》、《自家寶藏──如來藏經語體譯釋》、《絕妙說法──法華經講要》、《天台心鑰──教觀綱宗貫註》、《八大人覺經・佛遺教經・四聖諦・六波羅蜜・地藏菩薩的大願法門》、《四正勤・四如意足・五根五力・七覺支・八正道》、*Complete Enlightenment*、*There Is No Suffering*、《聖者的故事》、《悼念・遊化》、《悼念II》。

　　四、自傳遊記十六冊，包括：《留日見聞》、《聖嚴法師學思歷程》、《歸程》、《法源血源》、《佛國之旅》、《金山有鑛》、《火宅清涼》、《東西南北》、《春夏秋冬》、《行雲流水》、《步步蓮華》、《空花水月》、《兩千年行腳》、《抱疾遊高峰》、《真正大好年》、《五百菩薩走江湖》；學佛入門及對社會人生問題的開示二十六冊，包括：《神通與人通》、《教育・文化・文學》、《書

序》、《評介・勵行》、《書序II》、《致詞》、《佛教入門》、《正信的佛教》、《學佛群疑》、《學佛知津》、《律制生活》、《明日的佛教》、《念佛生淨土》、《聖嚴法師心靈環保》、《法鼓鐘聲》、《叮嚀》、《是非要溫柔》、《人行道・平安的人間》、《法鼓山的方向》、《台灣，加油》、《法鼓晨音》、《人間世》、《歡喜看生死》、《法鼓家風》、《找回自己》、《法鼓山的方向II》。

我列出這個細目，是為了顯示出聖嚴法師的研究重點及主要關懷。

從《聖嚴法師學思歷程》說起，法師的中心思想是受到太虛大師和印順長老的影響。他在日本撰寫論文期間，受到蕅益大師的影響。蕅益大師及太虛大師都有佛法一體化的圓融主張，那也是中國本位佛教的特色（頁169）。法師說在研究方面，所花時間較多，而且用心也較深的有兩項，那就是大小乘戒律學的探究和博士論文主題有關的明末佛教史。至於禪學，他則謙虛地說：「沒有做多少學術性的研究（頁171）……用中英文出版的有關禪的著作雖然有十多本，而那卻是實用的觀念指導和禪修指導。（頁173）」聖嚴法師說自己沒有什麼宗派，自己不是這宗的禪師，或那宗的禪師（頁173）。但是我們可以說他既是法師也是禪師，他的著作範圍也遠超出戒律和明末佛教史。

我認為聖嚴法師對佛教及禪學的貢獻，是將漢傳佛教現代化。這表現在他將戒律、佛經、禪法用現代人能了解的語言做為他弘法的全貌，而通過教育達成漢傳佛教的現代化。聖嚴法師是一位偉大的教育家，他教育的對象不只是僧侶、

知識分子，還有一般民眾。這可從他建立中華佛學研究所、法鼓佛教學院、僧伽大學，除此，也透過報章雜誌發表眾多文章，與大眾媒體公開演講看得很清楚。

我想法師強調教育的重要性，一定與他年輕的出家經驗有關係。

居士對佛教發展的影響

聖嚴法師在他的自傳《歸程》中說，他十三歲時於狼山廣教寺出家作沙彌，雖然有一位法師教《禪門日誦》，另一位在家的老師教四書五經，但是他還必須做一些小沙彌該做的工作，除了早晚課誦、撞鐘擊鼓，還要打掃庭院、整理廚廁等環境清潔，乃至於種菜、燒飯，為老僧們洗衣服、倒夜壺；後來到上海大聖寺，每天夜以繼日為施主祈福延壽，及超薦亡靈往生、拜懺、放焰口，就沒有時間讀書。一直到他十七歲，才得到他師公的允許至上海靜安寺淨院做學僧，但不久便投軍捨戒，隨著國軍撤退來台，在軍中一待就十年。

等至第二次出家，兩次到美濃閉關讀《大藏經》，接著赴日留學，成為中國第一位得到博士學位的中國比丘。聖嚴法師的求學過程是相當崎嶇，跟他年輕時在寺中受教育的困難情況相比，近三十年來台灣的僧眾則幸運很多，不但佛學院林立，佛教大學也逐漸多了。這一方面是因為台灣經濟繁榮，另一最重要的可能原因，是寺院制度的轉型及居士對佛教的大力支持。

傳統的中國寺院分十方叢林和甲乙院或子孫廟，主要的分別是住持方式的不同。由十方來共住的僧眾中選賢與能成

為住持，或由當地政府推薦為住持，叫十方叢林。由剃度的師父傳給自己的徒弟和徒孫的叫子孫寺院。大的十方叢林可以分成好幾個房頭，一個房頭其實是子孫寺院，像聖嚴法師出家的寺院就是廣教寺的法聚庵，狼山是供奉僧伽大師的聖地，七個房頭每年輪流管，輪到的那個房頭在山頂負責，香火錢便歸那個房頭運用。

過去在大陸，十方叢林有田地山林，經濟來源是收租，在鄉村和城市的小寺院就靠香火、經懺和信徒的供奉來維持。1930年左右，政治動亂，很多官方人士推動廢寺興學，江南的大寺院往往遭到佃民抗租、拒租，這對傳統的寺院產生了很大的打擊。太虛大師提倡人生佛教與僧制改革，就是對這個危機的反應。

同時，居士林的出現卻為佛教在社會的深入產生很大的作用，這當然並不是前所未有的。居士在佛教歷史上，一直跟寺院制度佛教並存，從敦煌文獻中，已看過唐代以邑或社為名的組織，信徒們合資造像、設齋。至宋代以後，在淨土宗法師提倡下，念佛會、放生會也應運而起。歷代除了高僧傳記以外，同時還有居士傳記的流傳。

不過，民國以降的居士組織不像過去一樣，未修專一法門，而他們致力的工作也不限定供僧、放生和慈善事業。較前突出的事為印經、讀經、講經和修持（念佛或坐禪）。經文會的成立，歐陽竟無可以視為開此風氣的前驅。二十世紀，居士對佛教所做的貢獻是相當可觀的，有系統的研究仍待我們努力。台灣比丘尼的質與量，在國內外的佛教界有很大知名度，我發現她們多半在大學時，藉由佛學社接觸佛法，例如第一個

成立於1960年的台大晨曦社，由周宣德居士支持，他出資創辦的《慧炬》雜誌是將佛法介紹給大眾的重要媒介，而他的好友李炳南跟水里的懺公法師創立了齋戒學會。

今日有許多寺院舉辦冬夏令佛學營，這都是吸引知識青年加入僧尼團的重要途徑。如果我們觀察台灣目前的道場，會發現出家眾的人數並不是很多，雖然無法得知全國居士的整數，因為有些人沒有正式皈依，卻是佛教信徒。但我想在家居士人數一定比出家眾人數多出很多。最明顯的例子是慈濟功德會，幾乎是由證嚴法師領導的在家居士團體。聖嚴法師於1976年前往美國開始弘法，弘法的對象主要是社會人士；此外，在美國及歐洲，他多次應邀講演與參加學術會議，對象當然多是在家眾。

建立正信的佛教

在台灣，聖嚴法師公開舉辦大型的講演，多年以來，除了用佛學觀念及經常在銷量很大的報紙發表文章，他主持的《人生》雜誌及《中華佛學學報》，代表普及與學術兩個重要的刊物。很多人士透過閱讀法師的著作而信仰佛教，成為居士。除了通過文筆，聖嚴法師接引眾生的另一管道是「禪」。雖然法師自謙並不是禪師，但當他發現美國人特別對修行，尤其是坐禪有興趣時，他決定教中國禪。在1976年以前，美國人只知道日本禪，少數人知道中國禪，但在那之前，多位中國法師可能因為語言的障礙，很少跟美國的主流社會接觸，他們主要的工作是為華僑服務，他們的寺院也多半在華人街，或華人聚居的地方。

我有幸是聖嚴法師在1976年，第一次教授三個月禪修班
的學員之一。我記得法師說他來美國是要把中國禪介紹給美
國社會。所以每次禪七，西方人士都不下於華裔的同胞。聖
嚴法師在國外被公認為中國禪師，雖然我們知道他的學識才
能並不止於禪，他所以以「禪師」於國外成名，是由於他善
巧方便，知道外國人特別需要修持的途徑。聖嚴法師在國內
當然也教禪法，他多次自己主持禪七。但我個人認為，他自
己更關心的是建立大眾對佛教的正確信仰，從而認可佛教、
支持佛教，把佛教視為他個人及社會的精神糧食。

聖嚴法師用心良苦，一心建立正信佛教的決定，是因為
佛教傳進中國已有兩千年的歷史，但仍然有很多人對佛教並
沒有正確的認識。也因為這樣，不但佛教曾在歷史上遭受三
次法難，被程朱理學家強烈地批評，直到現在仍有人把佛教
視為迷信，與民間宗教混為一談。如果社會人士對佛教沒有
正確的了解，他們自然不會支持佛教，更遑論成為佛教徒。
這樣看來，聖嚴法師多年來向社會人士用他們能了解的語言
解釋佛經、介紹佛教聖者、律制、講解正信的佛教，解決學
佛的群疑，指示學佛的要點等，雖然表面上看似乎沒有刻意
的計畫，但實際上有很明確的目標。如此看來，法鼓山的建
立及近十多年法師強調的「心靈環保」、「心五四」、「心
淨土淨」與「人間淨土」的主題，是非常有邏輯的發展。

我提出兩點跟大家討論。第一，是台灣佛教制度和轉型
提供當代佛教發展上的空間；第二，是聖嚴法師的著作中對
傳統佛教創新的見解。第一點，現在台灣的寺院除了某些小
寺院外，大部分的道場都是財團法人，而且都已經全球化，

法鼓山與佛光山、慈濟一樣，在海外及台灣都有分院，這是長久以來從未見過的創舉。寺院發展的決定權不在住持，而加入了董事會。在寺院經濟運作方面，財團法人基金會具有決定的權利。

這個模式來自現代的企業管理，傳統的寺院制度可能已名不符實，長久以來，這個轉變會對寺院制度產生什麼影響，恐怕要等到將來才能明確。但是，顯而易見的是，這代表佛教還不能脫離社會，隨著社會的現代化，佛教制度也必須現代化。但當漢傳佛教在外國建立分院時，會跟當地的現實社會有什麼關聯？會遭遇到什麼在本國所沒有的困難？又當如何反觀？如果有這些問題，即有討論的必要。法鼓山目前台灣與海外有五十三個道場，他們是否有相同的經驗？是否遇到類似的問題？這些都是值得注意。

關注社會的宗教師

聖嚴法師的前半生是一位相當傳統的出家人，但是後半生不僅是一位海內外知名的高僧，也是一位影響力大的社會學者名流（public intellectual）和教育家，這是漢傳佛教的新面貌。因為聖嚴法師的聽眾與讀者，不限於出家眾或菁英分子的居士。一些過去的僧人感到驚異的某些話題，比方說，家庭問題方面，關於離婚家庭的孩子是歸父親或母親，還有外遇、同性戀、婚姻暴力、青少年自殺與吸毒等問題；還有未婚生子、死刑應不應該廢除、動物保護等等的社會問題，都是聖嚴法師所關心的。法師明確地表示他的立場，並用佛法加以說明。二十世紀後期，女權運動很流行，大家對佛教

的女性自主問題很關心，我們在聖嚴法師的作品中，也可看到多處他對這一問題的看法。一個有代表性的例子是法師對《無量壽經》第三十五願的解說：

> 設我得佛，十方無量不可思議諸佛世界，其有女人，聞我名字，歡喜信樂，發菩提心，厭惡女身，壽終之後，復為女像者，不取正覺。

此為「不復女像願」。近代有女性主義者，見到此願願文，認為佛教歧視女性，輕賤女人身相，其實未必正確。此乃出於女身柔弱，容易遭受凌辱，多需男性保護，婦科的疾病也多，除了傑出的女中丈夫，多數女性往往也自甘雌伏；故在佛世的印度社會，女性處於弱勢，但在印度的宗教信仰之中，又將女神的地位強化，走向現實與信仰的兩極。

佛教原則上認為男女兩性是平等的，都能證阿羅漢的解脫聖果，都能成為偉大的菩薩；然而在成佛之時，乃是以三十二相的大丈夫身成等正覺，三十二相中的馬陰藏相，雖具男性的器官，卻不露於形體之外。至於在諸佛國土，除了東方阿　佛國尚有男女同處，其餘諸佛淨土的眾生，既無男相，亦無女相，乃是中性；都從蓮花化生，既無男女的欲覺、欲想、欲事，當然也沒有男女身相的差別了。

此處所言是，「若有女人」「厭惡女身」者，聞無量壽佛名號，信樂而發菩提心，便能永不「復為女像」。也就是說，願生西方極樂淨土，並且自己厭惡女身者，便不再為女身；如果雖生極樂世界，並不厭惡女身，甚至發起本願，還入三界，以種種身相廣度眾生者，當不在此例，

猶如觀音、地藏等大士菩薩，也常示現各種女人身相。
（《法鼓全集》第七輯第六冊，頁56-57）

至於比丘尼應對比丘行八敬法，他認為比丘尼不得輕視
比丘，比丘也不得以八敬法壓抑比丘尼，他尤其痛心有些自以
為是的比丘竟以八敬法的理由做為壓制尼眾、驅策尼眾的藉
口。（《律制生活》，頁89-90）

居士也是弘法的利器

傳統的佛教只有法師有資格說法，只有得過傳法的禪師
才能指導別人禪修。聖嚴法師卻認為弘化佛法是所有三寶弟
子的責任，他說僧俗四眾都應該修學佛法，也奉勸他人接受
佛法的任務。

哪怕僅勸人念一句阿彌陀佛，或念一句觀世音菩薩聖
號，做的都是弘化工作。參與法鼓山的研修，講經、打
坐、念佛等多種信仰活動的人，接受了弘化訓練的人，經
過一定的過程，就具備了一定的弘化資格，例如教書、講
經、演講及打坐，指導禪修、領導念佛持誦、勸請信眾精
進修行，接引眾生親近佛法。（《法鼓山的方向》，頁
52）

可見聖嚴法師認為居士跟僧眾一樣有弘化佛法的責任，
同時也有了弘化佛法的權利。這種把在家與出家眾一視同仁
的開放態度，是非常具革命性的。清初或十七世紀出現一個

叫「傳法叢林」的禪宗寺院制度，這跟以前的十方叢林有所不同。所謂傳法叢林只能將佛寺傳給同一法嗣的出家弟子，法統就像世俗社會的血統，不同輩分由輩派顯示持有的「法卷」代表他的法嗣傳承。

這個制度下，在清代，整個中國有名的寺院建立在一個關係網，沒有被納入法嗣的僧人就沒有當住持的權利，他們的地位自然無法跟那些有法嗣的相比，僧團因此有兩種不同身分，而居士根本是局外人。台灣的佛教寺院制度是另一種轉型，一方面寺院向政府以財團法人的名義登記，但另一方面仍保持法嗣及傳法給出家眾的傳統，同時，居士身分的提高和居士扮演重要角色，也是一個非常突出的特徵。居士的重要性提昇，我們也在聖嚴法師近二十年提倡的佛化家庭和佛化社會運動中看見。比如說佛化的聯合婚禮、佛化的聯合祝壽與佛化的聯合奠祭，代表禮儀環保，與大關懷教育一樣重要。而大普化教育針對如何培養在家居士，成為弘揚佛教的專職人員，培養他們成為布教師。

在海外，聖嚴法師被公認為中國禪師；在台灣，大家更清楚法師多方面的貢獻。法師是學者、教育家、法鼓山的創建人，聖嚴法師是傳統佛教的現代發言人。法師立足於二十世紀的佛教，但是通過修持實踐方法以及制度的重建，他為二十一世紀佛教建立了嶄新的面貌。因此，我們要研究現代漢傳佛教，聖嚴法師的思想是最好的起點。

（2008年5月24日講於台北圓山大飯店）

聖嚴法師思想：
社會科學與人文科學的對話

楊國樞
中央研究院院士

于君方
美國哥倫比亞大學宗教學系教授

王汎森（中央研究院院士，以下稱「王」）：楊國樞副院長、于君方教授、與會的各位貴賓，大家好。感謝各位參與「聖嚴法師思想：社會科學與人文科學的對話」主題論壇，今天兩位與談人之一的楊國樞院士，現在擔任中原大學講座教授，曾任台大心理系教授、中央研究院副院長及院士，是華人本土心理學的開創者。他與台灣這幾十年來在學術、社會、文化方面的發展，始終是連在一起的。

　　于君方教授原在美國羅格斯大學任教，現在是哥倫比亞大學宗教學系教授，對晚明佛教及中國觀音的信仰有深入研究。兩位學者都是當行出色的代表，一位是社會科學、一位是人文學科，相信他們對聖嚴法師的思想一定有獨到而深入的闡釋。

楊國樞（中央研究院院士，以下稱「楊」）：在主題「聖嚴

淑世思想之實踐與創進的再本土化」的架構下，本論述的重點放在「漢傳佛教在現代華人社會之契合性與實用性的最大化」，首先從「漢傳佛教本土化的繼續深化」說起。

　　若以簡單分法解析世界文化，實際上就是以宗教來區分。第一個廣為人知的是基督教文化圈，廣義的基督教包含天主教、東正教，歐美文化就是由基督教發展出來的。再來是儒家文化圈，包括大陸、台灣、香港，還有韓國和日本；其實，韓國、日本受儒家的影響比台灣多。所以就心理學來說，日本學者承認日本人和美國人在心理上的差異，主要是來自於儒家的影響。另外，還有佛教文化圈及信仰回教的阿拉伯世界。

宗教具跨文化相對性與實用性

　　美國杭亭頓（Samuel P. Huntington）教授寫過一本書——《文明衝突與世界秩序的重建》（*The Clash of Civilizations and the Remaking of World Order*），內容主要談文明的衝突，講的是基督教、回教與中國三大文明世界的差異與衝突。他的預言沒錯，宗教的影響力太大，包括了人的心理、性格、思想觀念等方面。所以基本上，宗教是歷史、社會、文化的產物，它是在這些背景脈絡（context）裡面逐漸發展出來，成為適應本土的宗教，並為人民普遍的信仰或思想。比如佛教在印度產生，當然印度還有其他宗教；回教在阿拉伯世界出現，因為它有共同的文化為基礎；在中國，則有儒家思想的產生，這些都與歷史（historical）、文化（cultural）、社會脈絡（social context）有密不可分的關係。

　　然後，這個信仰或思想可能傳到別的區域，也就是宗教具有跨文化相對性與實用性。當然，它的實用性、適合性一定是在發源地最大，一旦外傳到別的國家地區、別的文化裡，影響力就會減弱，這也是佛教要面對的問題。因為佛教主要是源於印度，傳到中國以後，從實用性來看，在印度，它的協調一致性（compatibility）大，轉到另一個文化區之後，它就差一些了。

　　在進入主題前，不免要談本土化或在地化觀點，本土化就是在地、當地。第一是「本土宗教」，英文很容易分出來，即indigenous religion（本土的宗教），就是本土產生的，在本土的一個生態環境、歷史脈絡，還有文化脈絡、社會脈絡裡自然產生的。它是有根的，根就是ontext，比如說在印度的佛教，必然有本土契合性與實用性，也就是本土協調一致性（indigenous compatibility）、本土順應性（indigenous adaptability），實用性很高，絕對是本土的。

　　第二是「本土化宗教」（indigenized religion），也就是經過轉化，比如說佛教到了中國，它實際上非再來一次indigenous不可，也就是使它本土化，增加實用性。在新的土壤裡的實用性，它是可以接受調節的，所以漢傳佛教自古至今一直在進行「本土化」，漢傳的意思就是一個本土化的過程。

　　以觀音菩薩信仰來解說，以前的觀音菩薩像是畫著鬍子的，後來的就沒有，變成女性，這顯然是本土化了。根據佛教經典所言，觀音菩薩的意象從心理分析的觀念來看，她代表了母親意象（mother image），或者從榮格（C. G. Jung）的

觀念來看,她是母親原型（mother archetype）,是千古以來人類都有的母親原型。觀音的外形在逐漸本土化之後,幾千幾百年來,她是大眾的母親,集所有母親的優點於一身,不管長相、衣著、態度、對人的慈悲,沒有人能抗拒,這是在中國慢慢演化而來。她不像西方人,又不完全是中國人,這是一個很好的實例,觀音信仰是經過本土化的。

認識了漢傳佛教本土化的特質後,接著要談的是「漢傳佛教在現代華人社會之契合性與實用性的最大化」。為什麼要追求最大化呢?因為在我看來,漢傳佛教還是不夠本土化、漢化的不夠,還需要再漢化、再本土化、再在地化,那麼它的實用性及契合性就可以最大化,這是非常值得做的事情。

要怎麼深入呢?「以『提昇人的品質,建設人間淨土』做為深化漢傳佛教之本土契合性與實用性的主要切入點」,這是我的建議。

首先,佛教界學者應研析與選擇諮商學中處理個人生活適應問題的有效方法,再與禪修的方法相結合,為佛教的助人志業建立一套更廣闊、更有效的理論與方法。目的還是在提倡生活品質,因為人的素質提高了,社會環境當然就淨化了。同樣的,專業諮商界的學者,包括臨床界的學者,也應該研析跟選擇佛教禪修中的有效方法,與諮商的理論和方法相結合,為諮商學的助人志業建立一套更廣闊、更有效的理論與方法。從東方禪修裡面學習,反而有助於從西方傳進來的諮商學、臨床心理學在醫療和助人方面,幫助它更容易漢化、更容易本土化。

　　為了達成上述的兩項目標，建議法鼓山文教基金會可以成立專案研究小組來推動。第一是邀請佛教學者與諮商學者，加上臨床學者或精神科專業醫生也行，進行相關雙向研發的工作，互相借重。第二是鼓勵與資助有興趣的法師，到大學相關科系研修諮商學與臨床心理學。在已具備一套佛教禪修方法中融入西方科學，就能統合一套嶄新的東西，這對雙方都是很大的助益。

心理諮商融合禪修共創雙贏

　　諮商學是專業的，我有許多從事諮商的朋友也跟著法師學打坐、參加禪七，他們都肯定禪修方法對諮商很有幫助，但是可惜沒有人深入探究如何將兩者作融合。諮商是諮商、臨床是臨床，是來自於西方的一套方法，禪修則是來自宗教，雖然已經漢化、本土化了一些，但是還不夠。

　　其實來自西方的諮商，多年來也一直在追求本土化，而佛教已是比較本土化，如果彼此能吸收雙方的長處加以整合，應該可以更豐富化、擴大化，而能夠發展出更有效的提昇個人生活品質相關的理論觀念和方法。

　　上述只是個人層次，接下來針對家庭層次，同樣地將家庭禪修理念方法與家庭諮商、家庭治療（family therapy）結合，以發展出更有效提昇家庭生活品質的理論觀念和方法，這方面也可以由剛剛我建議的研究小組去進行。

　　再來進入社會方面，包含社區層次，將個人禪修、家庭禪修及團體禪修的理念方法與社區教育，比如社區大學，還有社區心理衛生教育相結合，可以先在社區進行心靈環保，

創造社區淨土,進而實現人間淨土與和樂社會。諮商裡本來就含有個人諮商及團體諮商,其實佛教裡面也有,大眾一起討論、一起分享經驗。我相信個人層次在這方面做的比較多,團體層次也有,社區層次則比較少,我建議法師們可以去社區大學授課,影響馬上就看得到。如果能有效實踐上述三個層次的工作,必定可以大幅提昇漢傳佛教在華人社會文化中的本土契合性與實用性。

而在將漢傳佛教在華人社會文化中的本土契合性與實用性最大化後,接著就是要努力將漢傳佛教在台灣再本土化的成果,有效推廣到其他華人社會——香港、大陸;先在台灣實驗,再往前推展,創造人間淨土。當然漢傳佛教在台灣之再現代化的經驗,也應該推廣到受儒家影響的東南亞國家,比如日本、韓國,甚至於也可以推廣到西方歐美社會。

王:謝謝楊國樞院士很精采的報告,我個人非常贊同他的看法。我最近有幸偶然接觸到一位極有成就的學者的日記,他的日記捐給我們研究所的圖書館。這位學者在中年以後,深為憂鬱症所苦。從他的日記中,看到他接受西方現代治療時的無助和無力,讓我覺得西方的心理治療對人的心性並不了解。當時,我一面看一面想:如果有宗教,譬如佛教的支持,或許會有不同的結果。我不是這方面的專家,但是我當時確實有這樣的感覺,尤其心理諮商這個東西,本土化是很重要的,因為心靈是本土的心靈,不是外國的心靈。

接著,就請哥倫比亞大學于君方教授,于教授是非常有成就的宗教史學者。

于君方（哥倫比亞大學宗教學教授，以下稱「于」）：佛教是世上最老的世界宗教（world religion），所謂的世界宗教，意謂它的對象不是針對一個國家、一群人。雖然宗教的起源和時空有關，就如同楊國樞教授所言，和當地的社會和歷史條件有很密切的關係，但是佛教跟其他的世界宗教，如基督教、伊斯蘭教有很大的差異。即佛陀在世的時候，就已鼓勵弟子於印度各地弘法，特別是阿育王在公元前三世紀時，大力支持弘法工作，所以佛教陸續傳到斯里蘭卡、東南亞，再經過絲綢之路，在漢朝、也就是公元一世紀時傳到中國。

　　佛教在進入世界上每一個文化區時，都會跟當地文化進行密切的關聯，所以才有所謂的佛教本土化；也是因為本土化的關係，才又分成漢傳佛教、藏傳佛教和南傳佛教這三個大系統。所謂漢傳佛教，就是說佛教在中國的一些傳統，狹義說就是中國佛教，廣義說則包括韓國、日本還有越南，因為他們的佛教最早是由中國傳去的。

佛教以人為本位，慈悲與智慧具足

　　第二次世界大戰以後，現在也可以說有西方佛教，因為先是日本，接著還有中國的禪師到美國弘法，特別是1959年，西藏的流亡政府在印度成立以後，以及1970年代越戰時，藏傳的、還有越南的法師也到了美國及其他歐洲的國家。西方人最早是從這些外國的法師接觸佛法，不過經過幾十年以來，他們自己也建立了道場，而且訓練了自己的子弟。可以說，在二十世紀或二十一世紀一定會有西方佛教，且一如漢傳佛教、藏傳佛教，還有南傳佛教一樣，它也會有

自己獨有的特點。

　　為什麼佛教能在不同的地區發展呢？我想很重要的一點，就是它對當地的文化不排斥、很有包容性。我為什麼要說這些大家都已經非常熟悉的歷史？因為聖嚴法師的學術思想以及他一生的弘法志業，都是建立在對漢傳佛教的深刻了解，還有重新詮釋的基礎上。如果我們看《法鼓全集》，很明顯地可以知道他的研究重點、還有他的關懷。

　　在學術論著方面，聖嚴法師對天台、戒律方面及中國佛教史，還有禪，都有很多的專著。他用現代語彙解釋的經典，也都是中國佛教最重要的《心經》、《金剛經》、《維摩經》、《法華經》、〈觀世音菩薩普門品〉、《華嚴經》、〈普賢菩薩行願讚〉，以及《四十二章經》、《無量壽經》等。大家都知道天台、華嚴、淨土和禪，都是中國佛教最重要的宗派，雖然都是根據漢譯的佛經為基礎，可是在印度從來沒有存在過。為什麼它們能夠成為中國佛教的主流？而且至今擁有一千五百年的歷史，並影響了中國本土的儒、道兩個思想系統，特別是宋明理學還有全真教？

　　正如聖嚴法師在〈佛教對東方文化的影響〉一文中所說：「佛教的適應力強，彈性度高，遇到任何狀況，都會保持無我而尊重對方的立場。講空，也講有；講解脫，也講入世；講世俗，也講隨俗。特別是佛法不違世法而淨化人間，佛教徒弘法不為自己求名聞利養和權力地位，但為人間大眾離煩惱之苦、得解脫之樂；只希望能有為人付出、貢獻的機會，不與人爭長論短、比高比低。所以到了中國，對於儒道二家的固有文化，一向站在肯定的立場，稱之為人天善法，

也是佛法的共同基礎。」以上這段話，是聖嚴法師指出佛教能成為中國的佛教，同時變成與儒、道和平共存的三教之一的原因。

相對來看，為什麼其他外來宗教沒有能夠在中國立足生根呢？我想很大的原因是，佛教以人為本位，而不以神為本位。佛教是真正的人本主義（humanism），而基於這一點發揮出來的，自然是人文的關懷。我們都知道天台、華嚴和禪都是建立在這個基礎之上的，人到底是什麼？人和宇宙之間有什麼關係？人到底是凡，還是聖？如果能夠從凡入聖的話，需要通過什麼樣修練的方式？達到這個理想的時候又應該對社會眾生負什麼樣的責任？這些問題都是佛、儒、道，共同的、最終的關懷，這就是所謂的終極關懷（ultimate concern）。

宗教就是最終的關懷，當然不同的宗教用的名詞不一樣，提供的方法也不一樣，但是有一個共識，就是每一個人都有自我超越的潛能。從佛教的立場來看，我們並不是像一般認為的是一個孤獨的、自私的、身心不健全的弱者，而有佛性，已經是佛。但是就像《法華經》中說的，有位乞丐的衣服裡面藏了珍珠，然而他並不知道，以為自己窮途潦倒，不能自救，更不用談到所謂救人。佛教說的最大的福音，就是人人皆有佛性。所以，成佛的過程正如《大乘起信論》所說的，因為眾生的不覺，所以要強調始覺，但是開悟成佛乃是本覺的全部呈現。不覺和本覺並不是完全不相干的兩回事，而是從不同角度觀看的真如一心。佛法這樣的人本主義具體的結果，是肯定人生、積極入世。

　　大眾的苦惱來自無明、不覺，並不是因為違背上帝的原罪的結果；同時，一旦發菩提心，通過身心的淨化，具足了慈悲及智慧，這個世界就是淨土佛國，除了這個世界並沒有另外一個天堂。因為把生死輪迴跟涅槃二元化，這才是人生基本的問題，也就是我們為什麼感到人生痛苦的根本原因，這也是我們自己把自己打入絕望的陷阱的原因。二元化不僅僅是認識論的錯誤，更具體和切身地說，是它導致他人和自己、富貴與低賤、美好與醜惡等，建立於分別心的價值觀上。所有的衝突與不和，大至國家之間，或一國內部的鬥爭，小至家族之間的爭執，都是根源於此。如果認為只有自己的看法和作法是對的，那麼自然會把別人的看法和作法看成是錯誤。這種二元化的認知在適當的社會條件下，它可以導致宗教或國家主義的戰爭。這幾年來，伊斯蘭教極端分子造成的國際恐怖及伊朗的內戰，都是最明顯的例子。

漢傳佛教是人文通識教育的最佳內容

　　聖嚴法師的學問廣大博深，他在國外以禪師著名，三十多年在歐美指導中國的禪法。從1975年到美國紐約開始，就致力於把禪法傳授給西方人士，讓他們知道除了日本禪宗和藏傳佛教觀想的禪法以外，中國有話頭禪和默照禪悠久的歷史。在國內，聖嚴法師則以心靈環保、心五四、心淨土淨的人生社會關懷著名，這兩方面代表法師對應中外兩個不同環境所需而提供的方便法門，其實兩者有密切的關聯，都建立在法師對中國佛教史和思想的深度了解。

　　我認為法師的一生，具體地身體力行了佛法，佛法照亮

了他的生命，他用文學、學術論著、教育弘法，表達了感性和知性、解和行兩者具備的崇高境界；同時通過這些文字、媒介及具體的行動，一直將佛法貢獻給國內外的人士，希望他們也能像他自己一樣，通過佛法而充實及提昇他們的生活境界。

　　人文教育是全面的教育，包括體育、智育、德育，古希臘和孔子的教育課程就是追求這個理想。佛法的「戒定慧」其實就是人文教育的核心，這些年來很有幸的，國內外的大學終於都發現過分的強調專業，並不能使年輕學子得到均衡而全面的發育。所以，通才教育的必要現在變成了一個共識。但是據我了解，往往面臨師資及教材欠缺的問題。

　　在美國，通識教育最成功的兩個例子是芝加哥大學和哥倫比亞大學，每個學生都要用兩年的時間修學共同課程，這其中包括文學、藝術、歷史、哲學，還有宗教等等。聖嚴法師的著作包括這些領域，一個由佛教啟發的人文教育課程大可以建立在《法鼓全集》的基礎上，當然這需要長時間的策畫。這是一個可行而且有意義的事，不僅可以在國外、僧伽大學、法鼓佛教學院、中華佛學研究所推行，還可以在法鼓山各分院，將這樣的課程推廣到各層次、各地區。

　　聖嚴法師有獨創性，同時他對傳統中國佛教有深厚的基礎，所以他可以教話頭禪和默照禪；他可以寫深奧的《天台心鑰》和《華嚴心詮》，也可以用生動和引人入勝的文筆，透過「寰遊自傳」系列介紹印度佛教的聖地，還有中國名山古剎；他對戒律學做過徹底的研究；他的博士論文，我們知道是研究明末四大師的蕅益智旭，由此他提醒學界有必要整

個地研究中國佛教,而不要以為隋唐之後佛教就不重要了。

在聖嚴法師的著作和生活中,可以看到他對學術理論的強調,以及宗教虔誠的真情,他是觀音菩薩的信徒、是禪師,但也勸人念佛。禪淨雙修和禪教合一是中國佛教傳統的特色,因此他是中國佛教忠實的繼承者,但同時他又是現代佛教的大師,他負起了承先啟後的重擔,也因此,他為我們開出了一條研究漢傳佛教的道路。因為他的著作都涉及了中國佛教史上很重要的課題,學人可以用法師的著作當作進入該課題的捷徑,從而進行研究。也許不是所有的我們都能成為大鴨子,但是我相信就像他說的,小鴨子也可以走出一條自己的路。

王:謝謝于君方教授對聖嚴法師的思想,還有佛法在現代世界的普遍意義,尤其在人文關懷、人文主義、自我超越等層面所做的深刻闡發。聖嚴法師是觀音的信徒,而于君方教授正是研究觀音在中國歷史上發展的重要學者,由她來闡釋法師在這方面的想法,是最恰當不過的一個組合了。

接下來對談時間,先請于君方教授。

于:我有一個問題想請教楊教授。把禪跟心理學整合的研究,在美國有不少學者在進行。最早的好像是鈴木大拙,還有美國一位心理學家,都寫過禪與心理分析。我想他們的意思與楊教授相同,就是以佛法為體、心理分析為用來幫助人。我的問題是,心理學主要是幫助人們接受及適應現實,它並沒有懷疑這個當前的現實是不是真正、究竟的現實?而

佛教講開悟或成佛，意思是要人們必須懷疑現在存在所謂的現實，而在對於真理了解後，又回到肯定現實，並不是單純地接受當前的現實。所以，不知道這兩者是否真的可以結合？

楊：美國的確有學者進行研究，在日本也有，鈴木大拙的著作大家都知道，還翻譯成英文，在美國讀的人也很多，也有些討論。像台灣很多人都知道的心理治療大師卡爾・羅傑斯（Carl Rogers），也借用他的方法，採用一些佛教的理念、禪學的方法。諮商一般不屬於心理學，學校的諮商是屬於教育心理學，婚姻諮商部分可能有的是心理學、有的是社會工作學的專業，基本上會用到禪法的還是比較少，因為不太容易做的。當然還有別的理由，因為美國是全世界最高度個人主義（individual oriented）的文化，個人是要有自主性、獨立性。于教授提到的無我，美國人就沒辦法接受，因為他們最講自尊，沒有我還有什麼呢？因此，前面所講的主要還是強調在台灣及華人或受儒家思想影響的東北亞地區。

不過講到「無我」，這是值得探究的議題。禪修時，怎麼處理這個問題？法師們幫助一般大眾時，是不是也採用「無我」的觀念？大眾可以接受嗎？或者結果如何？是否有效？這些其實都很值得研究。研究不一定要在實驗室裡研究、或用儀器測量，而是在禪修的過程中，不要只是談完就算了，而是要跟他們會談（interview）、深度訪談（depth interview），並蒐集這些資料，不管是團體或個人，到底效果如何？歷程怎麼樣？如何變化？這些資料要建立，之後成立

研究小組去研究，把它理論化、程序化、具體化，最後就可以推廣了。

另外于教授提到通識教育的重要性，在美國通識教育做的最好的就是哥倫比亞大學，哈佛大學也不錯，還有史丹佛大學，甚至芝加哥大學都不錯，很值得參考。在哈佛大學的通識教育中，非常強調的一項就是宗教，反觀台灣的大學，往往口頭上強調宗教的重要性，但卻不願意真正落實。而在佛教團體或基督教辦的大學裡，又不敢講的太厲害，深怕多做一些，教育部就要扣補助費。所以，我很贊成佛教界主動與各大學校長或是掌管通識教育的人溝通，不要只是說些宗教史、或是宗教原理，那是知識性的，而是應該達到人的修養層次，影響人的家庭生活及社會。

【聽眾提問】

王：我收到的發言條中，第一個問題是要請教楊國樞教授：若宗教再繼續本土化，是否會喪失其原始的宗教意涵？若漢傳佛教再本土化而與原始佛教有所出入，是不是可以說這是漢地所產生？就是說這是不是一個新的宗教？

第二個問題，發問者說他本身是心理系轉攻宗教所。根據他的了解，國內諮商、臨床心理學招生名額本來就不多，上榜的必然是研讀心理諮商三、四年的菁英，非相關領域如果想轉入有相當的困難。在現實與理想之間其實有不小的差距，是不是在實現理想前先改善現實環境的問題？

第三個問題，發問者說他未來設定在神職人員或是心理

諮商師，想請問楊教授有沒有相關經驗可供他學習？還有，
無宗教信仰者的諮商方面或其他心理相關問題，與信教者的
差異為何？

楊：發問者提到本土化是否會失掉佛教原始的宗旨、原味，
我想提供另一個思考方向：維持一個東西的原味重要，還是
能幫助人比較重要？我想答案很明顯，助人當然較為重要。
所以，宗教有益於世道人心，幫助個人、幫助家庭、幫助社
會，如果因為轉化失掉了很多原味，但是新生的內容也是有
生命的，因為它能給人跟社會帶來希望，雖然原來的味道淡
了，那可能表示漢人社會不太需要那種味，這就好像毛蟲變
成蝴蝶，它是一種蛻變（transformation），是更高一等的，
蝴蝶會飛、毛蟲不會飛，蝴蝶大家都喜歡、毛蟲大家都不喜
歡，所以不要怕丟掉。

　　至於選擇心理所或宗教所，我想路很多，但是要能堅
持。我還是強調，也許法鼓山可以帶頭鼓勵培養人才，在具
備佛教修養的出家眾中，再學習西方心理諮商的科學，就可
以整合兼修出新內容，將來反推到西方去。西方人學了一點
禪，但不曉得怎麼整合，這就是台灣佔優勢之處，台灣的佛
教界人才是優於香港及大陸的。

于：關於原始佛教的問題，我想補充說明一下。什麼是真正
的原始佛教？在台灣，現在南傳及藏傳佛教好像比較熱門，
相反的，對於漢傳佛教好像覺得太漢化了，加入太多儒家、
道家還有民間宗教的思想，我個人覺得這並不是正確的看

法。

其實佛教一直在演變，如同楊教授所說，佛教講一切無常，那就是常，假如能夠說什麼是常的，就是說佛法永遠在變。源於印度的佛教有三十多個宗派，哪一個才是原始佛教？我覺得在這方面應該要具備對歷史的認知。因為漢傳佛教中的天台、華嚴、淨土和禪等宗派，在印度並沒有，但這些宗派的基本精神還是佛教的。漢傳就像南傳和藏傳一樣，有一些基本對於佛教的認識，可是在制度上、修行上都在改變，那就是跟當地文化產生互動，並不是說與原始佛教相悖。

王：下一個問題是要請教于君方教授。請于教授就觀音的性別做說明，有一種說法認為觀音是無性的？

于：佛和菩薩根本不能用性別、老少，或是國籍等觀念來區分。如果從圖像學切入，印度是世界上最早出現觀音塑像的，有學者提出時間點是在公元二世紀，也有說是五世紀。但是不管怎樣，絕對不是女性，就像佛和其他菩薩一樣，很明顯是男性，基本上是以釋迦牟尼為模型，觀音菩薩就是釋迦牟尼尚未出家時的樣子，所以全身有瓔珞。

佛教傳入中國後，一直到唐朝，觀音菩薩還是很明顯的以男性來塑像，因此在敦煌的壁畫及絹畫中，觀音常常有鬍鬚。觀音出現轉變，我覺得是從五代開始，之後很長時間是中性，這時期很難說他到底是男是女，這是從造像學的角度來看。但是南宋以後，進入元朝，女性的象徵愈來愈強，

最為大眾熟悉的就是白衣觀音，其實就是水月觀音的另一個形象，這是中國化的觀音，在其他佛教國家是沒有的。但水月觀音看起來還不是全然的女性化，白衣觀音就愈來愈女性化，不但從圖像學中可以看到，同時從大量的靈驗記、靈驗故事也找得出證據。

靈驗故事講人在進行冥想或打坐的時候，觀音會出現，最早是以僧人的樣貌；到了宋朝是白衣人，沒有說出性別，南宋以後則變成白衣婦人。其實，不管是顯教還是密教的經典，跟觀音有關係的記載非常多，但是沒有一個經典具體提及觀音的性別，因為從空的角度來說，這是一種分別，既然不二，就不能說他是男是女。

從觀音的性別，其實也可以明顯地印證佛教中國化、本土化。很多宗教都曾傳到中國，為什麼只有佛教真正轉變成中國的佛教？這是一個很大的題目，就以觀音為例，只有中國的觀音變成女性，當然傳到韓國、日本及越南的觀音也有同樣的轉變；相反的，西藏人認為達賴喇嘛就是觀音的化身，另外在東南亞、斯里蘭卡也有觀音信仰，但是都跟王朝、皇室的關係很密切，往往皇帝就以觀音的樣子出現，而很可見的，那些國家的觀音都不是女性。

王：觀音不是女性，但不一定是男性？

于：在別的國家，觀音的造像看起來確實是男性，所以可以說是男性。

王：另一位發問者要請教楊教授如何評估漢傳佛教與現代華人社會的契合性？又如何評估實用性的大或小？怎樣才是最大化呢？

楊：這還是與佛教再本土化有關，之所以使用「再本土化」這個詞，是因為即便已相當本土化，還是可以再本土化，本土化的程度愈高愈好，契合性也就愈高。

　　契合性愈高的意思，就是更能廣泛地運用這套方法去幫助更多人，包括主動來求助或沒有來求助但知道的人，在現實社會中能扮演穩定人心的角色，不是完全發自於純粹宗教上的想法，而是能對於大環境、對社會的啟發。一如聖嚴法師說的創造人間淨土，當然首先必須要了解人間，而不是只局限在佛教的範疇裡；所謂的最大化，就是將影響力發揮到極致。

　　我的建議是，將佛法、禪法與心理諮商相結合，用這套方法在華人地區幫助更多人，相對來說就是讓佛教更契合與適應華人社會。但如何進行評估？這牽涉到許多研究要項，比如將諮商會談的內容與方法加以量化，發展一套嚴謹而有效的量表，當然這是一項非常艱辛而龐大的工程，需要有人去組織運作，雖然困難，卻很有意義及價值。而如果能運用佛法的內涵幫助大眾，效果愈大，適應性就愈強，本土契合性就能最大化。

（2006年10月18日於台北圓山大飯店舉辦）

聖嚴法師淨土思想之研究
——以人間淨土為中心

釋果鏡

中華佛學研究所所長

法鼓佛教學院專任助理教授

▎摘要

聖嚴法師近二十餘年來，在全台推動的人間淨土思想，對社會有著相當的影響力，在淨化人心上也有著卓越的貢獻，因此希望藉著本研究，能整理聖嚴法師提倡人間淨土的思想脈絡。

聖嚴法師曾在1965年刺血寫下「自利利人，自救救人，誓為振興中國佛教，犧牲奮鬥到底」的誓言，表現出他對中國佛教興隆的熱切、對自他兩利的重視，聖嚴法師常說：「佛法如此好，為什麼知道的人這麼少，誤解的人又如此多？」認為是弘法人才太少，佛教教育不普及的原因，因此將自己的生命全部投入於從事佛教教育、弘法利生之中，顯露出法師強烈地「以佛教教育救世救人」的悲懷，藉著佛教教育淨化人間，使人間成為可實現的淨土，達到救世救人的悲願。此種悲願直至今日，依然如初衷般，絲毫不變。

聖嚴法師除了致力於從事佛教教育之外，又在佛教教育之上，強調漢傳佛教之禪法。佛法即是心法，心法即是禪法。因此聖嚴法師在弘法利生上，即是以禪法為核心，以念佛為輔

助，從事接引普羅眾生，自利利人。隨著因緣的牽引，醞釀出「提昇人的品質，建設人間淨土」的理念。然而聖嚴法師的人間淨土理念，不是把信仰中的十方佛國淨土，搬到地球上來；也不是要把《阿彌陀經》、《藥師經》、《阿閦佛國經》、《彌勒下生經》等所說的淨土景象，展現在今天的地球世界。我們都知道太虛大師曾經提倡「人生佛教」，主張建立一個周圍數十里的「佛教無稅地」，當作人間淨土的實驗區，雖然未能付諸實施，確是人間淨土思想的先驅。另外一位印順長老雖然是太虛大師的學生，他並未採取太虛大師的人間淨土，而是根據《阿含經》提倡「佛在人間」，來呼應太虛大師的「人成即佛成」的理念。至於東初老人的「人生佛教」，是以佛法配合了中國的儒家思想來推展的，若以此點與太虛大師及印順長老的思想相對照，多少是可以看出有些出入。而聖嚴法師所提倡的是以「提昇人的品質，建設人間淨土」的理念，來實踐人生佛教的人間淨土，這是承接了太虛、印順、東初三位大師的創見。同時法師亦致力於發揚漢傳大乘佛教的優點，承先啟後而適應各種人及時空的人間淨土。

本研究將聖嚴法師的人間淨土思想分四個時期，第一時期以聖嚴法師從四種角度，釐清人間淨土階段為研究對象。第二時期以聖嚴法師從各種心法，醞釀淨化人間淨土階段為研究對象。第三時期以聖嚴法師提倡心靈環保，建立觀念實現人間淨土階段為研究對象。第四時期以聖嚴法師提倡心的教育理念，落實實踐人間淨土階段為中心，分三小主題，其一：以三大教育實踐建設人間淨土為研究對象。其二：以在西元1999年發表「心五四運動的時代意義」❶中，提倡「心五四」來實踐建設

人間淨土為研究對象。其三：以在西元2005年推行「心六倫運動的目的與期許」中，提倡「心六倫」來實踐建設人間淨土為研究對象。

　　綜合言之：此論文試圖探討聖嚴法師，如何勾繪出以心靈環保為主軸的思想，架構出心淨、眾生淨、國土淨相互之間的關係；並試圖追溯聖嚴法師如何綜合出大小乘經典，以及古聖先賢們的智慧，來架構出理想而完整的人間淨土；而現代的人如能遵循法師所架構的人間淨土地圖，則人間淨土即在眼前。

關鍵詞：聖嚴法師、人間淨土、環保、心五四、心六倫

---

❶〈心五四運動的時代意義〉，刊登於《法鼓》雜誌119及120兩期。

一、前言

　　1998年，聖嚴法師為了祝佛教大學前學長水谷幸正博士古稀紀念作，於紐約法鼓山分會撰寫了〈人間佛教的人間淨土〉❷，文中詳述了「人間淨土」理念的佛教淵源及歷史發展。人間淨土說的源流可往上追溯，是來自印度的大小乘諸種經論，佛教傳入中國自然地也把人間淨土的思想帶入中國，在中國歷經了天台、淨土、華嚴、禪等諸宗對淨土觀的激盪，到宋初的永明延壽結合諸宗，匯歸華嚴的理事等齊，唱出「一念成佛」❸之說，使得淨土思想達至最高境界。

　　聖嚴法師提倡的「人間淨土」理念，所依據的主要經典，可歸納為六種：1.《仁王般若經》的「唯佛一人居淨土」❹；2.《華嚴經》的「初發心時，便成正覺」❺；3.《法華經》的「我此土安隱」❻；4.《維摩詰所說經》的「直心是菩薩淨土」❼；5.《大般若經》的「成熟有情，嚴淨佛土」❽；6.《觀無量壽經》❾及《無量壽經》❿的淨土生因說，此六種經典在以下的探討之中，會有進一步地敍述。本研究首先以四種角度釐清淨土為主題，深入探究聖嚴法師的淨土概念為

---

❷ 見《兩千年行腳》，頁115。
❸ 見《大正藏》四十八冊，頁491a。
❹ 見《大正藏》八冊，頁828a。
❺ 見《大正藏》九冊，頁449c。
❻ 見《大正藏》九冊，頁43c。
❼ 見《大正藏》十四冊，頁538b。
❽ 見《大正藏》五冊，頁19b。
❾ 見《大正藏》十二冊，no.365，頁340b-346b21。
❿ 見《大正藏》十二冊，no.361，頁279b6-299c26。

何？其次探討聖嚴法師如何從最初只有一個「心法」，漸漸地有了「心靈環保」？他在1993年提出了「心靈環保」這個名詞後，產生了以「心靈環保」為主軸，淨化人心的觀念。接著再探討如何發展成「心靈、禮儀、生活、自然」等四種環保？並陸續推出了「三大教育」⓫、「心五四」運動⓬、「心六倫」運動⓭等，目的為了提昇人的品質，建設人間淨土。

二、以四種角度釐清淨土之時期

淨土一詞，聖嚴法師曾在〈淨土思想之考察〉⓮以泛指大小、廣狹，比較級、究竟級，主觀的、客觀的，包容各種意義，而加以分別探討過。在一般佛教學者的觀點，所謂淨土泛指諸佛為度一類眾生，而以其本願力所成就的佛國淨土。而一般通常指西方極樂世界、阿彌陀佛淨土，此種認知是信仰上普遍地深植人心的原故。聖嚴法師依修行的成果不同，所建造的淨土也不一樣的思考，把淨土分為四種等級：1.法身土；2.報身土；3.化身土；4.凡聖同居土。⓯又從現實生活的角度，把淨土分為四種：1.人間淨土；2.天國淨土；3.佛國淨土；4.自心

⓫ 見《法鼓晨音》，頁190。

⓬ 見《抱疾遊高峯》，頁115。台北林口體育館舉行舉辦「一九九九年全球會員代表感恩大會」共同揭示了二十一世紀人類生活新主張——「心」五四運動。

⓭ 見《致詞》，頁72，2004年1月28日以錄影帶播講於紐約聯合國哈瑪紹紀念堂舉辦的「防止恐怖主義：以教育來促進世界和平及催生全球共通的倫理價值」研討會。

⓮ 見《學術論考》，頁114。1982年12月22日脫稿於紐約禪中心，1983年刊於《華岡佛學學報》第6期。

⓯ 見《禪與悟》，頁121。

淨土。❶聖嚴法師認為淨土雖然有四種等級、四種種類，卻認為只有心願及層次上的不同，並沒有本質上的差異。❶而且主張若能自淨其心，則通見四種淨土。❶

聖嚴法師認為自淨其心必須從十善業開始，而十善業在佛法的基礎戒、定、慧三學上是屬於戒，戒的精神在於存心的善惡，心若純善，即入於定的層次，定力若深厚而且持久，便發生智慧的功能。所以三學的根本，乃在於內心的功用。❶這內心的功用就是自淨其心。自淨其心便是修行三學淨化身心，心不受夢想顛倒煩惱的影響，心既清淨，身亦清淨，身心既清淨，所處的國土亦無不清淨。這也就是《維摩經》所說：「隨其心淨，則佛土淨。」❷能夠自淨其心則四種淨土皆能見到。

聖嚴法師依據心願與層次上的不同而分四種淨土，又進一步依據佛經把四種淨土逐一分類：人間淨土有兩種，《彌勒下生經》❷所說彌勒淨土、《起世因本經》❷所說鬱單越洲淨土；天國淨土也有兩種，《彌勒上生經》❷所說兜率內院淨土、《長阿含經》❷所說淨居天淨土；佛國淨土也有兩種，《阿彌陀經》❷所說他方世界淨土、《法華經·如來壽量品》

---

❶ 見《念佛生淨土》，頁25。

❶ 見《抱疾遊高峯》，頁249。

❶ 見《維摩經六講》，頁106。

❶ 見《學術論考》，頁130。

❷ 見《大正藏》十四冊，頁538c。

❷ 見《大正藏》十四冊，頁421a。

❷ 見《大正藏》一冊，頁365a。

❷ 見《大正藏》十四冊，頁418b。

❷ 見《大正藏》一冊，頁79b。

❷ 見《大正藏》十二冊，no.366。

所說靈山淨土；自心淨土在《法華經‧方便品》所說：「一稱南無佛，皆已成佛道。」㉖《華嚴經‧梵行品》所說：「初發心時，便成正覺。」㉗《維摩詰經》所說：「隨其心淨則佛土淨。」㉘《雜阿含經》所說：「心淨故眾生淨。」㉙皆是唯心淨土。

以下就聖嚴法師依現實生活的四種角度釐清四種淨土，加以整理：

（一）人間淨土

「人間」是由梵文「末奴沙」（mānuṣyaka）而來，翻譯成中文是「思考」、「思考者」之義。而「淨土」的意思就是佛、菩薩等聖人所住的國土，是佛的功德所成的世界，也可能是佛的願力所成的世界。依據《彌勒下生經》、《起世因本經》等經，人間淨土可分為彌勒淨土、鬱單越洲淨土，可是這兩種淨土都不在我們的現實世界。太虛大師說：「不必於人間之外另求淨土，故名為人間淨土。」㉚這也正是聖嚴法師提倡人間淨土的依據。

（二）天國淨土

聖嚴法師依據佛經，將天國分為兩類：一是有漏凡夫所生處，一是補處菩薩所居處。解釋第一類天國淨土是修行十

㉖ 見《大正藏》九冊，頁9a。
㉗ 見《大正藏》九冊，頁449c。
㉘ 見《大正藏》十四冊，頁538c。
㉙ 見《大正藏》二冊，頁69c。
㉚ 見《太虛大師全書》，第十四篇支論，建設人間淨土論，精24，頁427。

善，便生天國。此天國尚在三界的範圍，還是有漏有限的，由於積福，享受欲界天的欲樂，或修禪定，享受諸禪天的定樂，但在欲天的福報享盡之時，禪天的定力退失之際，又會從天國下降到人間或更向下而墮落到三塗惡道。解釋第二類天國淨土是在欲界天裡的兜率天，分內院和外院，外院是凡夫所居，內院是彌勒佛教化眾生的地方，真正是清淨的天國淨土，見到彌勒法相，親聞彌勒說法，不為享受天福，而是修行佛法。

又說明修四無量心，則能近於解脫，得生色界第四禪的五淨居天，乃是小乘的三果聖者，死後所生之所，在此修成阿羅漢果，即出三界；生於五淨居天者，雖未出三界，但已決定不再還至輪迴生死界中，故又稱之為五不還天。所謂五淨居天，分別是無煩天、無熱天、善見天、善現天、色究竟天（也就是阿迦膩吒）。

（三）佛國淨土

我們從藏經資料之中，雖見有許多佛及佛土之名，而對於特定的佛土有較為詳細的介紹者，卻寥寥可數。聖嚴法師以藥師佛、阿閦佛、阿彌陀佛為例，分別介紹其概況：1.有關藥師佛的經典及儀軌，雖然不少，言及琉璃光淨土的經典更多，但對琉璃光淨土的詳細介紹則未見之。2.依據《阿閦佛國經》的敍述，妙樂世界的物質建設，已超過人間淨土。在精神建設方面則眾生尚有微薄的貪欲、瞋恚、愚癡，雖不著於愛欲淫佚，仍有自然愛樂而有女人的懷孕生產❸，比兜率淨土已無男

---

❸ 見《大正藏》十一冊，頁753c。

女欲事,皆係蓮華化生者,尚嫌不足。3.相關《阿彌陀經》等共六十餘種經典,皆介紹了極樂世界。由於資料龐雜,異見亦不少。綜合言之,阿彌陀佛的極樂世界,既無欲事,更無女人,又且往生彼國的眾生,皆能住不退位,以至最後成佛,此為其他佛國之所不及。

(四)自心淨土

聖嚴法師指出《華嚴經》的「華藏世界」❸;《梵網經》的「菩薩心地法門」❸;《法華經》的「靈山淨土」❸;《維摩經》的「直心」、「深心」是「菩薩淨土」❸,又說「隨其心淨則佛土淨」等,都是指的自心淨土。中國到了宋代的永明延壽、天台家大學者知禮及元照,元代的惟則等諸師,都主張唯心淨土的思想,倡導「唯心淨土,本性彌陀」❸之說;一直到明末的蕅益大師也主張「是心是佛,是心作佛」❸,以念佛三昧而豎出三界者,便見唯心淨土,以他力方便而橫出三界者,則生西方淨土。

聖嚴法師釐清四種淨土之後,融合諸經而主張的淨土思想:一念念阿彌陀佛時,一念得見阿彌陀佛淨土,念念念阿彌陀佛時,念念得見阿彌陀佛淨土。這種阿彌陀佛的淨土,是自心中的淨土,也未離開西方的淨土,這就是與四種淨土相接相

---

❸ 見《大正藏》十冊,頁27a-32c。
❸ 見《大正藏》二十四冊,頁997b。
❸ 見《大正藏》九冊,頁35a-b。
❸ 見《大正藏》十四冊,頁538b。
❸ 見《卍續藏》七十四冊,《三時繫念佛事》頁59b。
❸ 見《卍續藏》十二冊,《楞嚴經摸象記》頁506b19。

連、不一不異的人間淨土。❸因此聖嚴法師主張的人間淨土，是指我們現實的生活環境，就是淨土。也就說娑婆世界即是淨土，這種主張應該如何理解？法師解釋說：「當我們聽聞佛法，修行戒定慧，持誦佛名號，那怕僅有一人修行，那人即見淨土，能有二人修行，那二人便見淨土，許多人修行，則許多人都能見到人間淨土；若因修行而體驗身心的清淨，淨土就在你的眼前展現。」❸因此能念佛、持淨戒、修禪定、得智慧的人，雖然生活於娑婆世界的五濁惡世，也能享受到淨土的無礙解脫。

聖嚴法師更細膩且深入的把念佛分為四種：1.以「深心」念佛，當下就離煩惱的痛苦。2.以「專心」念佛，便會發現煩惱本不住在心內。3.以「一心」念佛，念念都是阿彌陀佛，便是《楞嚴經》中所說的「淨念相繼」❹。4.以「無心」念佛，立即會失去能念的自己和所念的佛號，便是《楞嚴經》所說的「入流亡所」❹。以這四種念佛方法，來達成一人念佛一人得見淨土，多人念佛多人得見淨土的目標。❷

三、以心法淨化人間之醞釀時期

聖嚴法師是從何時提倡人間淨土？依尋得的資料，最早可追溯到1990年3月在北投圖書館演講〈人間淨土〉❹。法師

---

❸ 見《念佛生淨土》，頁80。
❸ 見《念佛生淨土》，頁25-26。
❹ 見《大正藏》，十九冊，頁128b5。
❹ 見《大正藏》，十九冊，頁128b18-19。
❷ 見《念佛生淨土》，頁78。
❹ 見《禪的世界》，頁332。

解釋人間淨土，不是要否定他方佛國淨土的信仰，而是說十方
三世諸佛國土的成就與往生，必須從人間的立場做起。聖嚴法
師在「心靈環保」未提出之前，最初的弘法，即是以心法為主
體，認為五乘一切教法，都是人間淨土的依據㊹。他先後演講
過多次以人間淨土為主題之講座，且撰寫了多篇與人間淨土相
關之主題文章。經歸納後可分以下三種：

（一）用人天善法的觀念淨化人心

聖嚴法師在〈淨土思想之考察〉㊺文中：「佛法既分五
乘，必也有五乘不同層次的淨土境界，是以人間淨土、天國淨
土、二乘淨土、諸佛淨土，都應列入淨土思想的範圍。」㊻將
淨土以五乘不同層次分為四種。又把我們所居住生活的娑婆世
界，分作兩個階段來敍述：「第一階段是釋迦世尊已經化度，
並且以他的佛法仍在化度的時代，第二階段是當來彌勒佛降世
化度的時代。」㊼以下依此兩階段來進行探討：

1.釋迦化度時代

依據《大般涅槃經・光明遍照高貴德王菩薩品》㊽、《法

㊹ 見《法鼓山的方向II》，頁81。
㊺ 見《學術論考》，頁114-180。
㊻ 見《學術論考》，頁114。
㊼ 見《學術論考》，頁128。
㊽ 見《大正藏》十二冊，《大般涅槃經》：「西方去此娑婆世界，度
三十二恆河沙等諸佛國土，彼有世界，名曰無勝。彼土何故名曰無勝，
其土所有嚴麗之事，皆悉平等，無有差別，猶如西方安樂世界，亦如東
方滿月世界，我（釋迦佛）於彼土出現於世。為化眾生故，於此界閻浮
提中，現轉法輪。」頁508c。

華經・如來壽量品》❹、《大乘遍照光明藏無字法門經》❺，
得知釋迦世尊的淨土，有兩種不同的說法，一是西方的無勝世
界，二是靈鷲山淨土。如果加上釋迦世尊化現此土的閻浮提，
則有三個國土。前兩種淨土於此不贅述，僅以閻浮提來探討，
此閻浮提在《長阿含經・閻浮提洲品》中記載：

> 須彌山南有天下，名閻浮提，其土南狹北廣，縱廣七千
> 由旬，人面亦爾，像此地形；須彌山北面，天金所成，光
> 照北方；須彌山東面，天銀所成，光照東方；須彌山西
> 面，天水精所成，光照西方；須彌山南面，天琉璃所成，
> 光照南方。❺

知道閻浮提在須彌山之南，其天空是由琉璃所構成，光
照南方。又依《大般涅槃經・光明遍照高貴德王菩薩品》中記
載，釋迦世尊為化導眾生故，於此界閻浮提中，現轉法輪，一
切諸佛亦於此中而轉法輪。❺此界閻浮提不是只有釋迦世尊轉
法輪，一切諸佛也會在此界閻浮提轉法輪，因此在《長阿含
經》之中，就有一品為〈轉輪聖王品〉。在此品之中記載：

---

❹ 見《大正藏》九冊，《法華經》：「一心欲見佛，不自惜身命，時我
（釋迦佛）及眾僧，俱出靈鷲山。我時（釋迦佛）語眾生，常在此不
滅，以方便力故，現有滅不滅。」頁43b。

❺ 見《大正藏》十七冊，《大乘遍照光明藏無字法門經》：「彼未來世，
諸眾生等，若得聞此希有（無字）法門，當知是人，久已成就無量福
慧。……當知是人，常見我（釋迦佛）身，在靈鷲山，及見此等諸菩薩
眾。」頁875c。

❺ 見《大正藏》一冊，頁115b。

❺ 見《大正藏》十二冊，頁508c。

「轉輪聖王以正治國。無有阿枉。修十善行。爾時諸人民亦修
正見。具十善行。」❸依此得知轉輪聖王是以十善行來治理此
界閻浮提。

　　釋迦世尊的佛法，雖有高下深淺之分，但其根本法則為
十善業道。如果能實踐十善業道，即能致使人間成淨土。佛經
中常以鬱單越（北俱盧洲）的施設，為人間淨土的標準，而欲
達此標準，當行十善業道❹。也就是說：行十善業道即可往生
鬱單越❺。鬱單越的施設，在《起世經‧鬱單越洲品》❻中描
述得非常詳盡。

　　十善法，從表面看雖是消極的不作惡，然而從其所得的
利益看，實是積極地去行善。所以十善法修得好，必定進而去
修布施等六度與四攝。如果人人都是仁慈、富足，人人都能守
身如玉，守口如瓶，守心自在，這豈不就是無病苦、無貧窮、
無鬥爭、無怖畏、無怨尤、無憂患的人間淨土？❼因此，聖嚴
法師肯定地認為：佛法是為人間所設，釋迦世尊出現人間，旨
在淨化人間，即是將此娑婆穢土轉化為相當程度的淨土。

2.彌勒化度時代

　　依據《菩薩處胎經》，我們現前所處的時間位置，叫作賢
劫❽，共有千佛相繼出世，世尊之後的補位者，便是彌勒佛，

---

❸ 見《大正藏》一冊，頁121a。
❹ 見《大正藏》一冊，頁117c-119a。
❺ 見《大正藏》一冊，《長阿含經‧鬱單越品》：「其人前世修十善行。
　身壞命終。生鬱單越。」頁119a。
❻ 見《大正藏》一冊，頁314a-317a。
❼ 見《學術論考》頁150-151。
❽ 見《大正藏》十二冊，頁1045b。

將在釋迦佛入滅後五十六億七千萬年（另有一說五十七億六千萬年），下生人間成佛。❺❾。《彌勒下生經》記載：那時人壽極長，國土豐樂，四季調順，人民身無病苦，人心皆同一意，言語統一。轉輪聖王出現，以十善正法，化治世間，珍寶自然發現，土地平整如鏡。彌勒佛三會說法，度脫二百八十二億眾生，皆得阿羅漢果。❻⓪一時有了二百八十二億眾生證阿羅漢，豈不是淨土降臨到了人間！因此，可以得知在彌勒下生人間時，亦是以十善來化治世間，使人間成為淨土。

　　以上所探討的釋迦世尊與彌勒佛的人間淨土，乃是聖嚴法師有關淨土之最早作品〈淨土思想之考察〉中整理而成，文中闡明釋迦世尊與彌勒佛皆是以十善業道來化導眾生，使人間得以淨化為清淨淨土。也可以說聖嚴法師的淨土思想含有以十善來提昇人的品質，以十善來建設人間淨土的內涵。但法師所提倡的淨土概念是不同於《長阿含經》中所說的命終往生鬱單越，而是將我們所處的娑婆世間淨化為如鬱單越般的淨土。

　　聖嚴法師又在1997年於第三屆中華國際佛學會議發表〈戒律與人間淨土〉，主張人間淨土的建設須從我們的身心淨化做起，而淨化身心的基礎，不能離開佛制的戒律，這是大小乘一切佛教聖典的共識。❻❶並強調戒律是為了淨化人類的身心而設，是為了淨化人間的社會而設。當我們了解了戒律的根本功能及其精神所在之後，就會發現佛法的修證，是不能離開實踐，實踐的佛法，亦不能缺少戒律。因此聖嚴法師在推動建設

---

❺❾ 見《大正藏》十二冊，頁1025c。
❻⓪ 見《大正藏》十四冊，頁422b。
❻❶ 見《學術論考》，頁426。

人間淨土時，即用釋迦世尊的遺教，以苦、空、無常、無我的基本佛教教理，配合著傳授菩薩戒，推廣五戒、十善、三聚淨戒，舉行念佛、禮懺的修行活動。❷也就是用佛法配合實踐的修行活動，以傳授菩薩戒的方法，鼓勵人們持守五戒、十善、三聚淨戒，以念佛及禮懺的實踐法門，都攝六根，淨念相續，達到淨化人的身心為目標。

（二）用禪法的觀念淨化人心

　　1984年，聖嚴法師在《禪的生活》自序中提到：他是主張禪修及淨土行的會通，不希望禪與淨土同室操戈。❸從此段文可以窺知他對禪與淨土的觀念。又在1991年3月6日於嘉義高工大禮堂，以「禪與人間淨土」為題，做了二個小時的演講。可惜此篇講稿未能留下文字，然而在聖嚴法師有關禪的著作中，可以窺視其從禪的角度建設人間淨土之思想。他認為禪的修行就是佛法的修行，佛法的修行一定是身、心、環境三項配合，才是真正的修行。❹

　　中國佛教史上，從未見過祖師們主張人間即是淨土之說，卻能見到記載自性彌陀及唯心淨土的思想。此種思想主要是出於禪宗的看法，因為禪宗的淨土思想，是著重於清淨的本心，所顯的真如自性，認為諸佛與眾生心中的自性，平等不二，而且強調眾生亦未離諸佛的嚴淨妙土，迷者是向心外求佛求淨土，悟者乃頓悟自心是佛、自心作佛。宋代以來中國即以

---

❷ 見《法鼓山的方向》，頁503。
❸ 見《書序》，頁208。
❹ 見《動靜皆自在》，頁77。

禪宗為主流，過著叢林的生活，簡單樸實，自己耕種，自食其力，不依靠施主維生，不受政治及社會制度的影響，安定地過著修行的生活；又以西方淨土的念佛法門，對廣大群眾做普遍的救濟，使一般大眾也有修行佛法的得度因緣。從聖嚴法師的著作中可以得知，他對禪與淨土的主張是「禪淨雙修」。禪淨雙修乃是北宋以後的佛教風尚，宋高僧永明延壽被視為禪淨雙修的鼻祖，他所集的《宗鏡錄》中，引用唐代李通玄撰作的《新華嚴經論》：「一念相應，一念成佛，一日相應，一日成佛。」❻❺將本是華嚴淨土思想轉而成為禪淨思想，這可以說是延壽對禪淨雙修的一大貢獻。延壽即是依據《華嚴經・梵行品》：「初發心時便成正覺」❻❻，倡導「一念成佛」❻❼，也就是一念即成佛，將此思想由一念擴大為一日。聖嚴法師受到永明延壽的影響，認為既然可從一般凡夫的妄心乃至散心念佛，即能「一念相應一念佛，一日相應一日佛，念念相應即念念佛」，也可以進而成為念念念佛，念念成佛；日日念佛，日日成佛。法師把永明延壽的一念成佛的思想，運用在日常生活中的一念，以念佛觀使日常環境變成佛國淨土。

聖嚴法師多年來指導禪修及念佛方法時，也常介紹禪淨雙修給禪修者，如果數息法有困難，即鼓勵禪修者用印光大師的十念記數法。所以，法師在《念佛生淨土》的〈念佛的方法〉❻❽中，表示出對於印光大師，發明了此一十念記數的

❻❺ 見《大正藏》三十六冊，頁730a。
❻❻ 見《大正藏》九冊，頁449c。
❻❼ 見《大正藏》十冊，頁300b。
❻❽ 見《念佛生淨土》，頁116。

念佛妙法，極其感恩。

（三）用菩薩行的觀念淨化人心

　　《維摩經》對淨土是主張：如果自心能夠清淨，國土即能清淨，也即是心若清淨，國土亦得清淨。聖嚴法師在1994年以《維摩經》的觀點，認為我們的世界，是隨著我們的心而變化的，這兩者之間有著兩種關係：心隨境轉或境隨心轉。心隨境轉是凡夫，境隨心轉是聖賢是菩薩，以菩薩心看眾生，眾生都是菩薩，以清淨心體驗世界，世界便成佛國淨土。**❽** 聖嚴法師又進一步依《維摩經》所說：「若人心淨，便見此土功德莊嚴。」**❼**解釋「心淨」是不起瞋愛、取捨、善惡、好壞等的分別心；不受境界影響，便可以見此土的「功德莊嚴」。主要是用智慧和慈悲的功德，來莊嚴我們的心、莊嚴我們的世界、莊嚴我們的環境。總而言之，即是以智慧莊嚴自己的心，以慈悲莊嚴我們的世界與環境。

　　聖嚴法師又依據《維摩經》：「雖隨諸法究竟淨相，而隨所應為現其身，是菩薩行。雖觀諸佛國土永寂如空，而現種種清淨佛土，是菩薩行。」**❼**以菩薩行建設人間淨土。法師解釋「菩薩行」，是指菩薩的行為，行六度、行四攝等，都是菩薩行。認為如果人人均能恰如其分地，扮演好自己的每一個角色，做好應做的事，盡到應負的責任及義務，這個菩薩身分便完成，每個人都成為菩薩的應現身了。聖嚴法師強調如此推而

---

❽ 見《維摩經六講》，頁151。
❼ 見《大正藏》十四冊，頁538c。
❼ 見《大正藏》十四冊，頁545c。

廣之，去看待周遭的人，我們這個世界，就是佛國淨土和人間
淨土了。

　　聖嚴法師有句偈語：「處處觀音菩薩，聲聲阿彌陀
佛。」認為念茲在茲，心繫聖號，即是建設人間淨土的法門。
他在1994年舉行的清明報恩佛七期間，就以〈西方淨土與人間
淨土〉為主題作了開示。法師依據《觀無量壽經》往生西方淨
土的條件有兩個：第一當修三福，第二當修十六種觀想法。修
三福即是：第一孝養父母，奉事師長，慈心不殺，修十善業。
第二受持三皈，具足眾戒，不犯威儀。第三發菩提心，深信因
果，讀誦大乘，勸進行者。❼法師闡明此三福即是一切修行法
門的基礎，其重點在於「戒」的精神，其次讀誦大乘經典乃為
發「慧」，並且強調欲往生西方淨土必須修三福業，此三福即
是世福、戒福、行福，已涵蓋了人間共通的倫理德目，也包羅
了菩薩的三聚淨戒在內，自利利他菩薩行的內容。藉著修三福
業完成人間的倫理實踐，以菩薩行自利利他，達成人間淨土之
理想，臨終後必定往生西方淨土。

　　中國諸家學者對於淨土的分類，產生各種不同的看法，
有主張阿彌陀淨土的判屬為報土，有判屬為化土。而天台智者
大師將此土及阿彌陀佛的西方世界，均判屬四種淨土中的第一
類「凡聖同居土」，主張西方阿彌陀淨土是同居土中的淨土，
此土是同居土中的穢土。但是淨土諸家對此娑婆世界，從未有
人主張穢土即是淨土的。聖嚴法師的淨土思想的特色即是主張
穢土即淨土之說。

---

❼見《大正藏》十二冊，頁341c。

　　聖嚴法師解釋「人間佛教」，認為佛教不是僅僅屬於人間的宗教，而是說佛陀喬答摩教化的環境，主要是在人間。佛在世間以人間身出現，觀察到人間不論是誰，都不能免於生老病死的四種根本苦難，因此毅然出家求道修行，希望能為人間大眾悟得解脫之道。經歷了六年的苦修，終於成道悟得緣起的佛法。又以四十幾年的歲月，告誡人間大眾，依佛法自利，並且利益他人，便是人間佛教。

　　人間佛教及人間淨土的名詞，在中國佛教史上，可以說未曾出現過。然而在二十世紀初，中國佛教的大改革家太虛唯心大師（1889—1947年），提出了人生佛教以及人間淨土的構思，他一再強調：「依佛十善等法而行，與三乘賢聖僧為友，即為造成人間淨土之因緣也。」❼❸其方法便是受持三皈、五戒、十善，幾乎與《觀無量壽經》的三福淨業相同。又有印順法師主張「佛在人間」，也強調「當從十善菩薩學起」，此種以十善為菩薩行的看法，與大乘諸經論及歷來諸大師，幾乎完全一致。

　　從以上三種觀念淨化人心的內容，可以窺視聖嚴法師的淨土思想，不是要把信仰中的佛國淨土，搬到地球上來，而是用佛法的觀念淨化人心，用佛教徒的生活芳範淨化社會，通過思想的淨化、生活的淨化、心靈的淨化，逐步地努力來完成心靈環境的淨化和社會環境的淨化。

---

❼❸ 見《太虛大師全書》，第十四篇支論，建設人間淨土論，精24，頁397。

四、以心靈環保建立觀念之時期

　　在二千五百多年前，釋迦世尊所講的佛法，已無一不與心靈環保有關，釋迦世尊來到人間，留下了三藏十二部的聖典，其中所記錄的佛法，都是為了要提昇人品、淨化人心、改善人的環境。因此心靈環保的內容講的就是佛法，這個觀念不是聖嚴法師首創，不過「心靈環保」這個名詞，可以說是他首先提出的。聖嚴法師多年來一直努力用佛法的觀念和方法來提昇人的品質，以期普遍推廣，來完成建設人間淨土的理念，又以教育工作，來完成關懷、普化的任務，又以關懷、普化的工作，來達成教育的目的，把教育與關懷、普化連結，使人的品質提昇、普遍的推廣佛法理念，進而完成建設人間淨土，在這過程之中，主要的核心即是「心靈環保」。

　　聖嚴法師認為心靈環保與心理健康、心理衛生等是非常接近，然而心靈環保要比一般的心理健康和心理衛生，更為深廣。由心理健康的角度來看，現代人需要的是一套足以安身立命的生命智慧和處世哲學。由心理衛生的角度來看，現代人只要經常保持心情平靜安定，就不會有情緒的波動。若以佛教的角度來說，心靈環保就是慈悲心、智慧心，因此聖嚴法師倡導：「以慈悲心對待人，以智慧心處理事」，便是以慈悲心及智慧心來利人利己。有慈悲心便不見有敵人，有智慧心便不會起煩惱。❼我們中國自古以來講「仁」、「義」、「愛」等，都屬於心靈範圍，佛教講「慈悲」、「智慧」也屬此範疇，即

---

❼ 見《書序 II》，頁91。

使是西方宗教，所提倡的「博愛」亦不離「心靈環保」。❼❺聖
嚴法師更廣泛地認為，凡是有心要為人類社會提供智慧，促使
全人類的身心獲得健康、快樂、平安的觀點及方法，而能營造
一個健康、快樂、平安環境的，都可算是心靈環保。❼❻

　　聖嚴法師依據《維摩經》：「隨其心淨則佛土淨」；
《華嚴經》：「心佛及眾生，是三無差別」❼❼、「心如工畫
師，畫種種五陰」❼❽、「應觀法界性，一切唯心造」❼❾，《阿
彌陀經要解便蒙鈔》：「罪性本空由心造，心若滅時罪已亡」
❽❿等經，找出心靈環保的根源，以此觀點，得知只要人心染
惡，人間社會即會出現災難連連，如果人心淨善，人間社會即
是康樂境界。並且認為正常健康的佛法，必定是智慧的、慈悲
的、合情合理的、入世化世的。筆者整理出法師藉著佛教教
義、中國禪法、儒道思想、心靈貧窮等角度，闡明心靈環保的
觀念，敘述如下：

（一）依據《維摩經》般若空建構心靈環保的理論內涵

　　聖嚴法師依《維摩經》的立場，分五個層次來介紹心靈
環保的觀念。

　　第一、引〈佛國品第一〉：「若菩薩欲得淨土，當淨其

---

❼❺ 見《禪門》，頁90。
❼❻ 見《學術論考II》，頁58。
❼❼ 見《大正藏》九冊，頁465c。
❼❽ 見《大正藏》九冊，頁465c。
❼❾ 見《大正藏》十冊，頁102b。
❽❿ 見《卍續藏》二十二冊，頁870c。

心。隨其心淨，則佛土淨。」❽主張若想求得淨土，應當先自淨心，而非先要心外的這個世界清淨，由自我的內心清淨做起之後，自然能夠影響環境，使得他人也得清淨。

第二、引經中兩處「直心」，〈佛國品第一〉：「直心是菩薩淨土，菩薩成佛時，不諂眾生來生其國。」❽〈菩薩品第四〉：「直心是道場，無虛假故。」❽解釋直心是指心中沒有一定要表現的意見，也沒有自我的成見；沒有要表達什麼，只是隨緣應化，隨機攝化。如果我們的心是質直的，心中誠質無諂，就是在道場中，道場就在其心中。

第三、引〈方便品第二〉：「資財無量，攝諸貧民；奉戒清淨，攝諸毀禁；以忍調行，攝諸恚怒；以大精進，攝諸懈怠；一心禪寂，攝諸亂意；以決定慧，攝諸無智。」❽說明此段經文，指的就是六度，要使得心淨見佛土，就要用六度：布施、持戒、忍辱、精進、禪定和智慧來淨心。

第四、引〈弟子品第三〉：「不斷婬怒癡，亦不與俱；不壞於身，而隨一相；不滅癡愛，起於明脫。」❽闡明自心清淨之後的人，是不斷婬怒癡之習性，卻能不受役於這些習性，不為其所困擾。其內心不會執著這個身體是我的，也不會由於這個身體而起貪、瞋、嫉妒及驕傲等煩惱，而能把這個身體和身體所處的外在環境，以及環境中的一切事物，都視為是一

---

❽ 見《大正藏》十四冊，頁538c。
❽ 見《大正藏》十四冊，頁538b。
❽ 見《大正藏》十四冊，頁542c。
❽ 見《大正藏》十四冊，頁539a。
❽ 見《大正藏》十四冊，頁540b。

體，這叫作「同體大悲」。其因心地清淨，雖然處身在愛欲的環境之中，但是能夠覺察、明白，愛欲乃眾苦之因，既已清淨自心，即不受癡人愛所惑，故常能夠自在解脫。

第五、引〈弟子品第三〉：「彼罪性不在內、不在外、不在中間，如佛所說：心垢故眾生垢，心淨故眾生淨。心亦不在內、不在外、不在中間。如其心然，罪垢亦然，諸法亦然，不出於如。」❽❻強調眾生應向內心做工夫，心中如有不清淨的煩惱出現，這個眾生就是有罪業的；如果心已清淨，那麼這個眾生本身就是清淨的。這是因為心是不在身內、不在身外，也不在內外的中間；罪性也與心相同，不在內外中間。

綜而言之，聖嚴法師從《維摩經》的角度，認為心靈環保的著手工夫，是從待人接物、日常生活的起心動念處隨時做起；心靈環保的過程，是從自私自利的自我身心觀照漸漸淨化，而至於無病無我的境界；心靈環保的最高層次，是從有法可求至於無求無染而又精進化世的佛的境界。 ❽❼

（二）運用《金剛經》禪法建立心靈環保的修練方法

聖嚴法師從《金剛經》的立場，介紹心靈環保的觀念，將心靈分為四個層次：淨化人心、發菩提心、保護初發心、降伏煩惱心。法師依此四個層次的順序，說明其內涵，並解釋心靈環保便是人心的淨化，由人心的淨化，推展到社會環境及自然環境的淨化，始能落實、普遍、持久。人心的淨化，必須放

❽❻ 見《大正藏》十四冊，頁541b。
❽❼ 見《維摩經六講》，頁125

下自私自利，發成佛的無上菩提心，要發成佛的心，必須先學菩薩的精神，菩薩的精神就是「以利他為利己」。發了無上菩提心，應當時時保護此一「初發心」。住於無上菩提心者，必須知道處理心猿意馬的虛妄煩惱心。

六祖惠能大師聽到《金剛經》的「應無所住，而生其心」，因而悟道。聖嚴法師解釋「無所住」，就是「不在乎」，不在乎自我的利害得失；「生其心」，就是以無私無我的智慧，處理一切事物。引用《金剛經》：「應如是生清淨心，不應住色生心，不應住聲、香、味、觸、法生心，應無所住而生其心。」❽認為色、聲、香、味、觸、法六塵，都應該全部擺脫，心靈才能得到清淨，行布施才不會生煩惱心。又引：「若心有住，則為非住。是故佛說：『菩薩心不應住色布施。』」❾主張如果心仍然執著於色、聲、香、味、觸、法，就是「非住」，就是「不住於菩提心」。菩薩為了利益一切眾生，應該以「無住心」布施，這才是真正的菩提心。

聖嚴法師又用另一個角度將心靈環保從有到無，分為三種人：普通人、大修行人、解脫者。普通人的心理活動住於過去和未來；大修行人的心理狀況住於現在的活動；解脫者的智慧反映不住於過去、未來、現在。法師引用《金剛經》：「過去心不可得，現在心不可得，未來心不可得。」❿認為解脫者已經心無所住，不住於現在，也不住於過去、未來的一切相，是「無相」、是「無我」，亦是「解脫」。法師主張《金剛

❽ 見《大正藏》八冊，頁749c。
❾ 見《大正藏》八冊，頁750b。
❿ 見《大正藏》八冊，頁751b。

經》中的「云何降伏其心？」、「應無所住，而生其心。」便是心靈環保的指導原則。聖嚴法師主張人要練習著以禪修者的健康心靈，來看待世間，認為世間的一切現象都是有原因的，世界一切現象都是新鮮的，世間所有現象都是美好的。法師以禪的角度，強調從心靈的淨化到精神的提昇，是要用觀想的方法，觀想能使我們的身心淨化，也能使我們的人品提昇，從行為改變觀念，再從觀念的改變，來達成人格的淨化與精神的昇華。除了觀想方法以外，當然還需要配合無我的空觀，才能產生無私的智慧。

禪修者發現內心世界廣大無垠，廣大無垠是因為願心和決心而潛力無限，能夠在定中體驗時間與空間無限，放下自私的立場便發現心量之大可以包容無限，開悟之後即能體會到超越一切的無限，內心之大大於身外的宇宙，內心之深深過無垠的宇宙。

（三）會通儒道思想拓展心靈環保的關懷層面

2003年，聖嚴法師在北京大學的「從東亞思想談現代人的心靈環保」[91]演講中，也有另一小主題即是「儒道二家與心靈環保」。聖嚴法師認為儒家的立場，修身、齊家、治國、平天下，以及定、靜、安、慮、得，便是以人的身心及其所處大環境為主題的。孔子說「成仁」，孟子說「取義」，都是表現著一個崇高的理念，是從個人利益的私心追求，轉化到為了群體利益而放棄私人利益，甚至不惜奉獻出自己的身命，來成全

---

[91] 見《學術論考II》，頁46。

「求仁得仁」的人格。聖嚴法師強調這種私利公益的兩極、或是以利人做為利己，僅在一念之間的差別，自私的利己是精神的污染，是心靈的腐敗，以奉獻心來利他，是精神的昇華，也就是心靈環保。

法師認為道家老子的自然主義，是提倡純樸，反對虛浮的繁華，希望人類的道德，素樸而不假巧立名目的爾虞我詐，所以主張「絕聖棄智」、「絕仁棄義」、「絕巧棄利」。認為莊子觀察天地間的萬事萬物之存在，主張沒有優劣、尊卑、高下、大小的定義，只是各行其是而已。而莊子的基本思想即是明哲保身的思想，是不同於儒家的「殺身成仁」、「捨身取義」，也不同於墨子的「兼善天下」的人生追求。

儒道兩家對於人生的看法雖有不同，觀點不一，然而照顧自己、照顧社會，乃至順乎自然的目的是相同的。聖嚴法師認為儒道二家思想都在心靈環保的範圍，只是古人因各自所處時代環境不同，以及對於環境所採的審視觀點不同，便有不同的發明，得到不同的價值觀。

（四）解決心靈貧窮凸顯心靈環保的時代意義

「心靈貧窮」的名詞，是聖嚴法師在2002年於泰國曼谷召開的第一屆「世界宗教暨精神領袖理事會」會議上第一次提出。法師認為心靈貧窮所衍生的問題，比物質貧窮的問題更嚴重。物質貧窮雖然在生活上會有飢餓、疾病等苦難，心靈貧窮卻容易讓人們對自然環境與社會環境造成毀滅性的破壞。法師主張解決物質貧窮的方法是鼓勵布施，加強教育、生產；解決心靈貧窮，則必須提倡心靈環保。並且提出如果能以心靈環保

的理念和方法，讓大家體驗到個人的物質生命是短暫而渺小的，全體的精神生命是不受時間和空間限制的，再運用佛教的理念及方法，推廣不良風俗的改革，便可以化解由心靈貧窮所帶來的災難和危機，進而提昇人的品質，弘揚人的尊嚴。

綜合上述：聖嚴法師以四種角度，闡明心靈環保的觀念，如果當今我們所處的社會環境及自然環境，所衍生出的各種問題，給予審慎觀察，對症下藥，恰到好處地因應和調適，必能因為聚集了古人的智慧與結晶，達成人品的提昇。

聖嚴法師在「從東亞思想談現代人的心靈環保」的演講中❷，有一小主題即是「佛教與心靈環保」。聖嚴法師介紹中國大乘佛教，號稱有八大宗，即是三論、唯識、天台、華嚴、淨土、禪宗、密宗、律宗，每一宗都有本體論、人生論、實踐論的教法，各宗的功能也都是為了自利利人。每一宗都是出於因時制宜、因地制宜、因人的狀況制宜的方便；因有不同的時空及不同的人、不同的狀況，而採用多元化的、多層面的教法來應對，主要是令人的身心健康、快樂、平安。

五、以心的教育實踐理念之時期

「心靈環保」具體表現在外，即是對我們所處的依報環境的保護，以及人類生存空間的維護。聖嚴法師主張環境的污染是由人造成的，唯有人類會製造髒亂，不但污染物質環境更是污染精神環境，只能由內心的淨化發展為外表的實踐，由外表的實踐來展示內心的淨化，法師基於此種想法推出了「禮儀

---

❷ 見《學術論考II》，頁46。

環保」、「生活環保」、「自然環保」的運動。進而詮釋以智慧莊嚴自己的心，即是心靈環保；以慈悲莊嚴我們的世界、關懷我們的社會，即是禮儀環保、生活環保、自然環保。❸聖嚴法師解釋「禮儀環保」，是以恭敬尊重的心，感謝感恩的心和人相待相處；解釋「生活環保」，是生活要簡潔樸實，節約能源，不製造垃圾，不污染環境；解釋「自然環保」，是珍惜非常有限的地球資源和日益惡化的自然生態。

聖嚴法師為了接引尚沒有意願學佛，以及無暇禪修的一般大眾，盡量不用佛學名詞，並且以淡化宗教色彩的方便法，來投合現代人的身心和環境的需要，提出了以心靈環保為主軸的「三大教育」、「四種環保」及「心五四運動」、「心六倫運動」。以下分三部分來探討：

（一）以三大教育實踐環保建設人間淨土

聖嚴法師因為體認到教育的重要性，從1985年創設中華佛學研究所以來，由學院教育漸漸地發展出普化與關懷教育，並指導信眾以此三大教育來提昇人的品質，以實踐四種環保來建設人間淨土。聖嚴法師一再地提醒說：「唯有經由三大教育、四種環保，人間才會見到淨土。」❹是推行「大普化教育」與「大關懷教育」來提昇我們自己和社會的品質，提昇整個人間的精神領域，至於施設「大學院教育」的目的，則是為了深化「大普化教育」及「大關懷教育」的落實。❺以教育工

---

❸ 見《維摩經六講》，頁151。
❹ 見《法鼓山的方向II》，頁86。

作，來完成普化、關懷的任務，又以普化、關懷的工作，來達
成教育的目的，把教育與普化、關懷連結，使人的品質提昇、
普遍地推廣佛法理念，進而完成建設人間淨土。並且主張佛學
研究與生活實踐並重，慈悲與智慧兼顧，利他與自利平行，又
強調應以初發心的凡夫菩薩群，為推動及推廣的基礎。

三大教育事業主要是為了實踐四種環保，以實踐角度強
調：心靈環保，能提高人生的境界；禮儀環保，能增進人間的
和諧；生活環保，能取得生存的空間；自然環保，能讓大地留
下美好的明天。聖嚴法師又進一步地說明：「心靈環保」具體
表現在外，即是對我們所處的依報環境的保護，以及人類生存
空間的維護，主張環境的污染是由人造成的，唯有人類會製造
髒亂，不但污染物質環境更是污染精神環境，只能由內心的淨
化發展為外表的實踐，由外表的實踐來展示內心的淨化，法師
基於此種想法而推出了「禮儀環保」、「生活環保」、「自然
環保」的運動。再進而詮釋以智慧莊嚴自己的心，即是心靈環
保；以慈悲莊嚴我們的世界、關懷我們的社會，即是禮儀環
保、生活環保、自然環保。❾❻如果能夠真正落實四種環保，即
能完成建設人間淨土。

（二）以心五四實踐環保建設人間淨土

聖嚴法師在1999年提倡推廣的「心五四運動」，目的就
是為了對治眾生（人）的三毒，促成人間淨土的福慧莊嚴。心

---

❾❺ 見《法鼓家風》，頁12。
❾❻ 見《維摩經六講》，頁151。

五四運動的內容，是以人心觀念的改善為著眼，以社會環境的改善為目標。❼以心靈環保的心五四運動做為身心行為的準則。所謂「心五四運動」，是指跟心靈環保相關的五個類別，各有四點的實踐項目，那就是：四安──安心、安身、安家、安業。 四要──需要、想要、能要、該要。四它──面對它、接受它、處理它、放下它。四感──感恩、感謝、感化、感動。四福──知福、惜福、培福、種福。❽

　　心五四之中，以四安是其中極為重要的一項運動。❾「四安」運動，就是從「安心」開始的。「安心」之後，就能夠「安身」，也才能夠做好「安家」、「安業」。聖嚴法師所提倡的「心五四」，筆者爬梳法師的著作時，整理出法師的安心法，乃隋代自印度來的菩提達摩所撰《少室六門》第三門二種入：「夫入道多途。要而言之。不出二種。一是理入。二是行入。……行入者。謂四行。其餘諸行悉入此中。何等四耶。一報冤行。二隨緣行。三無所求行。四稱法行。」❿而來。這裡所謂的四行，即是聖嚴法師提倡「心五四」的經典根源。聖嚴法師在著作中指出：四行是教導修行人如何來對治魔境。⓫又指出：四行法是從生活中求體驗的四種觀想工夫。⓬因此，心五四的目的就是為了對治眾生（人）的三毒，即是以菩提達摩

---

❼ 見《自家寶藏──如來藏經語體譯釋》，頁63。
❽ 見《學術論考II》，頁59。
❾ 見《人間世》，頁15。
❿ 見《大正藏》四十八冊，頁369c27-370a4。
⓫ 見《拈花微笑》，頁219。
⓬ 見《比較宗教學》，頁419。

的四行法為基礎，從生活中去實施的四安、四要、四它、四感、四福。

　　菩提達摩接引禪宗二祖慧可，即是用安心的機法。聖嚴法師運用菩提達摩的四行法，由安心發展出四要、四它、四感、四福。至於四行法如何對應四要、四它、四感、四福？筆者試著將菩提達摩的《少室六門》：「云何報冤行。謂修道行人若受苦時。當自念言我從往昔無教劫中。棄本從末流浪諸有。多起冤憎。違害無限。今雖無犯。是皆宿殃。惡業果熟。非天非人所能見與。甘心忍受。都無冤訴。經云。逢苦不憂。何以故。識達故。此心生時。與理相應。體冤進道故。說言報冤行。」❸對應聖嚴法師提出的「四它」方法，兩者皆是對治癡毒❹，又《少室六門》：「此心生時。與理相應。」聖嚴法師認為「此時即是明心」❺，因此四它即可說是由報冤行而來的。又將《少室六門》：「二隨緣行者。眾生無我。並緣業所轉。苦樂齊受。皆從緣生。若得勝報榮譽等事。是我過去宿因所感。今方得之。緣盡還無。何喜之有。得失從緣。心無增減。喜風不動。冥順於道。是故說言隨緣行也。」❻對應聖嚴法師提出的「四感」方法，兩者皆是對治瞋毒❼，因此四感即可說是隨緣行而來的。又將《少室六門》：「三無所求行者。世人長迷。處處貪著。名之為求。智者悟真。理將俗反。安心

---

❸ 見《大正藏》四十八冊，頁369c27-370a4。
❹ 見《自家寶藏──如來藏經語體譯釋》，頁62。
❺ 見《禪鑰》，頁106。
❻ 見《大正藏》四十八冊，頁370a4-9。
❼ 見《自家寶藏──如來藏經語體譯釋》，頁62。

無為。形隨運轉。萬有斯空。無所願樂。功德黑暗。常相隨
逐。三界久居猶如火宅。有身皆苦。誰得而安。了達此處。故
捨諸有。息想無求。經云。有求皆苦。無求乃樂。判知無求真
為道行。故言無所求行也。」⑩對應聖嚴法師提出的「四要」
方法，兩者皆是對治貪毒⑩，因此四要即可說是由無所求行而
來的。又將《少室六門》：「四稱法行者。性淨之理目之為
法。信解此理。眾相斯空。無染無著。無此無彼。經云。法無
眾生。離眾生垢故。法無有我。離我垢故。智者若能信解此
理。應當稱法而行。法體無慳。於身命財行檀捨施。心無悋
惜。達解三空。不倚不著。但為去垢。稱化眾生。而不取相。
此為自行。復能利他。亦能莊嚴菩提之道。檀施既爾。餘五亦
然。為除妄想。修行六度。而無所行。是為稱法行。」⑩對應
聖嚴法師以四福來增益人生，莊嚴人間的社會，莊嚴內心的世
界⑪，而四行法的稱法行即是自行利他的菩提之道，因此四福
即可說是由稱法行而來的。

　　「心五四運動」是聖嚴法師為了淡化宗教色彩，使其能
入世化俗所使用的權巧方便；即能充實佛化精神，又可普及於
人間。又強調「心五四運動」的目的是為了完成四種環保，
而環保宜先從心靈的正本清源做起，再運用心五四的方法及觀
念，落實於日常生活。因此，聖嚴法師主張二十一世紀人類應
該以四安來提昇人品，以四要來安定人心，以四它來解決困

⑩ 見《大正藏》四十八冊，頁370a9-15。
⑩ 見《自家寶藏──如來藏經語體譯釋》，頁61。
⑩ 見《大正藏》四十八冊，頁370a15-23。
⑪ 見《自家寶藏──如來藏經語體譯釋》，頁63。

境，以四感來與人相處，以四福來增進福祉。進而以此心五四完成四種環保，達成淨化人間的目的。

（三）以心六倫實踐環保建設人間淨土

在佛教經典之中記載六倫的有《善生經》⑫中的六倫，指父子關係、夫婦關係、親族關係、師生關係、主僕關係、施主與沙門的關係。⑬聖嚴法師提倡的「心」六倫，涵括「家庭」、「生活」、「校園」、「自然」、「職場」和「族群」等六重倫理，這六倫是環環相扣的。意思是說，在同一個人身上，很可能就具有六種倫理的互動關係，每一種倫理關係之間，都應各盡其責任，各守其分際。而且主張「心」六倫，是從心出發，從我們自己做起。

法鼓山推動的心靈環保，即是從自「心」開始的心五四，進而推到群體的心六倫。因此，倫理對我們的價值是什麼？是不是一種生活方式？這都需要我們用心去體會，真誠去實踐。以下是聖嚴法師簡略地解釋何謂「六倫」？

1. 家庭倫理：家人之間互相照顧、愛護，使家庭平安、幸福、快樂。

2. 生活倫理：過簡樸、整潔的生活；讓自己方便，也讓他人方便。

3. 校園倫理：學生、家長與老師三方，各盡其分，有所為

---

⑫ 見《大正藏》一冊，《長阿含‧善生經》：「佛告善生。當知六方。云何為六方。父母為東方。師長為南方。妻婦為西方。親黨為北方。僮僕為下方。沙門‧婆羅門‧諸高行者為上方。」頁71c。
⑬ 見《悼念Ⅱ》，頁82。

有所不為。

4. 自然倫理：珍惜地球，不浪費、不破壞自然資源，就從
自己做起。

5. 職場倫理：謹守工作崗位，盡心、盡力、盡責、盡分。

6. 族群倫理：尊重多元族群，互助、包容、共榮，求同而
存異。❶

「心」六倫的特色，在於它的時代性，是對當前台灣社
會及國際情勢的一種回應與契應，屬於時代的新範疇，這與過
去傳統儒家所倡的「五倫」：「父子、君臣、夫婦、兄弟、朋
友」別有不同。聖嚴法師認為「五倫」在舊社會中，似已夠
用，可是到現代社會中的人際關係，五倫的涵蓋面已經不夠，
所以法師推動「六倫」運動，來因應現代的需求。法師提出每
一個人在這「六倫」的數倫之中，扮演不只一重而是多元的角
色。也提醒不論我們扮演什麼角色，都應該要有正確的觀念：
人是為了守分、盡責、作奉獻，而不是為了爭取；在自求自利
的同時，要尊重關心他人。所以法師強調：一味的貪求爭取不
是倫理，服務奉獻才是倫理的價值❶。聖嚴法師希望藉由這六
種範疇的倫理，來幫助社會與人心能夠淨化、平安、快樂、健
康。期望以「心六倫」運動，達成「提昇人的品質，建設人間
淨土」的目的。

2004年，聖嚴法師在紐約聯合國「哈瑪紹紀念堂」演講
時提出「全球倫理」觀念，獲得不少迴響，並支持國際間一項
重建「全球倫理」的計畫。現今世界紛紛擾擾，尤以種族與族

---

❶ 2007年7月8日開示於法鼓山。

❶〈「心六倫」運動的目的與期許〉，頁11-12。

群的衝突最為棘手。其中問題，多半是來自宗教、政治和信仰
上的差異。❶❻聖嚴法師強調建立全球倫理的目的，並不是要新
創一個宗教，也不是要否定所有的宗教，而是在尊重、保持所
有宗教的現況之餘，另外找出一條共同的道路來。❶❼從此處可
以了解聖嚴法師試圖以佛教的平等、慈悲的觀念，為明日的地
球世界，創造共存共榮、和平幸福的大未來。

六、結語

聖嚴法師有感於「今日不辦教育，佛教就沒有明天」的
重要，因此將全生命投入於佛教教育，以佛教教育從事救世救
人，此種悲願直至今日，依然如初衷般，絲毫不變。

法師除了自力於佛教教育之外，又在佛教教育之上，強
調漢傳佛教之禪法。

佛法即是心法，心法即是禪法。因此聖嚴法師在早期，
即是以禪法為核心，以念佛為輔助，從事接引普羅眾生，自利
利人。隨著因緣的牽引，醞釀出「提昇人的品質，建設人間淨
土」的理念，法師的淨土思想，不是把信仰中的十方佛國淨
土，搬到地球上來，而是在人間推行淨化人心，在此種理念之
下，首先必須釐清何謂「淨土」？因此，法師以介紹四種淨
土，強調人間淨土的殊勝性。其次以各種角度、立場，凸顯人
間淨土的多元化。再次以人間淨土從心出發為著眼點，提出了
心靈環保的核心觀念，強調心的重要性。又其次以心靈環保為
核心，推行淨化人間的依報環境，即是生活環保、禮儀環保、

---

❶❻ 2007年7月8日開示於法鼓山。
❶❼ 2006年11月12日黎巴嫩貝魯特「中東暨亞洲宗教領袖高峰會」開幕致詞。

自然環保的四種環保，企圖使穢土轉淨土。最後以心五四落實淨化個人，以心六倫落實淨化群體，來完成心淨 → 個人淨 → 群體淨 → 依報環境淨 → 國土淨的目標。此種目標落實在日常生活中應如何達成？聖嚴法師製作了「自我提昇日課表」，就是為了方便於我們實踐的記錄簿，內文所標示的實踐項目共有三十四項，每人如能天天記錄、天天實踐，又逐一地慢慢去執行，人間淨土的實現不是不可能的。

　　總結言之，筆者探究聖嚴法師的淨土思想之後，大致上分四大重點：第一聖嚴法師對淨土的分判與諸祖師不同。法師依心願及層次上分人間淨土、天國淨土、佛國淨土、自心淨土等四種淨土，而且主張四種淨土本質上並沒有差異，如果能自淨其心，則通見四種淨土。第二聖嚴法師依般若空思想為中心的《維摩經》，提倡心淨則國土淨，其中必須有眾生淨（有情淨）來連結，這種連結關係可以從《維摩經》：「如是，寶積！菩薩隨其直心，則能發行；隨其發行，則得深心；隨其深心，則意調伏；隨意調伏，則如說行；隨如說行，則能迴向；隨其迴向，則有方便；隨其方便，則成就眾生；隨成就眾生，則佛土淨；隨佛土淨，則說法淨；隨說法淨，則智慧淨；隨智慧淨，則其心淨；隨其心淨，則一切功德淨。是故寶積！若菩薩欲得淨土，當淨其心；隨其心淨，則佛土淨。」❶❶❽中找到依據。第三聖嚴法師倡導的「一念相應一念佛，一日相應一日佛，念念相應即念念佛」，即是源自華嚴思想的唐・李玄通撰《新華嚴經論》：「一念相應，一念成佛，一日相應，一日成

❶❶❽ 見《大正藏》十四冊，頁538b-c。

佛。」⓳也是禪宗永明延壽所提倡「一念成佛」的思想，根本
上應該說是出自唐・實叉難陀譯的八十卷《大方廣佛華嚴經》
中的「一念成佛」。⓴聖嚴法師運用了「此娑婆世界即是蓮華
藏世界」㉑的華嚴理論，並強調唯心淨土，使得此娑婆世界的
穢土能成淨土，這種唯心淨土的思想，在宋代極受禪宗所重
視。第四聖嚴法師提倡的心五四運動、心六倫運動，是源自
於禪宗菩提達摩的安心法、四行法，所發展出四安、四要、
四它、四感、四福等心五四，使完成個人的淨化，再擴大到
家庭、校園、職場、族群、生活、自然等心六倫，得以完成
群體的淨化，進而淨化我們所處的依報環境，達成人間淨土
的實現。

⓳ 見《大正藏》三十六冊，頁730a。
⓴ 見《大正藏》十冊，頁300b。
㉑ 見《大正藏》十冊，頁58c-62b。

參考文獻

經典

《維摩詰所說經》，姚秦‧鳩摩羅什譯，CBETA，T14，no.475。

《華嚴經》，唐‧實叉難陀譯，CBETA，T10，no.279。

《仁王般若經》，姚秦‧鳩摩羅什譯，CBETA，T8，no.245。

《法華經》，姚秦‧鳩摩羅什譯，CBETA，T9，no.262。

《大般若經》，唐‧玄奘譯，CBETA，T5，no.220。

《觀無量壽經》，劉宋‧畺良耶舍譯，CBETA，T12，no.365。

《無量壽經》，曹魏‧康僧鎧譯，CBETA，T12，no.360。

《阿彌陀經》，姚秦‧鳩摩羅什譯，CBETA，T12，no.366。

《彌勒下生經》，西晉‧竺法護譯，CBETA，T14，no.453。

《彌勒上生經》，劉宋‧沮渠京聲譯，CBETA，T14，no.452。

《起世因本經》，隋‧達摩笈多譯，CBETA，T1，no.25。

《長阿含經》，後秦‧佛陀耶舍共竺佛念譯，CBETA，T1，no.1。

《雜阿含經》，劉宋‧求那跋陀羅譯，CBETA，T2，no.99。

《阿閦佛國經》，後漢‧支婁迦讖譯，CBETA，T11，no.313。

《梵網經》，姚秦‧鳩摩羅什譯，CBETA，T24，no.1484。

《楞嚴經》，唐‧般剌蜜帝譯，CBETA，T19，no.945。

《大般涅槃經》，北涼‧曇無讖譯，CBETA，T12，no.374。

《菩薩從兜率天降神母胎說廣普經》，姚秦‧竺佛念譯，CBETA，
　　　T12，no.384。

《金剛經》，姚秦‧鳩摩羅什譯，CBETA，T8，no.235。

古德著述

《新華嚴經論》，唐‧李通玄撰，CBETA，T36，no.1739。

《宗鏡錄》，宋‧永明延壽集，CBETA，T48，no.2016。

《少室六門》，CBETA，T48，no.2009。

《阿彌陀經要解便蒙鈔》，明・智旭要解、清・達默造鈔，CBETA，
　　X22，no.430。

《三時繫念佛事》，宋・永明延壽述，CBETA，X74，no.1464。

《楞嚴經摸象記》，明・雲棲袾宏述，CBETA，X12，no.276。

《太虛大師全書》，印順導師基金會，電子版。

法鼓全集

《兩千年行腳》，第六輯，第十一冊。

《抱疾遊高峯》，第六輯，第十二冊。

《致詞》，第三輯，第十二冊。

《學術論考 I、II》，第三輯，第一冊、第九冊。

《禪與悟》，第四輯，第六冊。

《念佛生淨土》，第五輯，第八冊。

《維摩經六講》，第七輯，第三冊。

《禪的生活》，第四輯，第四冊。

《法鼓山的方向 I、II》，第八輯，第六冊、第十三冊。

《禪的世界》，第四輯，第八冊。

《書序 I、II》，第三輯，第五冊、第十冊。

《動靜皆自在》，第四輯，第十五冊。

《禪門》，第四輯，第十一冊。

《法鼓家風》，第八輯，第十一冊。

《自家寶藏——如來藏經語體譯釋》，第七輯，第十冊。

《拈花微笑》，第四輯，第五冊。

《比教宗教學》，第一輯，第四冊。

《人間世》，第八輯，第九冊。

《禪鑰》，第四輯，第十冊。

《悼念 II》，第三輯，第十一冊。

雜誌

《法鼓》雜誌　119-120 期，1999 年 11 月 15 日、12 月 15 日出版。

其他

〈「心六倫」運動的目的與期許〉，法鼓山人文社會基金會出版。

A Study of Master Sheng Yen's Thoughts about Pure Land

Belief Centered on Pure Land on earth

Bhikshuni Guo-Jing
Director, Chung-Hwa Institute of Buddhist Studies
Assistant Professor, Dharma Drum Buddhist College

I Abstract

In recent decades, Venerable Master Sheng Yen has been promoting the idea of "Building a Pure Land on earth" in Taiwan. This has made significant influences on the society and contributed considerably in purifying human mind. This study intends to review Venerable Master Sheng Yen's thoughts and advances on the promotion of "Building a Pure Land on earth".

In 1965, Venerable Master Sheng Yen wrote, in blood, a pledge, "To benefit the self and others; to save the self and others. Vow to campaign for the resurgence of Chinese Buddhism with complete devotion, to the end." This demonstrates his enthusiasm in the efflorescence of Chinese Buddhism and his emphases on benefiting both the self and the others. Venerable Master Sheng Yen oftentimes restates that "Buddha Dharma is so precious, yet so few people realize that, and so many people get wrong ideas." He believes that this is caused by lack of human capital in Dharma preaching and shortage of Buddhist education. Consequently, Venerable Master Sheng Yen has himself devoted into Buddhist education completely to benefit sentient beings by delivering Buddha Dharma. This illustrates his great compassion of "relieving the world with Buddhist education". The compassion refers to the purification of human society by means of Buddhist education, for a feasible Pure Land on earth. To date, such compassion remains unchanged, as it was initially.

In addition to the dedication to Buddhist education, Venerable Master Sheng Yen stresses the teaching of Chan in Chinese Buddhism. Literally speaking, the essence of mind represents Buddha Dharma, and Chan corresponds to the essence of mind. Therefore, Venerable Master Sheng Yen applies Chan practice as the core approach for delivering sentient beings, with recitation of Buddha's name as a supportive means. With the development of causes and conditions, a vision was formed as "To uplift the character of humanity and build a Pure Land on earth." Nonetheless, Venerable Master Sheng Yen's idea of "building a Pure Land on earth" does not suggest the relocation of Pure Land of Buddha in all directions, in Buddhist believes, to the Earth. Neither does it refer to the establishment of Pure Land in the modern world based on images described in various sutras, e.g., *Amitabha Sutra* [A-Mi-Tuo-Jing], *Medicine Buddha Sutra* [Yao-Shi-Jing], *Aksobhya-Buddha-Ksetra Sutra* [A-Chu-Fo-Guo-Jing], *The Descent of Maitreya Sutra* [Mi-Le-Xia-Sheng-Jing], etc. We know that Venerable Master Tai-Xu, advocating "Humanistic Buddhism", once promoted the founding of a "duty-free Buddhist land" as an experimental community of "Pure Land on earth". Though not being fulfilled, it is a pioneer idea in Pure Land thoughts. Another Chinese master, Venerable Yin Shun, although a disciple of Master Tai-Xu, did not directly follow Master Tai-Xu's approach in "Pure Land on earth". Rather, he advocated "Buddha in human world", based on *Agama*, to correspond with Master Tai-Xu's concept of "Achievement of Buddhahood through perfection in humanity". As for Venerable Master Dong-Chu, he promoted the idea of "Humanistic Buddhism" in line with the believes in Confucianism, and was therefore slightly deviated from concepts of Master Tai-Xu and Master Yin-Shun. Integrating those three masters' thoughts, Venerable Master Sheng Yen promotes the idea of "To uplift the character of humanity and build a Pure Land on earth" for realization of "Pure Land on earth" in humanistic Buddhism. At the same time, Venerable Master Sheng Yen devotes himself to distributing the strength of Mahayana Buddhism, an idea of Pure Land that adapts to the needs of various people in different conditions.

In this study, Venerable Master Sheng Yen's "Pure Land" thoughts are divided into four periods. The first period focuses on Master's clarification of "Pure Land on earth" from four perspectives. In the second period, the target is Master Sheng Yen's using various essences of mind to develop cultivation and purification for the Pure Land on earth. The third period aims at Master's promotion of "protecting the spiritual environment", and to develop concepts for the realization of Pure Land on earth. The fourth period is about Master's educational believes, education with mind, for the practice and fulfillment of Pure Land on earth. There are three subjects in this period: the first is three major approaches of education; the second is the Fivefold Spiritual Renaissance campaign, which was first introduced in a presentation, "The contemporary significance of the Fivefold Spiritual Renaissance campaign", in 1999; the third is the Six Ethics of the Mind, announced in the 2005 presentation "The purpose of and expectation to the Six Ethics of the Mind campaign"

On the whole, this article is to discuss how Venerable Master Sheng Yen outlined a picture, centered with protecting of spiritual environment, clarifying the relationships among purification of mind, population, and land. In addition, the study traced how Venerable Master Sheng Yen integrated teachings from Mahayana and Theravada Buddhist Sutras and wisdom of ancient masters and patriarchs to construct an ideal and complete Pure Land on earth. If people nowadays are willing to follow the map of Pure Land constructed by Master, the Pure Land will be presented right in front of everyone.

KEYWORDS：Venerable Master Sheng Yen; Pure Land on earth; environment protection; the Fivefold Spiritual Renaissance; the Six Ethics of the Minds.

「聖嚴法師禪學思想與當代社會」初探

釋果暉
法鼓佛教學院佛教學系學士班主任

陳瑾瑛
亞洲大學經營管理學系助理教授

▌摘要

當今世界的人類文明已嚴重地傾向物質主義，人類往物質文明強勢發展引導了人類對外在物質欲望的無止境地追求，其結果是造成戰爭、衝突不斷乃至全球生態環境之破壞日益嚴重。為了矯正人類文明偏於物質化文明發展之導向，重視心靈之價值，或可提昇人類自覺、自醒與心靈淨化之能力，人類才有可能享有真正的幸福與快樂。

「禪佛教」根源於印度，產生於中國，它蛻去了許多傳統形式主義與宗教儀式，且早已跨越時空傳遍了中、日、韓及越南等之東方世界。它的觀念與方法很適於也能幫助當代西方人用來體驗心靈之自由與喜悅。

聖嚴法師在西方弘揚漢傳禪佛教三十年，無非為以禪法為內涵來建立起全球性心靈價值。

本論文除了以文獻學的角度來探討聖嚴法師的禪學思想之外，也運用深入訪談之質性研究來進一步的驗證。

本論文以聖嚴法師建立「中華禪法鼓宗」及推動全球性

心靈環保運動為範圍。本研究結果呈現：（一）在東西方
之不同的文化體系之下，展現著東西方人有著不同的「心
性」；（二）聖嚴法師對東西方之不同文化與心性之看法；
（三）聖嚴法師弘揚漢傳禪佛教於東西方之不同地域時，其
教學方法的同異性。

關鍵字：漢傳禪佛教、聖嚴思想、東西方文化、心性

Master Sheng Yen's Chan Thought and Contemporary Society: A Preliminary Exploration

Guo-huei Shi , Ph.D.
Chairman of Buddhist Studies, Dharma Drum Buddhist College
Chin-ing Helen Chen, Ph.D.
Assistant Professor of Business Administration Department, Asia University

▌Abstract

In our modern world, due to the current development of human civilization—which has been leaning heavily towards materialism, largely influenced by western ideologies—people spend their lives in the endless pursuit of material things. Consequently, there has been an increase in the number of wars, conflicts, and environmental degradation. In order to overcome this, we must place importance on the value of spirituality, the uplifting of the human character through self-awareness, self-cultivation, and self-purification. In this way, we can readjust the direction of civilization, so as to allow humankind to be able to enjoy real blessings and happiness.

"Chan Buddhism", which originated from India and emerged in China having shed much of the formalism and ceremony of traditional religions, presents a very practical way of spirituality, and therefore it is very adaptable to the modern world. Throughout history, it can be seen that because of its adaptability, Chan Buddhism has transcended the barriers of time and space, and spread throughout the Eastern world, including India, China, Vietnam, Japan and Korea. The practicality of Chan Buddhism is very suitable for modern Western people, who appreciate its direct concepts and methods that can help them experience true freedom and the joy of spirituality.

Master Sheng Yen has been promoting Chinese Chan Buddhism in the Western world for three decades, and has used the teachings of Chan Buddhism as a basis to establish spiritual values of a global nature.

In addition to a literary review of Master Sheng Yen's Chan thought, the authors utilize in-depth interview qualitative research to examine the practicality of Chan.

The scope of this paper consists of Master Sheng Yen's establishment of "Chinese Chan Buddhism's Dharma Drum Lineage" and his promotion of global "Spiritual Environmentalism". The research outcomes indicate: (1) there are two different kinds of Mind and Intrinsic Nature (心性) existing in the Eastern and Western worlds amidst the backdrops of two different cultures; (2) Master Sheng Yen's viewpoints of two different cultures which cultivate different Mind and Intrinsic Nature in the Eastern and Western worlds respectively; and (3) the similarities and differences of Master Sheng Yen's teaching methods while spreading the Chinese Chan Buddhism in the East and the West.

Keywords: Chinese Chan Buddhism, Master Sheng Yen's thought, Eastern and Western Culture, Mind and Intrinsic Nature

1.Introduction

Sheng Yen Fa Shi is a world-renowned Chan master and spiritual teacher. He has taught and spread Chan for more than 30 years since 1976. He has traveled extensively both domestically and overseas. In 1989, Sheng Yen Fa shi began to promote Spiritual Environmentalism and received great response around the world. In 2000, Master Sheng Yen was the only Chinese Buddhist religious leader who gave a keynote speech and also the only Buddhist amongst ten distinguished religious leaders selected to attend a special session to discuss the formation of an International Advisory Council in the Millennium World Peace Summit held at the United Nations. In 2004, he was a member of the board of directors for the World Council of Religious Leaders held in Jordon. He has demonstrated great compassionate will to pursue world peace. All these are attributed to the recognition of his Chan Dharma by the western world. In 2006, he established the Chinese Chan—Dharma Drum Sect to expand the feasibility of Han-Buddhism to the world.

1.1 Research Motivation

Besides Professor Ku's book, entitled The Chan Thoughts of Sheng Yen Fa shi (2002), there is little other related academic research published about Master Sheng Yen. This research is one of the few academic studies attempting to explore Master Sheng Yen's Chan thought in contemporary society. The researchers investigated Master Sheng Yen's views of western culture and what the key points were for him to adapt his Chan mediation methods to maximize acceptance and efficacy in western communities. We also explored the methods of spreading the dharma in American society by utilizing various research methods including content analysis and in-depth interviews with those assisting Master Sheng Yen's mission. Since America was the first western country where Master Sheng Yen spread the dharma after he received his Ph.D. from Japan, we conducted in-depth interviews of Master Sheng

Yen's disciples tasked with this mission in America. The purpose is to understand whether there is similarity and difference while disseminating Master Sheng Yen's Chan thought in eastern and western societies.

1.2 Research Purposes

T.Y. Ku's *The Chan Thoughts of Sheng Yen Fa shi* (2002) was the first academic book on Sheng Yen Fa shi's Chan thoughts from a macrocosmic viewpoints. However, it lacked microcosmic viewpoints. In particular, it did not study Fa shi's Chan characteristics in the western world. This study analyzes Sheng Yen Fa shi's Chan system from historical and cultural perspectives and explores the relationship between his Chan thoughts and Chan experiences. It further studies how he introduced Han-Chan Buddhism to the western world. In general, the scope of this paper includes Master Sheng Yen's establishment of "Chinese Chan Buddhism's Dharma Drum Lineage" and his promotion of global "Spiritual Environmentalism". Specifically, this paper will explore the following points:

1.2.1 Definition of Mind and Intrinsic Nature (心性) existing in the Eastern and Western worlds amidst the background of two different cultures

1.2.2 Master Sheng Yen's viewpoints of two different cultures which cultivate different Mind and Intrinsic Nature in the Eastern and Western worlds respectively

1.2.3 Similarities and Differences of Master Sheng Yen's teaching methods while spreading the Chinese Chan Buddhism in the East and the West.

2.Literature Review and Philosophical Research

In order to understand how Master Sheng Yen created his Chan meditation methods in the west, we analyzed his viewpoints on western culture from his Chinese and English works. This study reviews the writings by Master Sheng Yen in both Chinese and

English as of today to analyze and integrate the establishment of the Chan Dharma system with his Chan experiences. In addition, we explored whether his spreading Chan Dharma had different impacts under the influence of eastern and western cultures. There are more books discussing Buddhism in the West than Chan (Zen) in the West. Since this research explore Chan Master Sheng Yen's Chan Thought in America, we mainly review the literatures related to Chan (Zen) in America.

2.1 Definition of Mind and Intrinsic Nature (心性) existing in the Eastern and Western worlds amidst the background of two different cultures

Since intrinsic nature is a unique term used in Buddhism, is it similar to the definition of mind by the western?

In Zen Buddhism & Psychoanalysis (Suzuki, D.T., Fromm, Erich, and De Martino, Richard, 1960), Suzuki cited two poems by a Japanese and a westerner respectively and analyzed the difference between the East and the West. Table 2.1 summarized Suzuki's contrast of differences between the East and the West.

From Table 2.1 we can see that Daisetsu Suzuki has pointed out the difference of basic characteristics between the Eastern and the Western people, i.e. Eastern people is prone to perception; while Western people is skilled in analysis and prone to reasoning. From the difference of these basic characteristics, it further stretches outward: hence generated the differences of attitude toward how to deal with the nature. In summary, the East treats nature as mythical and likes to accept it; while the West tends to be inquisitive and like to defy the nature.

To look inward the special characteristics of the mind of the West and the East are: the East is integrative, deductive, intuitive and subjective. The West is analytic, inductive, scientific and objective. No Matter whether westerners totally agree with the viewpoints of Suzuki or not, he has vividly elaborated on the mental difference between the easterners and westerners through the descriptions by the two poets from the East and the West.

Table 2.1:Differences between the East and the West.

Name of the poet	Bosho	Tennyson
Basic Characteristics	feeling	analytic
Approach to reality	inactive (look, no touch) silent (unutterable, inaudible) mystery going deep into the source of existence accepts absolute subjectivity actual experience depth of feeling	active (analytical, plucky) eloquent(verbal and intellectual) inquisitive resists scientifically objective no depth of feeling
Mind	synthetic non-discriminative totalizing integrative deductive non-systematic dogmatic intuitive (rather, affective) non discursive subjective spiritually individualistic and socially group-minded	analytical discriminative individualistic differential inductive schematic intellectual scientific generalizing objective disposed to impose its will upon others impersonal legalistic conceptual organizing power-wielding self-assertive

Data Source: Suzuki, D.T.(1960), "Lectures on Zen Buddhism" in Suzuki, D.T., Fromm, Erich, and De Martino, Richard, *Zen Buddhism & Psychoanalysis*. New York: Harper Colophon Books, pp.1-10.

2.2 Master Sheng Yen's viewpoints of two different cultures which cultivate different Mind and Intrinsic Nature in the Eastern and Western worlds respectively

In his many books, Master Sheng Yen brought up his viewpoints of Eastern and Western cultures cultivating different Mind and elaborated his thoughts related to the nature of mind.

Table 2.2 summarizes Master Sheng Yen's viewpoints of the different cultures and the nature of mind between the east and the west. Though Master Sheng Yen has pointed out the cultural and mental differences between the East and the West, but he mentioned that they just give rise to the difference of ways to elaborate on Chan or Dao, but the experience of Chan or Dao itself should be the same. For instance, he said: "Enlightenment is a very ambiguous term, and in the East and the West there exist different interpretations on it"《聖嚴法師教默照禪》(*Master Sheng Yen's teaching of Mo-chao Chan*)

"Many religious gurus or philosophers, no matter whether they are from the West or the East, though their interpretations on the experience of "Dao" may vary, but the experience itself should be the same."《禪與悟》(*Chan and Enlightenment*)

He also said: "No matter whether they are easterners or westerners, everybody has Buddha nature"《公案一〇〇》(*100 Chan Cases*)

Table 2.2: Master Sheng Yen's viewpoints of two different cultures

	The West	The East
Culture	External conquest	Internal regulation
	Conquest of nature	Naturalism and humanism
	Egoism	Ethics
	Pursuit of equality and justice	
	Dualism	The Middle Way
	An absence of personal deliberation	

Nature of Mind	Rational	Sensible
	Focuses on practicality, efficiency, and benefits	
	Straightforward	
	Pursuing novelty and change	
		Inclined to simplicity
		Conservative

Data Source: Please refer to Appendix B for more detailed information.

2.3 Similarities and differences of Master Sheng Yen's teaching methods while spreading the Chinese Chan Buddhism in the East and the West.

In this section, the researchers explore whether Master Sheng Yen taught Westerners meditation the same way as he did to Easterners.

In "Chan and New Psychotherapy" 《*Nian Hua Wei Xiao*拈花微笑》, Master Sheng Yen says:

> I usually teach Westerners by means of reasoned arguments. In terms of the theory of Chan, I tend to focus on the level of thoughts, and with technical instruction the emphasis is on conveying useful and efficient techniques. When teaching Asians, I give the establishment of confidence and right views more importance.

From Table 2.3.1, we see that Master Sheng Yen tends to give different Dharma talks at the "Elite Meditation Retreat" in Taiwan and in America. In Taiwan, Master Sheng Yen talks about Buddhism and explains the significance of Chan. In America, the subjects are the techniques, concepts, spirit, and function of meditation. As to the Meditation Retreat of the same nature, we can see that in Taiwan, the way Master Sheng Yen guides the Retreat is from the angle of Buddha dharma and religious point of view; while in America, he elaborates directly on the methods and functions of Chan practice from the angle of its usefulness.

Table 2.3.1 Comparison of Dharma talks by Master Sheng Yen in Taiwan and

Activity Date	Activity Name	Topic	Summary
September 1-4, 1993	Elite Meditation Retreat at Dharma Drum Mountain	Instruction in Meditation Techniques	...Besides listening to the teachings, we learn meditative techniques in this retreat. ...What is Chan? Literally, it is a kind of contemplation. ...
Spring, 1994	Chinese Elite Meditation Retreat (Chan Meditation Center)	The function of meditation	...There are two subjects of today's course: first, the techniques and concepts of sitting meditation. Second, the spirit and function of sitting meditation. ...

Data Source:聖嚴法師（2005）《聖嚴法師教禪坐》，法鼓全集第四輯第九冊，台北：法鼓文化，頁9&99。(Master Sheng Yen, 2005, *Sheng Yen Fa Shi Jiao Chan Zuo*[Master Sheng Yen teaching Chan Meditation], The Complete Collection of Dharma Drum, Series IV, Vol.9. p9&99, Dharma Drum Publishing Corp.)

Furthermore, discourses on the same topic can comprise different contents, as shown in the comparison of Master Sheng Yen's talk entitled "Chan and Contemporary Life" given in Table 2.3.2 In America, Master Sheng Yen talks about the problems of modern life and how to solve these problems through meditation. In contrast, his talk in Taiwan is not as direct as in America. Though discourses on the same topics, it seems to us that Master Sheng Yen delivers his speech through narrative or artistic approaches in Taiwan; while in America, he analyses its usefulness by means of scientific approach, i.e. the former places the weight on "what is the problem", while the latter places the weight on "how to solve the problem".

Table 2.3.2 Master Sheng Yen's two different discourses in Taiwan and in America

Date	Location	Topic	content
1983/10/23	National Dr. SunYat-sen Memorial Hall	Chan and Contemporary Life	I Preface II Life III Contemporary Life IV What is Chan
1987/6/5	University of Massachusetts – Lowell	Chan and Contemporary Life	I Preface II Contemporary Problems of People III How to Solve Problems by Meditation

Data Source:聖嚴法師（2005）《禪的生活》，法鼓全集第四輯第四冊，台北：法鼓文化，頁235-259。(Master Sheng Yen, 2005, *Chan De Sheng Huo* [Living With Chan], The Complete Collection of Dharma Drum, Series IV, Vol.4. p235-259, Dharma Drum Publishing Corp.) 聖嚴法師（2005）《禪與悟》，法鼓全集第四輯第六冊，台北：法鼓文化，頁272-284。(Master Sheng Yen, 2005, *Chan Yu Wu* [Chan and Enlightenment], The Complete Collection of Dharma Drum, Series IV, Vol.6. pp.272-284, Dharma Drum Publishing Corp.)

In the article "Self and Selflessness", Master Sheng Yen (2005) says:

Westerners typically come into contact with Buddhism with direct objectives, such as the desire for health, peace of mind, and the development of wisdom. Their interest in the theory and methods of Buddhist practice is driven by personal needs. In contrast, while being in doubt, many Chinese perform religious acts such as burning incense, making wishes and praying for fortune-telling.

As mentioned before, Master Sheng Yen describes the conditions in which Westerners and Asians come into contact with Buddhism. Westerners approach Buddhism out of personal needs, whereas Chinese tend to do so as a religious act. This understanding can be applied to the study of meditation. Thus, when Master Sheng Yen gives accounts of meditation techniques to Asians, he emphasizes the distinction of Chan and Taoism, and when addressing the same topic to Westerners, he places more weight on the elimination of ego—both the small "self" and the large "self" through meditation (please refer to Table 2.3.3).

Compared with Table 2.3.1 and Table 2.3.2, the approaches of Table 2.3.3 is different but they are to the same purpose. In Taiwan Master Sheng Yen tends to clarify the difference between the "small self" and the "large self" from Chan and religious point of view; while in America, he addresses directly on Chan function of eliminating the "small self" and the "large self", and leave aside the issue of the relation between Chan and religion.

Table 2.3.3 Master Sheng Yen's discourses on Chan meditation in Taiwan and in America

Date	Activity	Topic	Summary
1996/4/13	Dharma talk given during Elite Meditation Retreat of Dharma Drum Mountain	Meditation in Daily Life	The purpose of meditation is to transform afflicted people into wise ones. ...Many practitioners deify not only the Buddha but also themselves. They may even mistake the practice of Chan for Taoism.
1976~1980	One of the Dharma talks given by Master Sheng Yen	From Small 'Self' to Large 'Self'	...One can eliminate the ego through the practice of meditation. Not only the self, but also the large-self of philosophical reality and ontology is eliminated. This results in ultimate freedom.

Data Source:聖嚴法師（2005）《動靜皆自在》，法鼓全集第四輯第十五冊，台北：法鼓文化，頁171。(Master Sheng Yen, 2005, *Dong Jing Jie Zi Zai* [Being Liberation From Whenever Moving or in Silence], The Complete Collection of Dharma Drum, Series IV, Vol.15. p171, Dharma Drum Publishing Corp.)
聖嚴法師（2005）《禪的體驗・禪的開示》，法鼓全集第四輯第三冊，台北：法鼓文化，頁191。(Master Sheng Yen, 2005, *Chan De Ti Yan Chan De Kai Shi* [Experience of Chan, Disclosure of Chan], The Complete Collection of Dharma Drum, Series IV, Vol.3. p191, Dharma Drum Publishing Corp.)

Table 2.3.4 illustrates that Master Sheng Yen talked about the idea of selflessness from the very beginning of his teaching career.

However, he quickly discovered that most of the audience could not understand it.

Table 2.3.4 Discourses of "Self and Non-Self" by Master Sheng Yen

1994/12/6	Great Dharma Drum Series, Vol. 60; *Humanity Magazine*, No.252.	Self and Non-self	When I started to teach meditation, I talked about the idea of selflessness. ...But most people did not understand it, and could not accept it right away.
1992/11/1	A talk given by Master Sheng Yen at Chan Meditation Center in New York	Self and Non-self	As soon as hearing the word "non-self", many people, at first, find it incomprehensible and are frightened.

Data Source:聖嚴法師（2005）《找回自己》，法鼓全集第八輯第十二冊，台北：法鼓文化，頁115。(Master Sheng Yen, 2005, *Zhao Hui Zi Ji* [Finding Myself], The Complete Collection of Dharma Drum, Series Ⅷ, Vol.12. p115, Dharma Drum Publishing Corp.)
聖嚴法師（2005）《禪門》，法鼓全集第四輯第十一冊，台北：法鼓文化，頁6。(Master Sheng Yen, 2005, *Chan Men* [The Gate of Chan], The Complete Collection of Dharma Drum, Series Ⅳ, Vol.11. p6, Dharma Drum Publishing Corp.)

This situation happens in the east as well as in the west. As Master Sheng Yen indicates in his article "Self and Non-self":

In the societies of the East or the West, people are confused with the idea of non-self and even resist it.

To overcome this obstacle when introducing meditation, Master Sheng Yen has not talked about non-self since 1991. Instead, he developed a system of meditation instruction that begins with recognition of self, and progresses to negation of self (please refer to Table 2.3.5).

Table2.3.5 The Development of Master Sheng Yen's meditative instruction

Date	Location	Topic	Summary
1995/6/23	Chan Meditation Center in New York	Introduction	The aspects of meditation I often present are self-knowledge, self-affirmation, self-cultivation and self-dissolution.
1993/10/24	Chan Meditation Center in NewYork	The levels of life philosophy	...The life philosophy of Chan. This begins with self-affirmation, and progresses through self-cultivation to culminate in self-dissolution.
1992/10/25	Case Western/ Reserve University, Cleveland, Ohio	Meditation and realization-impermanence and selflessness	The theoretical basis of meditation is to recognize egoism, self-attachment and self-awareness, and thereafter negate them.
1991/4/2	Nung Chan Monastery	Introduction	The techniques of meditation lead people from knowing the self to recognizing the self, and then to deconstructing the self. By means of this process, the state of realization emerges.

Data Source:聖嚴法師（2005）《禪鑰》，法鼓全集第四輯第十冊，台北：法鼓文化，頁4。(Master Sheng Yen, 2005, *Chan Yao* [The Key of Chan], The Complete Collection of Dharma Drum, Series IV, Vol.10. p4, Dharma Drum Publishing Corp.)
聖嚴法師（2005）《禪門》，法鼓全集第四輯第十一冊，台北：法鼓文化，頁64。(Master Sheng Yen, 2005, *Chan Men* [The Gate of Chan], The Complete Collection of Dharma Drum, Series IV, Vol.11. p64, Dharma Drum Publishing Corp.)
聖嚴法師（2005）《禪鑰》，法鼓全集第四輯第十冊，台北：法鼓文化，頁48。(Master Sheng Yen, 2005, *Chan Yao* [The Key of Chan], The Complete Collection of Dharma Drum, Series IV, Vol.10. p48, Dharma Drum Publishing Corp.)
聖嚴法師（2005）《禪與悟》，法鼓全集第四輯第六冊，台北：法鼓文化，頁3。(Master Sheng Yen, 2005, *Chan Yu Wu* [Chan and Enlightenment], The Complete Collection of Dharma Drum, Series IV, Vol.6. p3, Dharma Drum Publishing Corp.)

Before 1991, Master Sheng Yen wrote three books on the subject of meditation. These are given in Table 2.3.6:

Table 2.3.6 Master Sheng Yen's three books on the subject of meditation.

Date	Title of Book
1986/10/18	*Nian Hua Wei Xiao*《拈花微笑》
1984/10/15	*Chan De Sheng Huo*《禪的生活》
1980	*Chan De Ti Yan Chan De Kai Shi*《禪的體驗·禪的開示》

In these three books, Master Sheng Yen doesn't mention the schema of self-knowledge, self-affirmation, self-cultivation and self-dissolution. We may conclude, therefore, that Master Sheng Yen's teaching of meditation evolves after the 15 years experience of teaching meditation from 1991. From the study above, we can learn that Master Sheng Yen acknowledges that the different cultural background gives rise to different interpretations on Chan. Furthermore, due to the psychological characteristic difference between easterners and westerners, while introducing Chan in the East, he tends to clarify the concept from the angle of religious belief; But in the West, he tends to directly introduce the functions and benefits of Chan practice to modern people. But Master Sheng Yen also discovers that hard to appreciate the concept of "non-self" is the common problem for both easterners and westerners; therefore he establishes a theoretical system and methods of practicing Chan from "self" to "non-self".

3.Research Methods

In addition to the literature review and philological research, the researchers agreed to employ qualitative research methods in this research project by using social science research methods. We studied the transition and formation of Master Sheng Yen's Chan meditation teachings as they were adapted to western practitioners by in-depth interviews with those helped spread Venerable Sheng Yen's thoughts. We utilized "purposeful sampling" to select the interviewees.

According to Patton (1990),

> Logic and power of purposeful sampling lies in selecting information-rich cases for study in depth. Information-rich cases are those from which one can learn a great deal about issues of central importance to the purpose of the research, thus the term purposeful sampling. (p169)

Since we focused on contemporary society in America, we decided to interview some of Master Sheng Yen's disciples helping spread the dharma in America. We mainly utilized semi-structured in-depth interview questionnaires and were fortunate to interview four of Master Sheng Yen's disciples: one male lay person (who was a Bhikku for a period of time and recently obtained a Ph.D. in Religious Studies), two Bhikkunis currently in America, and one Bhikku from Canada (who helped spread Dharma in America and is currently conducting meditation courses at Dharma Drum Mountain in Taiwan).

Between June 2007 and November 2007, in-depth interviews with those involved with teaching Master Sheng Yen's Chan thoughts in America were conducted (please refer to Table 3.1).

Table 3.1: Qualitative Research-Interview Subjects

Subject	Date	Location	Education	Service
A	2007/6/22	Taipei, Taiwan	Ph.D.	17 years
B	2007/7/24	New York, USA	BA	15 years
C	2007/7/25	New York, USA	MBA	9 years
D	2007/11/24	Taipei, Taiwan	BA	23 years

Table 3.1 indicated the in-depth interviews were conducted in both America and Taiwan with four educated and experienced

individuals helping spread the Dharma.

4.Findings and Discussions

On the basis of research purposes, we discussed our findings as follows:

4.1 Definition of Mind and Intrinsic Nature existing in the Eastern and

Western worlds amidst the background of two different cultures
From the literature review in Section 2, we could see different definitions of mind and intrinsic nature by various scholars and Buddhist (Chan) practitioners. Duringthe in-depth interview, all four interviewees also pointed out the difference between East and West.

A10: From my contact with the Dharma, just like many Westerners, abstractions and concepts are not attractive to us. We prefer to use our own ways to experience what the master has worked on.

A12: They (the Westerners) have less interest in many Buddhist rituals and dogmas, especially the complex and deep dogmas, they prefer practicability. Americans like new stuff; therefore they can learn Dharma quickly but lack persistence.

A15: Americans have very practical culture, they usually do not think of human nature and intrinsic nature.

A16: Christian and Catholicism's view of human nature is basically self-contradictory. It is not like Wong-Yang-Ming's ideas of inherent good nature or evil nature. They both exist. On the one hand, human beings are basically good because they are created by God, but human beings have inherited original sin. It is complex and contradictory. The ordinary person will not think of such a problem. Moreover, the religion has limited impact on the main stream of their contemporary society.

A17: Westerners need support from communities or from social networks. Why is it so? Because in that society, everyone is shaped by an ego-independent characteristic. In the positive side, independence seems to be very strong, but it lacks social support...Chinese people's ego is made by the community or the social network, what they need now is to be independent. So in Buddhism, people need to transcend "Sanjie", which means the three realms—the desire realm, the form realm and the formless realm. This kind of thinking exists in the East but not in the West. This is a very interesting thing.

A17-8: Western views of human nature see it as both good and evil. There is a contradiction in human nature. However, the complexity of modern society let the definition of human nature become more contradictory. The Westerners traditional religions or philosophy has not directly impacted on the definition of human nature. Only psychology has great impact on it. In psychology, human nature is basically good...Psychology does not care about "original sin". However, it cannot be separated from Western social, historical, and cultural aspects, because all of those aspects have mixed together...Japanese Zen has already come to terms with the western culture which emphasizes psychology...Chinese Chan keeps the characteristics of dissolution, flexibility, adaptability. Chinese Chan Buddhism will have a great influence on the future of the West, because the West needs it.

B4: American culture is different from Chinese culture. So is American-Chinese culture; for there are many Chinese in America. America is nationalist and emphasizes human rights, mutual-respect, and equality. But Taiwan is very different. Americans are people inclined to offer their opinions. Hence, under their culture, people should show their ideas.

In some respects, we could learn from American culture. For

instance, Americans observe the law strictly, are always on time, and value honesty. In addition, they don't change easily under conditions of teamwork. On the contrary, Taiwanese change unexpectedly under such conditions.

Moreover, America is a democratic country which abides by the law. They observe the rules and lead regulated lives. I admire that spirit very much.

C3: Unlike in Taiwan, Buddhism is not the major religion in America. It is quite different from those countries whose main religion is Buddhism. In America, their way of thinking is not authoritarian. Moreover, they challenge authority, they can scold their president; this is also quite different from Chinese culture.

C3: We should understand the different way of thinking between the Orient and the Occident. Chinese culture has a very long history, and is deeply influenced by Taoism as well as Confucianism. A quest and longing for spiritual life is rooted in Chinese minds. Therefore, Chinese Buddhists place more emphasis on the aspects of the super-mundane.

C4: They think. They do not learn linearly, they think and discuss, they may not accept your sayings but they will ask you. It's an open thinking way. Such kind of learning is more direct and deeper. The way which we learn in Taiwan is different from that in America.

C4: In the west, children are trained to be independent from an early age. Some basic living skills for the facilitation of future life should be learned. Usually, young adults start their independent life after having graduated from university or college.

C12: Challenge is inevitable when different cultures come together. Actually, this is the chance to learn. I feel that the Westerners pay more attention to people's feelings. However, Chinese pay more attention to intellectual teachings. The Westerners are willing to accept things once they are moved, or touched. Most of them become followers only when they are emotionally moved. Therefore, different approaches are needed.

D4: We should teach meditation in a different way in accordance with culture. Westerners learn earnestly and express their thoughts straightforwardly. They do whatever you teach them, ask about whatever they do not understand, and point out whatever you are unable to do. In fact, this is helpful during instruction.

On the other hand, relating to the process of education, Easterners usually hide their real thoughts. It takes patience to figure out what they really need. However, they are more persistent than the Americans. Sometimes, the Americans are interested in something at the beginning and do not keep it up after five or ten years.

4.2 Master Sheng Yen's viewpoints of two different cultures which cultivate different Mind and Intrinsic Nature in the Eastern and Western worlds respectively.

Most of Master Sheng Yen's viewpoints of two different cultures which cultivate different Mind and Intrinsic Nature in the Eastern and Western worlds respectively are cited in several of his books (refer to Section 2 of the literature review), only one interviewee commented on the uniqueness of Master Sheng Yen.

A15: Master is a historical person who has displayed plenty of creativity throughout his whole career. His maxim is "There is nothing that should be done by me", and he did not do what other people have already done.

4.3 Similarities and Differences of Master Sheng Yen's teaching methods while spreading Chinese Chan Buddhism in the East and the West.

Those helping spread the Dharma in America did find

differences between theEast and the West and suggested that teaching methods should be different.

A3: Master Sheng Yen places emphasis on "going into the secular society". For example, how to let Buddhism adapt to the modern society and make sure that it does not disappear. Furthermore, he lets Buddhism do something to benefit the secular world. Therefore he wants Chinese Buddhism to become a major factor in leading the secular world.

Master Sheng Yen developed his own style for teaching Chan mediation in the middle of his career. He is not like a Japanese Zen master: he read many Buddhist scriptures, and then started to teach "only contemplating the meditation of itself." This method is very similar to the "Quiet and insight" method of "The Awakening of Mahayana Faith" which teaches the practitioner to practice "Quiet and insight" for the non-abiding of anything in the mind without using the function of eyes, ears, nose, tongue, or body.

A11: Master Sheng Yen's discourses in the Chan meditation retreat stands on the ground of Buddhism instead of Chan meditation. Since Chan meditation does not stand on any particular basis, its method can be changed in accordance with the change of time and fashion.

A12-13: Master Sheng Yen's contribution to the West is different from that in the East or Taiwan. His focal point of Buddhism is completely different. In the West, it is easier to see the essence of his Chan meditation. But in the East, he always spreads Buddhism from many angles and with the hallmarks of Chinese culture, according to Taiwanese social needs.

A14: Now, there is a very strong drive to protect the global natural environment in the West. Master Sheng Yen has promoted such environmentalism in Taiwan for many years. It will receive a good response in the West now and in the future.

A15: The right people for spreading Buddhism in the West should the Westerners themselves... if all the books by Master Sheng Yen are translated into English, his influence in the West will grow.

B4: Because of living in an environment which is different from Chinese culture and having stressful work, the Americans of Chinese background tend to learn Buddhism in a easy and pleasing way rather than a serious and strict one. There are many Americans who like the techniques of meditation of Thich Nhat Nanh (Yi Xing master). The method he uses is cheery, practical and straightforward. This is really helpful and interesting to beginners. However, Master Sheng Yen's techniques go further and are useful to meditators who are no longer beginners.

B5: In the West, we found that followers learned the techniques of meditation rationally and earnestly. From that, we can see a great possibility for the transmission of Chinese meditation. However, the problem is that we think in Chinese ways. We need to know the ideas and needs of the Westerners.

B8: There are many American laypeople who are qualified but don't want to be ordained. We can cultivate these people who are born in an American culture and with American thinking to carry out the mission in the United States. As long as they are interested in and confident of Chinese Buddhism, they, the lay teachers, can play an important role. Hence, to transmit the theory of "Chung Hwa Chan Dharma Drum Lineage", most of the Chan Dharma heirs of Master Sheng Yen are overseas.

C5: Since American students are trained to be independent, they are forced to come across challenges and pressures when they are young. In this context, they are looking for loving and caring. They do not stay with their parents when they leave school, and they move from one state to another due to work. They often have feelings of anxiety Therefore, American Buddhists tend to search for supportive, loving, caring surroundings.

C5: On the other hand, in terms of these aspects, Chinese do not like to analyze things clearly. They would rather leave room for imagination. Therefore, the mode of expression for the Chinese is not direct, but needs time for pondering, playing with the words, and searching for the meaning. Since no two people think alike, each Chinese will give a different answer to the same question. That is the way of Chinese thinking. Chinese cannot stand for too much direct expression.

The Westerners think otherwise. They have a scientific spirit. They desire to know things clearly, analyze things step by step, and prove by positive evidence. The Chinese way of expression is alien to the nature of the Westerners, they seldom understand what Chinese are saying. Of course, there are exceptions.

We find that Westerners are very fond of meditation due to its comfortable physical feeling. They are sensitive to their own bodies and pay much attention to physical changes. In other words, it is natural for them to perceive bodily sensations. For Westerners, tangible contacts by strangers is rude. For instance, being touched while walking, they might apologize by saying "excuse me" or something like that. They are physically sensitive. Contrarily, Chinese are not.

Most Westerners come here to learn meditation not because of religious reasons. Many Catholics, Christians, and people of the Jewish faith come here to learn meditation and become Master's disciples. They told our Master "We are Jewish. Will that be a problem for us to come here to meditate?" The Master replied "That is all right. You can practice meditation here, and you are still Jewish or Catholic." For them, meditation is a technique to train the mind and body. Gradually, they will absorb Buddhist views into their minds. It turns out that there is one who said he is a Buddhist; he identifies himself as a Buddhist and practices through Buddhist ways.

C11: The more advanced a material civilization, the more empty it is in peoples' minds, and the more alienated are human relationships. Meditation is the best guide and the best method for psychotherapy. Meditation helps you to get acquainted with yourself as a starting point. Then it is a process of knowing and appreciating yourself and making the best of yourself. So meditation is the best medicine for psychotherapy in the 21st century. We should determine how to offer this medicine to everyone and help people accept it willingly.

C9-10: Master Sheng Yen has promoted Chinese Buddhism for many years. In 2000, he gave a speech at the UN. That was an important moment in history, when a Taiwanese meditation master could make a keynote speech in the main hall of then UN even though Taiwan, as a nation, has no seat there. Since then, Master Sheng Yen makes effort to participate in various international activities, such as academic conferences and research, dialogues between different religions, feminism, peace movements, and the cultivation of young leadership.

Another point I would like to make is that Master Sheng Yen hopes that Dharma Drum Mountain can be more and more valued and recognized by American people. Two years ago, Jack Kornfield, one of the initiators of Insight Meditation Center in Massachusetts, sent an invitation to Master Sheng Yen asking him to train one hundred meditation practitioners in America to become meditation teachers. But Master turned down his invitation due to his health situation. As we can see, Master Sheng Yen is esteemed as an instructor of meditation teachers. There is no doubt about his esteem in instructing meditation.

C12: Chung Hwa Chan Dharma Drum Lineage is itself a complete method for Buddhist practice. It is based on Chinese Buddhism, and incorporates Theravada and Tibetan Buddhism. Master Sheng Yen is open-minded and tolerant. He integrates practical methods into his own tradition and develops new ones. That is the reason why Master Sheng Yen identifies his Chung Hwa Chan Dharma Drum lineage as a distinct lineage. Different from those lineages that have deviated or have questionable methods, this lineage is a method-organized system.

The practices of "Huatou" and "Silent Illumination" are the main but also advanced methods in Chan practice. Before practicing advanced methods, practitioners have to develop basic techniques. In America, we start with relaxing body and mind. After relaxing, we follow by observing the breath and counting the breath. Recently, observing the breath is more popular than counting. In brief, the two principles of Chan practice are to relax and develop the capacity for observing. These two are the essence of all Chan practices.

D2: It depends on the needs of the followers. In early phases, I usually teach the techniques of experiencing the breath and counting the breath. In later phases, I give being aware of mental and physical relaxation more importance. Silent Illumination has more participation than Huatou does.

D3: Through Master Sheng Yen's simplicity of expression, profound and subtle Buddhism becomes accessible. He elaborates the teachings clearly step by step. This is his specialty. Furthermore, the techniques which Shifu teaches can be applied to daily life. Therefore, people think he is reliable. These are two reasons that people like Master Sheng Yen.

D4: Buddhism blends with the Chinese character since it was transmitted to China. What Master Sheng Yen teaches never strays from fundamental Buddhism, but actually is characteristic of Chinese culture. For instance, Huatou, the Chan technique which he teaches from the Lin Ji lineage, was developed in China.

Another technique is Silent Illumination. It was lost for more than three hundred years. Master Sheng Yen reconstructed it through his experience in retreat (in which he used a technique similar to Silent Illumination), the method of "thoroughly sitting meditation", and the knowledge of further operation and experience. I believe some Westerner meditation instructors refer to the Master's ideas as well. This is the affection of different traditions.

The techniques which Master Sheng Yen teaches are not only Chinese, but also are combined with Theravada, Vietnam, Korean, Japanese and Tibetan traditions. Is it entirely traditional? Not really. But his teachings —impermanence, emptiness, selflessness, causality, and dependent arising—have never gone astray from Buddhism.

D4: In the West, being qualified is necessary for the instruction of Buddhist practice. To be qualified is to practice, to realize, and to be as good as one's own words. Language will not be a big problem when one is qualified. Hence, a meditation instructor must understand Buddhism in depth and be able to practice Buddhism so as to realize reality. Thereafter, a meditation instructor can influence local society a lot. Westerners are very pragmatic. There, I learned a lesson about "respect". They say "you earn your respect; it is not given to you."

D5: Master Sheng Yen makes many efforts to expand Buddhism internationally. Compared to others, he is relatively late to do so. But he tries his best to share the benefits of Buddhism with the whole world, and to convey the Buddhist spirit to benefit others during international meetings. These are the influences invoked by him.

5.Conclusion

In conclusion, we summarize our research outcomes and mention a few limitations of this study to indicate the possibility of future research.

5.1 Summary

As we can see from the above discussion of our findings, Master Sheng Yen has begun to bring Han-Chinese Chan Buddhism to the world's religious arena. The Chan meditation methods of Master Sheng Yen represents the rejuvenation of Han-Chinese Chan Buddhism. Nevertheless, it is helpful to note the different definitions of mind and intrinsic nature.

5.1.1 Different Definitions of Mind and Intrinsic Nature (心性) in Eastern and Western Cultures.

Various Buddhists explained the difference of mind and intrinsic nature as discussed in the literature review and in-depth interview. This can be an important reference while spreading Chan thought in contemporary society.

5.1.2 Differences between the East and the West

Those helping spread the Dharma in America did find differences between the East and the West. In this study, the example of the West is America. These findings support the literature.

5.1.3 Similarities and differences of Master Sheng Yen's teaching methods while spreading Chinese Chan Buddhism in the East and the West.

Thich Nhat Hanh(1988) indicated in his book entitled *The Heart of Understanding,*

Buddhism is not one. The teachings of Buddhism are many. When Buddhism enters a country, that country always acquires a new form of Buddhism...The teaching of Buddhism in this country will be different from other countries. Buddhism, in order to be Buddhism, must be suitable, appropriate to the psychology and the culture of the society. (viii)

His Holiness the Dalai Lama (1999) indicated that in the 21st century, few issues should be given as much attention as ethics. Several scholars also mentioned similar topics at the 4th International Conference on Buddhism, "The Role of Buddhism in the 21st Century" sponsored by the Chung-Hwa Institute of Buddhist Studies (Huimin Bhikkhu ed. 2005). In Megatrend 2010, P. Aburdene (2005) also discussed "the rise of conscious capitalism". Certainly, Venerable Sheng Yen has also recognized this. He states as such and clearly expressed his concern in several of his books. For example, one of the major issues is spiritual environmentalism. He specifically addresses this in "From Global Ecological Environmental Protection to Spiritual Environmentalism".

With global warming, more and more people have begun to pay attention to the ecology and to consider environmental protection for sustainable development (Dodds, 1997; Stagl, Sigrid and O'Hara, 2001), but very few have considered the spiritual aspect of environmental protection. Chan Master Sheng Yen is in the forefront of spiritual environmentalism.

5.2 Challenges of the Research

Besides the positive perspective of the findings, we found that there were challenges in spreading dharma in the West. Since this research is a preliminary exploration of Master Sheng Yen's Chan Thought and Contemporary Society, we have encountered several challenges:

5.2.1 Integration of Various Disciplines

Since this study is done from an interdisciplinary perspective by two researchers trained from very different backgrounds, it was a challenge for both to integrate their ways of thinking. However, with open minds, the researchers were able to complete this study as a preliminary exploration.

5.2.2 Qualitative Research

Besides the translation challenge, the process of interview data including transcription took considerable time.

5.2.3 Research Process

The integration of a philological study of Master Sheng Yen and qualitative in-depth interviews based on an interdisciplinary perspective took considerable time before the researchers were able to reach consensus. Fortunately, through many discussions, we were able to produce this paper and learned a great deal.

5.3 Recommendations for Further Research

Not only is this study one of the few academic studies on Master Sheng Yen's Chan Thought and Contemporary Society, but Master Sheng Yen also has unique thoughts which differ from the traditional viewpoints. The difference mainly emerges from his Chan teaching in America. The following recommendations are for reference.

5.3.1 Similar studies could be undertaken in other geographical areas. This study focused on America. Since Master Sheng Yen also taught in other western countries, further research could focus on other geographical areas.

5.3.2 Other Chan-related topics

To understand Master Sheng Yen's Chan Thought in America as a whole, one may want to review it from both giving and receiving sides (the supply and the demand in economic terms). Not only did this research have limitations of time and manpower, but another scholar, Dr. Mei-Hwa Chen, has been collecting data from those receiving Master Sheng Yen's teaching. Therefore, the present research only concentrated on the supply perspective to avoid duplicating Dr. Mei-Hwa Chen's efforts.

Moreover, this research only used partial transcription of the in-depth interviews. In the future, other aspects of the interviews might be utilized for further exploration. For instance, the challenges of spreading the dharma in the west, and so forth.

REFERENCES

Chinese Materials

辜琮瑜（2002）。《聖嚴法師的禪學思想》。台北：法鼓文化。

聖嚴法師、丹・史蒂文生著，梁永安譯（2002）。《牛的印跡——禪修與開悟見性的道路》。台北：城邦文化。

聖嚴法師著，單德興譯（2003）。《禪修的智慧：與聖嚴法師心靈對話》。台北：法鼓文化。

聖嚴法師（2005）。《聖嚴法師學思歷程》，法鼓全集第三輯第八冊。台北：法鼓文化，頁136。

聖嚴法師（2005）。《聖嚴法師教禪坐》，法鼓全集第四輯第九冊。台北：法鼓文化，頁9、99。

聖嚴法師（2005）。《聖嚴說禪》，法鼓全集第四輯第十二冊。台北：法鼓文化，頁230。

聖嚴法師（2005）。《拈花微笑》，法鼓全集第四輯第五冊。台北：法鼓文化，頁59、278。

聖嚴法師（2005）。《禪的生活》，法鼓全集第四輯第四冊。台北：法鼓文化，頁47、235-259。

聖嚴法師（2005）。《禪與悟》，法鼓全集第四輯第六冊。台北：法鼓文化，頁69、162、272-284。

聖嚴法師（2005）。《禪門》，法鼓全集第四輯第十一冊。台北：法鼓文化，頁33。

聖嚴法師（2005）。《禪鑰》，法鼓全集第四輯第十冊。台北：法鼓文化，頁4、48。

聖嚴法師（2005）。《禪的體驗・禪的開示》，法鼓全集第四輯第三冊。台北：法鼓文化，頁191。

聖嚴法師（2005）。《禪的世界》，法鼓全集第四輯第八冊。台北：法鼓文化，頁335。

聖嚴法師（2005）。《聖嚴法師教默照禪》，法鼓全集第四輯第十四冊。台北：法鼓文化，頁127。

聖嚴法師（2005）。《公案一〇〇》，法鼓全集第七輯第八冊。台北：法鼓文化，頁73。

聖嚴法師（2005）。《神通與人通》，法鼓全集第三輯第二冊。台

北：法鼓文化，頁16、22。

聖嚴法師（2005）。《法鼓山的方向》，法鼓全集第八輯第六冊。台北：法鼓文化，頁229。

聖嚴法師（2005）。《佛教入門》，法鼓全集第五輯第一冊。台北：法鼓文化，頁219。

聖嚴法師（2005）。《找回自己》，法鼓全集第八輯第十二冊。台北：法鼓文化，頁92、115。

聖嚴法師（2005）。《動靜皆自在》，法鼓全集第四輯第十五冊。台北：法鼓文化，頁155、171。

聖嚴法師（2005）。《歡喜看生死》，法鼓全集第八輯第十冊。台北：法鼓文化，頁44。

聖嚴法師（2005）。《教育・文化・文學》，法鼓全集第三輯第三冊。台北：法鼓文化，頁11、12、176、276。

聖嚴法師（2005）。《書序II》，法鼓全集第三輯第十冊。台北：法鼓文化，頁190。

聖嚴法師（2005）。《學術論考II》，法鼓全集第三輯第九冊。台北：法鼓文化，頁45。

聖嚴法師（2005）。《學術論考》，法鼓全集第三輯第一冊。台北：法鼓文化，頁104。

聖嚴法師（2005）。《留日見聞》，法鼓全集第三輯第四冊。台北：法鼓文化，頁134。

聖嚴法師（2005）。《悼念・遊化》，法鼓全集第三輯第七冊。台北：法鼓文化，頁439。

聖嚴法師（2005）。《明日的佛教》，法鼓全集第五輯第六冊。台北：法鼓文化，頁19。

聖嚴法師（2005）。《絕妙說法——法華經講要》，法鼓全集第七輯第十一冊。台北：法鼓文化，頁56。

聖嚴法師（2005）。《金剛經講記》，法鼓全集第七輯第二冊。台北：法鼓文化，頁10。

聖嚴法師（2005）。《心經新釋》，法鼓全集第七輯第一冊。台北：法鼓文化，頁127、154。

聖嚴法師（2005）Zen Wisdom，法鼓全集第九輯第六冊，台北：法鼓文化，頁253、255。

聖嚴法師著，單德興譯（2006）。《禪無所求——聖嚴法師的〈心

銘〉十二講》。台北：法鼓文化。

聖嚴法師著，釋常華、葉文可譯（2006）。《完全證悟──聖嚴法師說〈圓覺經〉生活觀》。台北：法鼓文化。

English Materials

Aburdene, P. (2005). *Megatrend 2010: the rise of conscious capitalism*. Charlottesville, VA: Hampton Roads Publishing Co., Inc.

Ames, Van Meter (1962). *Zen and American Thought*, Honolulu, HI: University of Hawaii Press.

Chan Master Sheng Yen translated and edited (1987). *The Poetry of Enlightenment*: Poems by Ancient Chan Masters. New York: Dharma Drum Publications.

Chan Master Sheng Yen (2001). *Zen Wisdom: Conversations on Buddhism*. New York: Dharma Drum Publications and Berkeley, CA: North Atlantic Books.

Chan Master Sheng Yen (2001). *There Is No Suffering: A Commentary On The Heart Sutra*. New York: Dharma Drum Publications and Berkeley, CA: North Atlantic Books.

Chan Master Sheng Yen (2004). *Song of Mind: Wisdom form the Zen Classic Xin Ming*. Boston, MA: Shambhala Publications, Inc.

Chan Master Sheng Yen (2006). *Attaining the Way : A Guide to the Practice of Chan Buddhism*. Boston, MA: Shambhala Publications, Inc.

Dodds, Steven (1997). "Towards a 'science of sustainability': Improving the way ecological economics understands human well-being", Ecological Economics, 23, 95-111.

His Holiness the Dalai Lama (1999). *Ethics for the New Millennium*. Rockland, MA: Wheeler Publishing Inc.

Huimin Bhikkhu ed. (2005). The Role of Buddhism in the 21st Century: Proceedings of the Fourth Chung-Hwa International Conference on Buddhism. Taipei: Dharma Drum Corporation.Proceedings of the Fourth Chung-Hwa International Conference on Buddhism.

Johe Crook (2002). *Illuminating Silence: The Practice of Chinese Zen*.

London, UK: Watkins Publishing.

Patton, M.Q. (1990). Qualitative Evaluation and Research Methods (2nd ed.). Newbury Park, CA: Sage.

Stagl, Sigrid and Sabine O'Hara (2001), 'Preferences, needs and sustainability', International Journal of Sustainable Development 4(1), 4-21.

Suzuki, D.T.(1960), "Lectures on Zen Buddhism" in Suzuki, D.T., Fromm, Erich, and De Martino, Richard, Zen Buddhism & Psychoanalysis. New York: Harper Colophon Books, pp.1-10: East and West.

Thich Nhat Hanh, edited by Peter Levitt (1988), *The Heart of Understanding: Commentaries on the Prajnaparamita Heart Sutra*. Berkeley, CA: Parallax Press. viii.

Appendix A: Semi-Structured In-Depth Questionnaire

For those involved in sharing and/or teaching the Dharma

Date: Name of Interviewee:

Location:

1. If you are involved in sharing and/or teaching the Dharma, whom do you serve?
2. When did you begin to serve?
3. How long have you been serving?
4. Where did you serve?
5. How did you serve?
6. What is the content?
7. Do you find any challenges?
8. If you have found challenges while sharing and/or teaching the Dharma, what are the challenges?
9. How do you face the challenges?
10. Have you kept in touch with your Dharma teachers? In which way?

Appendix B: Data Sources for Table 2.2

		The West	The East	Data Source
Culture		External conquest	Interior regulation	1
		Conquest of nature	Naturalism and humanism	2
		Egoism	Ethics	3
		Pursuit of equality and justice		4
		Dualism	The Middle Way	5
		An absence of personal deliberation		6
Nature of Mind		Rational	Sensible	7
		Focuses on practicality, efficiency, and benefits		8
		Straightforward		9
		Pursuing novelty and change		10
			Inclined to simplicity	11
			Conservative	12

1. 「東西方文化的最大區別，是在對內的調養與對外的征服。」
   "The greatest difference of culture between the east and the west is that between interior regulation and external conquest." （聖嚴法師2005《教育‧文化‧文學》，法鼓全集第三輯第三冊。台北：法鼓文化，頁11）
   「那麼西方人的傳統思想是向外征服，東方人則自反自責而推己及人」 "The tradition of the west is external conquest, while that of the east is remorse and empathy" （聖嚴法師2005《教育‧文化‧文學》，法鼓全集第三輯第三冊。台北：法鼓文化，頁276）。

2. 「尤其西方人的思想中（非基督教思想）以為人類是可以慢慢征服自然的」 "Especially, in the western thinking, unless Christian, one thinks human beings can conquer nature gradually." （聖嚴法師2005《神通與人通》，法鼓全集第三輯第二冊。台北：法鼓文

化，頁16）

「西方哲學主張人類可能征服自然，」"Western philosophy asserts that human beings can conquer nature"（聖嚴法師2005《神通與人通》，法鼓全集第三輯第二冊。台北：法鼓文化，頁22）。

「如果講到人文及人道，都不會不注意到儒家哲學；講到自然主義，也不會不注意到道家哲學。」"Confucianism is an evident register in Humanism, and Taoism is an evident register in naturalism."（聖嚴法師2005《學術論考II》，法鼓全集第三輯第九冊。台北：法鼓文化，頁45）

「儒家是人文主義者，道家是自然主義者」"Confucianism is humanism, and Taoism is naturalism"（聖嚴法師2005《找回自己》，法鼓全集第八輯第十二冊。台北：法鼓文化，頁92）。

3.「現代青年，最好不要學美國的自我主義」"Contemporary young people had best not learn American egoism"（聖嚴法師2005《教育‧文化‧文學》，法鼓全集第三輯第三冊。台北：法鼓文化，頁176）。

「而西方的價值體系多由自我出發」"The western system of value comes from the self"（聖嚴法師2005《歡喜看生死》，法鼓全集第八輯第十冊，台北：法鼓文化，頁44）。

「中國文化的背景……儒家注重人與人之間的倫常關係和社會關係，道家重視個人與自然界之間的調和與統一。」"Chinese culture...Confucianism places importance on ethic and social relation, and Taoism places importance on harmony and unification of individual and the nature."（聖嚴法師2005《學術論考》，法鼓全集第三輯第一冊。台北：法鼓文化，頁104）

「中國人講倫理，強調五倫」"Regarding ethics, Chinese emphasizes five fundamental relations."（聖嚴法師2005《禪與悟》，法鼓全集第四輯第六冊。台北：法鼓文化，頁69）

4.「因為在美國非常講求平等」"Because American stress equality a lot."（聖嚴法師2005《動靜皆自在》，法鼓全集第四輯第十五冊。台北：法鼓文化，頁155）

「美國的社會最愛講公平」"People stress equality most in American society"（聖嚴法師2005《法鼓山的方向》，法鼓全集第八輯第六冊。台北：法鼓文化，頁229）。

5.「在西方不論是宗教或哲學，都是強烈相對的二分法。中國人主張中庸之道，」"No matter in the aspect of religion or philosophy, people believe in dualism in the west. However, Chinese hold the middle way."（聖嚴法師2005《禪的生活》，法鼓全集第四輯第四冊。台北：法鼓文化，頁47）

「在西方的天主教來說，人升天國之後，永遠和神在一起，那是天人合一的大一統的全體大我」"To Catholics, people ascend to the heaven after death and stay with God forever. Then, their soul becomes complete, and that is the union of God and human beings."（聖嚴法師2005《禪的世界》，法鼓全集第四輯第八冊。台北：法鼓文化，頁335）

「在西方歐美社會不論是從哲學或從宗教來談，講到最後一定有個「一」。"In the west, from the aspects of philosophy or religion, there must be a 'one'."（聖嚴法師2005《心經新釋》，法鼓全集第七輯第一冊。台北：法鼓文化，頁154）

6.「Western culture has not been exposed to the idea of intense personal practice as a means of discovering and solving the problems of human existence.」（聖嚴法師2005，*Zen Wisdom*，法鼓全集第九輯第六冊。台北：法鼓文化，頁253）

7.「東方人學佛感性較強，多以信仰心為主……西方人則較理性與實際……」"Easterners are intuitive and take faith as the core in learning Buddhism...The Westerners are rational and take practicability as most important."（聖嚴法師2005《悼念・遊化》，法鼓全集第三輯第七冊，台北：法鼓文化，頁439）

8.「西洋人重實際……重實效」"The Westerners value practicability …and efficiency."（聖嚴法師2005《留日見聞》，法鼓全集第三輯第四冊。台北：法鼓文化，頁134）

「美國人重實際，求速效」"The Americans value practicability and good efficiency."（聖嚴法師2005《聖嚴法師學思歷程》，法鼓全集第三輯第八冊。台北：法鼓文化，頁136）

「西方人凡事以利益為前提，不論小我、大我皆如此」"The Westerners pursue benefit first, no matter on the basis of self or large-self."（聖嚴法師2005《聖嚴說禪》，法鼓全集第四輯第十二冊。台北：法鼓文化，頁230）

9.「在西方文化中成長的人,畢竟比較直率」"People who are brought up under the western culture are more straightforward." (聖嚴法師2005《書序II》,法鼓全集第三輯第十冊。台北:法鼓文化,頁190)

10.「西方人士喜歡永遠追求『新』事物為其因素」"The Westerners always like o pursue new things." (聖嚴法師2005《明日的佛教》,法鼓全集第五輯第六冊。台北:法鼓文化,頁19)

「在美國,求新求變的傾向,更為明顯。」"In America, it is obvious that people are inclined to pursue novelty and change." (聖嚴法師2005《拈花微笑》,法鼓全集第四輯第五冊。台北:法鼓文化,頁59)

「Another problem for Americans is inconsistency.」 (聖嚴法師2005,*Zen Wisdom*,法鼓全集第九輯第六冊。台北:法鼓文化,頁255)

11. Inclined to simplicity

「中國人好簡求速」"Chinese are inclined to simplicity and short process." (聖嚴法師2005《絕妙說法──法華經講要》,法鼓全集第七輯第十一冊。台北:法鼓文化,頁56)

「中國人喜歡簡略」"Chinese like shortness." (聖嚴法師2005《金剛經講記》,法鼓全集第七輯第二冊。台北:法鼓文化,頁10)

「中國人喜歡簡單明瞭」"Chinese like simplicity." (聖嚴法師2005《心經新釋》,法鼓全集第七輯第一冊,台北:法鼓文化,頁127)

「中國人好求簡約」"Chinese like simplicity." (聖嚴法師2005《佛教入門》,法鼓全集第五輯第一冊。台北:法鼓文化,頁219)

12.「中國人保守」"Chinese are conservative." (聖嚴法師2005《教育・文化・文學》,法鼓全集第三輯第三冊。台北:法鼓文化,頁12)

聖嚴法師人間淨土思想的
實踐與弘揚

林其賢

國立屏東商業技術學院副教授

▌摘要

本文主要討論下列兩個問題：

1.人間淨土思想的定性與定位。

2.人間淨土思想的施設架構特色與價值。

主要結論有：

1.人間淨土思想是中國佛教百年來現代化的繼續發展，此現代化的主軸是人間化。而與前代大德不同的是，問題意識從「為何要人間化」、「人間化如何可能」轉移到「如何將佛法人間化」。從而由對人世間的社會參與中取得社會認同與信賴，形成對社會大眾普化教育的社會啟蒙運動。

2.由於問題意識為「如何將佛法人間化」、「如何建設人間」，於是從信仰的佛教引發到學術的佛教，從儀式化的佛教引發到實踐的佛教，從菁英專修的佛教引發到大眾普遍的佛教。並且因為著眼於社會推廣教化，於是以生活致用為主要教學，講求淺顯易懂而且實際有效。

3.對社會大眾的普化教育為人間淨土思想成果展現，其根本為佛教學的學術研究與禪修。社會大眾教育的推動，其最前緣的普化教育施設係以心靈環保為核心，開展四環及心

五四。特色則依修學起點與歷程的指點，有注重心靈層面品
德教育、肯定自我為行為主體、鼓勵發心從凡夫菩薩做起、
立足本土融攝各系佛法建立宗派等項。

關鍵字：人間佛教、人間淨土、近代佛教復興

一、佛教現代化的接力運動

聖嚴法師之生命歷程充滿驚奇：

一、法師兩度披剃，兼具「童貞入道」與「半路出家」的身分。

二、法師早年棄學，學歷有限，竟能留學日本榮取博士之最高學位。

三、取得博士後，又以一具現代國際學養的學者回歸傳統以禪師身分指導修行。

四、宗教事業起步甚晚，所承又甚有限，竟以六十之年創建出法鼓山之龐大業績。

五、在社會普遍對佛教觀感不高時，以佛教僧侶提昇社會形象。❶

六、毫無世家庇蔭的農村子弟出身，站上世界舞台代表漢傳佛教發聲呼籲世界和平。

法師再度出家時依律受戒，並深研戒律，但並未以戒師名。閉關時歷練各種禪修法門，以至於海內外主持禪七，然社會並未以禪師稱。青年時以批判基督教名，而後研究宗教比較學、留學東洋接受現代學術教育取得博士學位、執教上庠，亦未以學者名。以宗教師提倡禮儀辦理佛化婚禮、佛化奠祭、設置生命園區、關心自殺防治、⋯⋯。如何辨識法師的身分與角色？

法師思想與教學施設也充滿許多奇特的組合，如：

---

❶ 如留日取得博士學位，參加國建會，接受總統、行政院長邀請指導禪修。

一、建設人間淨土與往生西方淨土。

二、觀音信仰與禪修鍛鍊。

三、存有論層次的緣起性空依據與如來藏依據弘揚禪法。

四、立足人生佛教，又辦理法會薦亡。

五、重視各宗教學，又自立宗派。

如何理解法師生命歷程的跳躍與思想的奇特組合？

聖嚴法師少年時從學之靜安佛學院為太虛大師學生所創辦主持，二度出家之和尚東初長老亦為太虛大師學生，而聖嚴法師亦自述此理念係承自太虛大師、印順導師、東初長老。❷如果把佛教現代化的啟始以楊仁山居士為第一代，太虛大師、歐陽竟無居士等為第二代，印順導師、慈航法師、東初長老、呂澂居士等為第三代，則星雲法師、證嚴法師、聖嚴法師等為第四代。路線或有重印度重漢地之別，但基本上當代佛教的現代化和人間化幾乎是重疊的兩個概念。現代化是從時間的範疇立說，人間化是從空間的範疇觀察。

「現代化」是從時間概念立說，是當代佛教回應西方帶來的全面挑戰，而有「佛教何處去」、「佛教如何延續」之問。由於對當時佛教表現不滿意，而對佛陀教法有信心，

❷ 1960年法師31歲，研讀印順法師的大作《成佛之道》後，稱仰其特長為強調「人間佛教」，認為此書契合時代潮流、通透先賢先賢脈絡，且能貫徹未來思潮，允為傳世之作。〈《成佛之道》讀後〉，《評介‧勵行》，法鼓全集光碟版（03-06，頁168-，01）」。後兩年，又有〈太虛大師評傳〉，稱許太虛大師為卓越成熟而成功之宗教家。今日之有「人生」或「人間佛教」的觀念者，受他的影響很大。〈太虛大師評傳〉，《評介‧勵行》，法鼓全集光碟版（03-06，頁51）。日後，又有《淨土在人間》之作，詳述承受自三大德的影響。

於是從「什麼是佛教」的問題意識出發回溯到原始佛教去確認佛教的本質，並由此得出「佛在人間」、「佛教應該人間化」的答案。

「人間化」是在佛教「現代化」的問題中發展得出來的答案，從空間的範疇立說，可視為努力目標的不斷修正，從鬼道、天道拉回到人道，從死後拉回到現生，從遠離眾生的山林拉回到不離人群的人間。

從儒家與佛家的現代化發展對照著來看，義理深度與生活應用廣度的詮釋轉換別具意味。

當代儒家曾感慨，千百年來儒學活動的場域如孔廟、州縣學校，到了現代，這些空間的功能全都消解不見了。而原來做為家庭教育核心的儒家倫理也大抵退位。儒家的現代化過程，主要是在大學裡的學術層面進行轉換。儒學在大學系所中確立了地位，而佛教僧侶則連一般演講都還被大多數的大學拒絕在門外。❸對比著儒家學院化的榮景與生活儒學的蕭條，佛教則是從生活的佛教為基礎發展支持著學術的佛教。

聖嚴法師的生命歷程正是當代佛教現代化過程中，接續著佛教何處去的大問題繼續解答「為什麼要人間化」以及

---

❸ 1980年代前後，大學佛學社團要邀請出家人到校演講普遍不被允許，而大學開設有佛學課程的系所更是非常稀少。從聖嚴法師邀請大學教授餐聚之不易可見一斑。聖嚴法師謂：「1980年10月26日晚上，方甯書先生建議我應該對教內外的知識分子，做一些聯繫和接引的工作，以利於佛法的推展，所以請曼濤先生代我邀到台灣大學哲學系的郭博文、劉增福、余英華、林正弘、師大的林玉體、國立編譯館的趙天儀，以及正在潛隱中的韋政通等諸教授。」文見〈悼念張曼濤先生〉，《悼念‧遊化》，法鼓全集光碟版（03-07，頁154）。

「如何人間化」的問題，而愈來愈偏重對後一項的答問。因此其教學特色尤在於應用的經驗的連結，把佛教艱深高遠的面象盡量地生活化以為平常實用。此一取向即以「人間淨土」為標記。

1989年，聖嚴法師創建法鼓山。同時提出「提昇人的品質，建設人間淨土」做為法鼓山的精神指歸。❹此後這兩句衍為二十句的〈四眾佛子共勉語〉❺，再又歸納為〈法鼓山的共識〉❻。「人間淨土」從此成為法鼓山弘化的精神指標，也成為聖嚴法師的弘化標記。如2000年，獲頒行政院文化獎，就是因為推動「人間淨土」思想，秉持「提昇人的品質，建設人間淨土」理念不輟，落實文化教育的努力事蹟而受到評審委員的肯定。

建設人間淨土是接續楊仁山居士、太虛大師以來佛教現代化取向的繼續發展，因此「建設人間淨土」所要面對的問題除了進一步解釋「為何要人間化」，並在存有論層次處理

❹ 1989年9月24日法師於農禪寺晨間開示〈法鼓山理念〉，首次對「提昇人的品質，建設人間淨土」之理念提出完整說明。兩日後（同年月26日）對法鼓山中華佛學研究所護法理事會諸會員所做開示亦再次闡明。詳見：〈法鼓傳法音〉，《法鼓山的方向》，法鼓全集光碟版（08-06，頁31-55）；〈法鼓山的心願〉，《法鼓山的方向》，法鼓全集光碟版（08-06，頁13-30）。

❺ 〈四眾佛子共勉語〉原題〈與法鼓山僧俗弟子共勉語〉有二十句，1990年（庚午）季春撰，刊於《法鼓》雜誌第7期（1990年6月）。

❻ 〈我們的共識〉四則八句於1991年8月法鼓山護法會勸募會員聯誼會中提出，今收《法鼓山的方向·法鼓山的共識》，法鼓全集光碟版（08-06，頁83），唯時間註記有誤，詳見林其賢《聖嚴法師七十年譜》1991年8月3日案語。

「人間化如何可能」外，與前期發展最大的不同是，問題意識轉移為討論：「如何」建設人間淨土的問題。

本文主要目的在於：

1.了解人間淨土思想的定性與定位。

2.探討人間淨土思想的價值與功能。

擬就「如何建設人間」的層面討論法師對建設人間淨土的規畫方案來檢視其各項教學施設，討論其思想及實踐之成果價值以及其可能的發展。

二、人間淨土思想的建立與實踐

聖嚴法師早期的佛法實踐，最被稱道的有：少年時拜懺的體驗建立了對觀音的信仰、對佛教的信心；二度出家依律受戒，❼閉關六年，深入經藏並實修禪法，出國留學時依律而住……。這些都是非常特殊而有倫理實踐上的深刻意涵。但是，這些操履只能說明法師宗教師身分能力的養成，而無法解釋：為什麼是人間佛教的取向？和人間淨土思想的直接關聯為何？本節擬探討法師人間淨土思想的形成、建立與實踐。

（一）人間淨土思想的形成

聖嚴法師人間淨土標記的彰顯雖然為時較晚，約當法師六十之年，但是聖嚴法師對人間淨土信念的醞釀與確立則起

---

❼ 對照印順導師：〈中國佛教瑣談〉中「還俗與出家」一節對當代僧人身分出入情形之描述，則聖嚴法師於從軍十年後，再度如律披律就成了非常特別的事了。文見《華雨集‧第四冊》（Y28，頁151）。而當時確實有人告訴他，並不必再度受戒，直接回復僧籍即可。

源甚早。先後有來自太虛大師人生佛教和印順導師人間佛教
的啟發。

太虛大師的「人生佛教」，一則是用「生」來區分
「死」，用「人」來區分「鬼神」。印順導師的「人間佛教」，
則是在人生佛教的基礎上再進一步用「人間」來區分密宗的
重視天道、淨土宗的重視他方、禪宗的重視山林。我們可以
再進一步概括，人生佛教主要是要和度亡佛教作區分，人間
佛教則是要和山林佛教作區分，這系列發展所對照出的佛教
兩種不同取向，可以視為長遠以來入世與出世之辨的老命
題。遠從佛陀時代的僧團僧與蘭若僧之緊張關係，到上座
部、大眾部之諍，大乘、小乘之辯，都可視為這個命題的不
同呈現。出世是出離煩惱的象徵，這是佛法不可少的重要成
分，但是卻含帶有遠離人間、遠離眾生的傾向。入世是化度
世間、濟渡眾生，這又是佛法的功能所在，但如何能不沾滯
於塵俗？兩者是否該並存？該並存則優先順序如何安排？因
此，歷來不免有或重或輕的偏向。

法師少年出家，以當時（1940年代）一般對佛法的認
識水平，多是「對佛教採取歧視及批評的態度，連佛教徒自
己都誤解因果的道理，以為未來是無法改變的，命運是無法
掌握的，把佛家的因果觀說成了宿命論，使得佛教的人生觀
變得非常消極、厭世、逃避。」❽然而法師卻非常特別地能
辨識出那是變了質的信仰，並非佛陀的本懷，認為「真正的

❽ 聖嚴法師：〈後現代佛教〉，《人間世》，法鼓全集光碟版（08-09，頁
40）。

佛教應該是活用、實用、積極、入世且為關懷人間疾苦而設」。❾

這除了是法師早慧使然，亦與少年時的宗教體驗有深切的關聯。

法師曾自述少年於狼山出家，師長教他禮拜觀音以消業障。三個月後，於禮拜時覺通體清涼，從此頭腦清明、記憶明澈。對觀音菩薩深生信心，更引生向法之心。❿此為法師對佛法利益之初次體驗。由於深切地體認佛法對人的現世是有用的，同時由於師長的講授，知道佛經不僅僅是拿來誦給亡靈做為超度之用，還應該是用來講給人類大眾聽，而照著去做的。法師認為：「孔孟之道可以治世，佛教的義理及其方法可以化世，若能互為表裡，一定可以實現世界大同或人間淨土的局面。因此有一種不能自我控制的願望，要盡我所能，讀懂、讀通佛經，用來告訴他人。」⓫

法師在上海的時期，親見國家社會的動亂和人民生活的不安，於是有「要想國泰民安，要從挽救人心做起」，要想「挽救人心，須從教育著手」的想念。而其所謂教育，即是佛教信仰核心的因果觀念，認為能有因果觀念，每一個人便都能安分守己，盡其在我，努力不懈。既不逃避現實，也不

---

❾ 聖嚴法師：〈後現代佛教〉，《人間世》，法鼓全集光碟版（08-09，頁40）。

❿ 參見聖嚴法師：〈Autobiography〉，*Getting The Buhhda Mind*；〈觀世音菩薩〉，《佛教入門》。

⓫ 聖嚴法師：〈童年和少年〉，《聖嚴法師學思歷程》，法鼓全集光碟版（03-08，頁17）。

推諉責任。只可惜,「佛教雖然是那麼地好,由於佛教沒有人才去普遍地弘揚,所以知道它的人很少,而誤解它的人很多。」⓬

　　對佛法有正面的理解與切實的體會,但也有佛法並未發揚的遺憾,因此引導著法師與當代佛教復興運動接上關聯。法師自述:近世以來,佛教和整個廣大社會的群眾脫節,以至於佛教給人的印象是逃避現實,與世無益,甚至迷信有害,而應加以廢止和淘汰的宗教。因此,有楊仁山居士提倡刻印佛經、流通佛書,並且成立學院,培育僧俗弘法人才。楊仁山的學生太虛,起而提倡「人生佛教」;太虛的學生印順,繼而主張「人間佛教」;聖嚴法師的師父東初老人,則辦《人生》月刊;而他創立「法鼓山」,目的是在「建設人間淨土」。這都是為了挽救佛教慧命於倒懸的措施,也是回歸佛陀釋迦牟尼本懷的運動。⓭

　　這就說明,為什麼法師並沒有走上傳統佛教的路子而是太虛大師開展一系列佛教現代化的走向來。從這個角度,我們也才能比較理解,為什麼法師在二十至三十五歲這段青年期,寫了這麼多的文章,批判抱持逃避主義的居士與出家人,⓮而其基本主張,即是法師二十八歲(1957年)時首次

⓬ 聖嚴法師:〈童年和少年〉,《聖嚴法師學思歷程》,法鼓全集光碟版(03-08,頁18)。

⓭ 聖嚴法師:〈軍中的歲月〉,《聖嚴法師學思歷程》,法鼓全集光碟版(03-08,頁46)。

⓮ 聖嚴法師:〈後現代佛教〉,《人間世》,法鼓全集光碟版(08-09,頁40,01)

提出學佛者應該要「在人間努力，使人間成為淨土、成為佛國」的呼籲。法師說：

> 我們能把地球淨化以後，地球也未嘗不能稱為極樂世界，筆者以為，為了免除「十萬億佛土」的長途跋涉，我們應該因地制宜，在人間努力，使人間成為淨土，成為佛國。
>
> 佛說「心淨國土淨」，能使人人做到「心淨」，此土豈不就是淨土？如果專求往生西方去享樂，而不顧人間罪惡的消除，實在與基督教的上生天國說同樣的屬於厭世與逃世，佛教徒怎會如此地自私？❶

同年8月，有〈理想的社會與美化的人生〉提到：「世間淺見人士，都以為佛教的人生過於消極，因為學佛的最後目的是在超脫三界，離開這個世界，而不是來努力於這個世界的建設。事實上，離開這個世界是學佛的目的，建設這個世界才是學佛的手段。」又說：「美化人生是佛國淨土的基礎，佛國淨土是美化人生的表現。」

> 我們應該先從最基本的地方做起，那就是五戒、十善，由戒生定、由定發慧，如果戒定慧三學俱足，那就是了生脫死的機緣成熟，也就是真常妙有，美化人生的境界。

---

❶ 聖嚴法師：〈人從何處來？又往那裡去？〉，《人生》（舊）9：7（1957年7月）。

　　大同世界或人間淨土，是佛國境界的一個過程，也是
美化人生的一種表現，然而過程不是終點，表現也不是究
竟，超出三界火宅，擺脫六道輪迴才算是佛國淨土的目
的，才算是美化人生的理想。那就是彌陀淨土之類的佛國
淨土。❶

　　這已經顯示其日後「建設人間淨土，往生西方淨土」的
思想根源，將傳統佛教與人間淨土綰合。

　　1958年，法師二十九歲，有〈論佛教人生的創造與建
設〉，指出時代雖然艱鉅，佛教不但要面對，更要領導時
代、化民導俗。方法即在於健全自己，並以所處世界，做為
創造淨土之中心，進而影響他人。

　　《維摩經》上說「菩薩隨所化眾生而取佛土」，我們既
然生在這個世界，就該以這所在的世界，作為創造淨土的
中心。……先從我們本身著手，然後再由我們去影響他人，
他人再去影響他人，……到最後，豈不就是佛國淨土的顯現
嗎？（《人生》〔舊〕10卷1期）

　　宗教體驗發起了生命內在強烈的責任感、義務感等等的
道德情感，承擔了追尋與實踐所需要的種種心理動力。加
上「佛教的義理與方法可以化世」的深刻信念，維繫著對佛
法義學的渴望。法師從少年出家起，先是爭取念佛學院，再
有日後設法退伍再度出家，努力六年閉關，在師長道友的同
聲反對下毅然東去留學，在美國風雪中借宿成立道場教導禪

❶ 原刊《人生》（舊）9：8（1957年8月），今改題為〈理想的社會〉，收
入《神通與人通》，法鼓全集光碟版（03-02，頁126-135）。

修，跪地求成一長老成就辦佛學研究所，長年努力在法規上
修法通過辦宗教研修學院……。當然還有法鼓山的創建與上
百本的各類著述。如此諸多大事不可思議的一一成辦，如果
從這一個基礎來理解，也才比較容易說明其努力和堅持的原
動力來自何處。

（二）人間淨土思想的建立與弘揚

　　1977年，法師奉東初老人遺命返台主持文化館後，翌年
3月，首度應邀赴大學演講，就以〈人的佛教〉為題，指出：
佛是由人而成；要成佛，首先要做個普通人，盡應盡的本
分，這也就是成佛的基本條件。**⓱**

　　1982年，〈淨土思想之考察〉說明淨土有他方淨土、唯
心淨土、人間淨土，而肯定世尊之出現實為淨化此土，因歸
重於人間淨土。他指出，如果佛法是為人間所設，必須肯定
釋迦世尊出現人間，旨在淨化人間，即是將此娑婆穢土轉化
為相當程度的淨土。法師特別指出，在淨土的層次之中，人
間淨土最為脆弱，但卻是最為親切和基礎的起點。「人間成
佛的釋迦佛，工作的重心乃在人間」，而且「唯人是修道之
正器」。**⓲**

　　1983年3月，於台南演講：〈人間淨土與佛國淨土〉，已
提出「人間淨土」的概念。而1985年4月，發表〈以出世精神
做入世事業〉，已明確提出「人間佛教」與「人間淨土」的

⓱ 收見：《神通與人通》，法鼓全集光碟版（03-02，頁233）。
⓲ 聖嚴法師：〈淨土思想之考察〉，《學術論考》，法鼓全集光碟版（03-
　　01，頁114-178）。

基本性格與應有之走向，亦見出法師之基本立場與精神。❿

　　至1989年創建法鼓山後，則對「人間淨土」理念的闡揚
更是著重，明確表示要「從教育、文化、學術與社會觀點從
事佛學研究，並在社會中實踐『人間淨土』的理想。」❷此後
於各地演講、舉辦弘化活動，幾乎都是以人間淨土為主軸。
其犖犖大者如：

　　1992年，訂定法鼓山年度重點為「心靈環保年」。

　　1996年9月，於台北市國父紀念館宣講《法華經》，即
以〈法華經與人間淨土〉、〈法華經與佛國淨土〉為題。同
年10月，主持法鼓山奠基典禮，以〈人間淨土法鼓山〉為
題，強調法鼓山弘揚正信、正統、正確、正常健康之佛法，
再度說明法鼓山在教育與社會所做努力的是正常健康的佛
法，必定是智慧的、慈悲的、合情合理的、入世化世的；凡
是神鬼化、世俗化、厭世的、不合因果原則、違背正常倫
理、乖離善良風俗的宗教行為，都不是我們法鼓山所弘揚的
正確的佛教。

　　1997年，訂定本年為「人間淨土年」，以推動人間淨
土之主題為法鼓山年度活動重點，展開系列活動。同時出版
《人間淨土》，收錄七篇闡揚人間淨土的專文。同年3月，於
「太虛大師圓寂五十週年學術座談會」專文致詞〈人間佛教
之啟蒙〉，讚揚太虛大師對現代佛教最大貢獻，在於「人生
佛教」及「人間淨土」觀念之提出；今日中國佛教諸多團體

---

❿ 聖嚴法師：〈以出世精神做入世事業〉，《明日的佛教》，法鼓全集光
　碟版（05-06，頁60）。
❷ 聖嚴法師：〈闢人間淨土，辦佛學教育〉，《心靈環保》。

皆承此而發揚。❷同年7月，舉辦第三屆中華國際佛學會議，會議主題即為「人間淨土與現代社會」。法師於會中開幕致詞與閉幕致詞，以及所發表之論文亦皆以此為主軸。10月，於日本東京立正大學演講〈人間淨土與現代社會——我們今後要探討的課題〉。

1998年，撰成〈人間佛教的人間淨土〉。

1999年10月，發表〈心佛相應當下即淨土〉，詳細說明所提倡「人間淨土」之根據與內容。

2000年8月，應聯合國關係機構Interfaith Center邀請，參加「千禧年世界宗教及精神領袖和平高峰會議」，開幕致詞呼籲所有族群應和平相處，遠離戰爭，以心靈環保改善心靈貧窮，一同為建設人間淨土而努力。

2002年10月，於瑞士日內瓦「第一屆全球婦女宗教暨精神領袖會議」以〈女性，慈悲的象徵〉為書面開幕致詞，提出建設「人間的淨土」，要先把無私的智慧及平等的慈悲，在現實的世界中積極普及的推展。

2005年，世界銀行在愛爾蘭首都都柏林舉辦「信仰暨發展領袖會議」，針對全球衝突問題共商對策，共有48位來自全球之宗教、精神、政治領袖參加，法師出席並發表〈以慈悲和智慧處理衝突〉專文，說明世間現象無一不存在矛盾和衝突，解決之道不在於追求或要求平等，而在於學習包容、調和彼此的差異。

2006年，前往泰國曼谷，出席「世界宗教暨精神領袖理

❷ 收見《人生》164期（台北：人生月刊社，1997.4）。

事會」成立大會。除了擔任大會共同主席,並在開幕典禮中擔任主題演講人,發表〈宗教領袖在二十一世紀的任務〉。

(三)人間淨土思想的實踐

建設人間淨土是接續太虛大師以來佛教現代化的取向。因此,「建設人間淨土」所要面對的問題除了繼續解釋「為何要人間化」,並在存有論層次處理「人間化如何可能」外,最主要的問題是:如何建設人間的問題。有關「人間化如何可能」的問題,聖嚴法師有多篇談及,並從經證取得人間化的合法性。㉒此處專就「如何建設人間」的層面討論。

在《聖嚴法師七十年譜》中,個人曾方便地將法師至2000年為止的學思歷程大略分成五個階段:

第一階段是從幼年至三十二歲第二度出家受具足戒。這一階段裡的大事有:法師第一次出家、從軍、成為寫作能手。

第二階段是三十三歲受戒後到赴日本留學,於四十六歲獲得博士學位止。這期間兩度在高雄美濃山中閉關,在佛學院授課、主持佛七,著作更多,視野更廣。在日本留學期間,參加許多修行及學術活動,增加佛教傳弘的實際認識。

第三階段是四十七歲學位完成後應邀赴美至五十九歲創建法鼓山之前為止。以宗教師的身分傳揚佛法,同時以學者的身分辦學。

第四階段從六十歲創建法鼓山至六十九歲。此為法鼓山

㉒ 聖嚴法師:〈法鼓山的鼓手/傳薪、信心、願心〉,《法鼓山的方向II》法鼓全集光碟版(08-13,頁76);另見《法鼓》雜誌第112期第2版。

初創的辛苦十年。

　　此後為第五階段。

　　從各期的發展來看，法師有許多的身分。雖然有許多身分需要扮演不同角色，博士、教授、所長、禪師、董事長、主任委員……，但最重要、最根本的是「宗教師」的身分，這是最核心的身分。法師投注的事務雖多，但其始終一貫的重心為：佛教生命之開展與延續。其他的都是由這個身分和這個身分的發展需求而來，這些身分和角色必須放在一個主軸上來觀察才更有價值。這主軸就是：如何能讓佛教常住、新生，讓幾千高齡的佛教生命不致於老化更能新生？這也是以太虛大師為代表，諸先賢所共同致力的「佛教的現代化」問題。從這問題出發，試從當時歷史環境來考察，法師在「佛教的現代化」這一問題的解決方向上，採取的策略與實踐的方法大致有以下幾個特點：

　　一、從信仰的佛教引發到學術的佛教

　　二、從儀式化的佛教引發到實踐的佛教

　　三、從菁英的專修的佛教引發到大眾的普遍的佛教

　　傳統佛教，特別是清末民初以來重信仰、重儀式、偏於菁英專修的佛教，在與現代社會接觸時常覺扞格。佛法原蘊藏深厚的義解與實踐的內涵，但如何與當代社會脈動相呼應才能與時俱進，更進而引導時代？這先必須被社會接受，獲得社會的認同，否則「佛法永住」只能是一廂情願的祈望。因此「引發」意味著不是取代，而是補強。

　　1.從信仰的佛教引發到學術的佛教

　　佛教現代化的學術化工程有兩個內涵：一是將傳統論師

的方式接上現代意義的學術規格。二是將講經宣教的方式轉化為論證的辯證的途徑。前一個代表人物是印順導師，從《成佛之道》到《中國禪宗史》是一個轉化的典範。這個典範雖然是由印老完成，但是當時聖嚴法師還有青松法師（張曼濤居士）呼籲推動之功甚力。而第二項工作更是龐大，如何能說明並說服宣教講經師，讓他們了解：對信徒傳教的講經寫作和現代意義的學術演講、學術研究是截然不同的兩種方式，不只是寫作格式、表達語言不同，根本是兩種不同的思考型態。聖嚴法師雖然推動前輩進行完成了一個典範，但是如何呼應著時代的潮流，而不只是單純地「但開風氣」，而是完整地構建進行全面的轉化，這有待自己實地到日本去留學受教育，然後經過辦研究所、辦學報、舉辦國際學術會議……。這樣的開辦歷程十分辛苦，❷❸而法師也樂於和教界分享這樣的辛苦成果，❷❹並且努力推動。❷❺經由這樣一個完整的過程與實踐步驟，將其制度化、體系化形成慣性運作的

---

❷❸ 當時開辦佛教研究所之困難，法師曾述及當時接受中國文化大學邀請，擔任中華學術院佛學研究所所長，由於經費必須自籌，但支持者少、自己又沒有信徒，只有和李志夫教授下跪求得成一法師擔任副所長，由成一法師和他主持的華嚴蓮社數十位信眾支持研究所。兩年後開始招生，每次招生時，連學生們都會問：「下學期不知是否能開課？」〈我是風雪中的行腳僧──法鼓山的未來與展望〉，《歸程》，法鼓全集光碟版（06-01，頁252）。

❷❹ 佛教界有開辦研究所時，將規約章程等經驗成果分享。法師欣然同意，謂「我們做得那麼辛苦，難道我們忍心看人家也那麼辛苦地做嗎？我們不要唯一的，不做獨一的，我們只是要奉獻我們自己，成就佛教，成就社會！」見周玉蕙〈孤掌與鼓掌〉，《法鼓》雜誌第52期，第4版。

❷❺ 1981年8月中華學術院佛學研究所開始招生，法師即拜訪政府相關機構如內政部長邱創煥、教育部長朱匯森，就宗教教育、設立宗教學院、宗教科系問題討論。〈世界各國宗教教育現況及展望〉，收入《教育・文

常軌，才有可能由這去影響佛教界的其他單位也走向這個方向，這才算整個完成。

佛教要不要知識化，佛教要不要學術化，學術知識會不會影響宗教性，這是一個可以討論，而且應該反省的命題。歷來一直有這樣的反省。但在當時，佛教無法與當代一流人物對話，無法與學界接軌，如再不尋求知識界的接受將是一種自棄。❷更不可能將佛教徒心中美好的可以對世界有貢獻的佛法有所表現。

2. 從儀式化的佛教引發到實踐的佛教

法師自美返國後，於1978年第一次在台舉辦禪七，以後每年定期舉辦，開展了禪修的風氣。❷在此以前，台灣社會接觸佛教的原就不多。接觸佛教的，絕大多數是皈依之後受五

化‧文學》，法鼓全集光碟版（03-03，頁66）。後又聯合宗教教育界向政府爭取宗教教育納入國家體制。至1988年，才有宗教研究所的設立，但尚不能設單一宗教系所。至2004年，宗教界始得政府認可開辦宗教學院，此係經歷二十餘年努力始得修法通過。另參見釋恆清：〈宗教教育辨義──兼論宗教研修機構體制化的問題〉，《宗教教育及宗教資源應用》（內政部編印，2002.12），頁249-292。

❷ 惠空法師引述1889年「基督教在華傳教會議」紀錄，該會議檢討基督教在中國傳教百餘年發展，認為功能未彰的原因在於清朝科舉制度下，優秀人才走向儒家，會議因而決議辦理大學以掌握知識分子、優秀人才。參見兩岸僧伽教育交流座談會：〈佛教僧團辦大學的理念與展望〉，《佛藏》第22期（2001年6月）。

❷ 當時舉辦禪七密集修行課程的十分罕見，全台從1949年到1978年三十年間舉辦的總次數可能不超過十次。參見章克範〈禪七與禪悅〉：「在國內，只聽說有打『佛七』的。若論禪七，談何容易？從三十八年到現在，快三十年了，出家人所主持的禪七，怕不會超過五次吧？」收見聖嚴法師：《拈花微笑》（台北：東初出版社，1987年11月再版）附錄，頁353-380。此後，在佛教內部甚至新興宗教禪修風氣的開展，與法師的禪修教授大多有直接間接的關聯。

戒，五戒之後菩薩戒就算完事了。修行的內容除了受戒就是素食、早晚定課，有些還會加上忍辱等在生活中修行或是把修養當修行。這些雖然都是修行，但有的是修行的助緣而不是核心，或者是階段不同、功能有別。對於修行的指導，不是講得太簡單，就是講得太高遠。法師舉辦禪七，並開辦禪坐訓練班，從基本禪法教起，有次第的從數息、小止觀、再依序依層次而至公案禪、默照禪。循序漸進地教學，將信解行的程序內容伸展開來。

戒律亦是如此。法師肯定戒的功能在清淨與精進，律的作用在和樂與無諍，這是今日世界每一個家庭及社會所需要的。大乘菩薩的「三聚淨戒」能消融煩惱、導正社會風氣、平等接納一切眾生；戒律對佛法的化世，絕對是必要的。㉓但是，也必須使戒律能具備相當的親和度，讓現代人接受，才有可能對現代人產生助益，提昇現代人的生活品質。

法師針對五戒中的不飲酒戒、邪淫戒，以及在家人的佛教團體提出新的解釋方向：

（一）今日人類的社交頻繁並顯得相當重要，對於不飲酒則頗有指責，因此有人將烈酒認定是酒，其他如啤酒、米酒、水果酒等，只當作一般飲料，依律能否解釋得通？

（二）對於邪淫的界定，原來是指在已婚夫婦以外的男女性關係，如今的單身男女，未有法律上的婚姻，卻是生

㉓ 聖嚴法師：〈傳統戒律與現代世界〉，《菩薩戒指要》，法鼓全集光碟版（01-06，頁17，02）。

活在一起，長相廝守，形同夫妻，也算邪淫嗎？他們彼此
相悅，又不妨害家庭和社會，罪在何處？

（三）愈來愈多新興的在家佛教團體，於世界各地紛紛
建立，無視於比丘僧團的地位，我們是否承認他們也是合
乎戒律的僧團？ ㉙

法師對此並未直接提出答案，但是開放的態度已然顯示
可以討論的空間，見出法師重視的是規範的實踐性，有被實踐
的可能才能對人發生作用。而法師傳授菩薩戒，從戒條的持
守轉置重於以三聚淨戒的綱領來深化對菩薩精神的掌握，㉚並
將如此則佛教就不致於停留在信仰，而真能步入「戒、定、
慧」的修學歷程。

3. 從菁英的專修的佛教引發到大眾的普遍的佛教

前代祖師，或許是遭逢亂世的經驗，因此而有「藏之名
山、傳之其人」的觀念，著重找到菁英能傳承下去。現在看
起來，這種旗桿式的教團結構型態比較單薄，而且封閉，與
存在的世界缺乏互動分享。理想的結構型態縱使不是矩陣型
也該是金字塔型的，其中下層和社會的其他體系是流通的。

這是出世性格與世俗性格的調理與選擇。佛法走向人
間，從某種意義來看，是有世俗化的意味。如何能向實際人
生滲透指導，世俗化而又免於媚俗化，這是必須長時努力堅

㉙ 聖嚴法師：《菩薩戒指要》，法鼓全集光碟版（01-06，頁16，04）。
㉚ 參見林其賢：〈菩薩戒新典範的尋求〉，收入《聖嚴法師思想行誼》
（台北：法鼓文化，2004.8初版）。

持的,但卻不宜因有俗化的可能就此怯步。走向人間,讓更
多人能在不同需求層次都受用到佛法。法師自謂:

> 佛教當有深厚的哲理基礎,也當有淺易的實踐指導,正
> 由於此,便使我除了致力於教育與學術工作之外,也做著
> 通俗性的弘化工作。❸❶

而從在美初辦禪七,以及返台早期在中華佛教文化館舉
行的禪七看出,參加的人數少,聖嚴法師的教法與標準卻不
少。❸❷禪風高峻,走的也是菁英的路線。日後則為百餘人、甚
至兩三百人的參加,已經把禪七課程從菁英路線調整為向大
眾普及化。

而在慧學方面,正見正信的引導與推廣則從心靈環保、
四種環保、心五四運動、心六倫……,更可見出把佛法淺顯
化推廣給社會大眾的用心。法師表示,法鼓山的任務是「一
大使命、三大教育」;一大使命是推動全面的教育,三大教
育是:大學院教育、大普化教育、大關懷教育。「我們要用
關懷來達成教育的功能,同時以教育來完成關懷的任務。」❸❸

---

❸❶ 聖嚴法師:《聖嚴法師學思歷程》,法鼓全集光碟版(03-08,頁167)。
❸❷ 法師1977年在美舉辦第一次禪七只有九人參加。到1981年,四年間台美
   兩地共舉辦二十七次,總共參加人數約四百五十人,平均每次參加人數
   不到二十人。與後來動輒上百甚至數百的人員參加相去甚屬。參見聖嚴
   法師:〈序〉,《禪門囈語》(台北:東初出版社,1982年3月再版)。
❸❸ 聖嚴法師:《法鼓山的方向》,法鼓全集光碟版(08-06,頁79)。

三、新倫理生活的規畫方案

聖嚴法師為法鼓山規畫的主要任務是一大使命、三大教育，但三大教育中的普化和關懷其實有很大的關聯性。因此又可以把三大教育分成兩層：一為普化關懷，一為學術文化。❸普化關懷是使命的前端呈現，學術文化則是使命背後支持的根底。法師擅長把深奧的佛法用盡可能淺顯的形式與世人分享，因此人間淨土思想在普化關懷教育的層面，主要呈現為對社會大眾的思想啟蒙，屬於對倫理生活的教育施設。其主要精神為「提昇人的品質，建設人間淨土」，而實踐的方法則是以心靈環保為核心，再開展為「心五四」和「心六倫」。

本節略述人間淨土思想的架構內容，再依知情意三向度來檢視以心靈環保提昇人品、建設人間淨土的思想方案。討論其施設實踐之可行性。

（一）人間淨土建設方案的主軸：心靈環保

1989年，聖嚴法師創建法鼓山。同時提出「提昇人的品質，建設人間淨土」做為法鼓山組織的精神指歸。❸1990年，這兩句衍為二十句的〈四眾佛子共勉語〉❸，1991年再又歸納

---

❸ 法師於1994年口述「法鼓山的使命」，說明法鼓山目前的方向是教育，共分兩類，一為普化教育，一為學術文化。見《法鼓山的方向》，法鼓全集光碟版（08-06，頁56-77）。

❸ 1989年9月24日法師於農禪寺晨間開示〈法鼓山理念〉，首次對「提昇人的品質，建設人間淨土」之理念提出完整說明。詳見：〈法鼓傳法音〉，《法鼓山的方向》，法鼓全集光碟版（08-06，頁31-55）；〈法鼓山的心願〉，《法鼓山的方向》，法鼓全集光碟版（08-06，頁13-30）。

❸ 〈四眾佛子共勉語〉原題〈與法鼓山僧俗弟子共勉語〉有二十句，1990年（庚午）季春撰，刊於《法鼓》雜誌第7期（1990年6月）。

為〈法鼓山的共識〉**㊲**。同年，提出「心靈環保」，**㊳**做為建設人間淨土總方案的主軸。

「建設人間淨土」是莊嚴國土；「提昇人的品質」是成熟眾生。此正回應佛教歷來佛菩薩的大願。而心靈環保則是因應現代社會，對禪法所作出來的現代詮釋。法師說明提出「心靈環保」的緣由云：

> 當時因為社會脫序，出現了許多的亂象，而環保人士一連串抗爭的結果，非但未能改善環境，反而使得環境更形惡化。因此我就提倡了「心靈環保」的運動，我深切地感受到，人心如果不能淨化，社會也就不可能得到淨化；人的內在心理環境若不保護，社會的自然環境也沒有辦法獲得適當的保護。**㊴**

因此，「心靈環保」雖然是新創的詞，但內容其實就是「以觀念的導正，來提昇人的素質，除了能夠不受環境的影響

㊲〈我們的共識〉四則八句於1991年8月法鼓山護法會勸募會員聯誼會中提出，今收《法鼓山的方向‧法鼓山的共識》，法鼓全集光碟版（08-06，頁83），唯時間註記有誤，詳見林其賢：《聖嚴法師七十年譜》1991年8月3日案語。

㊳1996年佛教世界靜坐日，法師於大安林森林公園演講《心靈環保》，謂「1993年我曾提出『心靈環保』這個名詞」。2003年，於北京大學「東亞思想傳統中的身心關係及其現代意義」學術研討會主題演說，有「我在1991年開始，積極倡導『心靈環保』」之語（見：〈從東亞思想談現代人的心靈環保〉，《學術論考II》，法鼓全集光碟版（03-09，頁55，14）。經查，1991年11月，已與環保署長趙少康以「心靈環保」舉行對談（見當年《人生》雜誌第99期第1版），故當以1991年為是。

㊴聖嚴法師：《致詞》，法鼓全集光碟版（03-12，頁9）。

而產生內心的衝擊之外，尚能以健康的心態，面對現實，處理問題。」❹此約當是八正道中「正見」的內涵。從三慧的次第來說，正見是從聞思修而證得；從八正道的次第來說，則正見更得從正語、正業、正命……來習得。心靈環保的施行亦是如此。法師還根據學習對象將心靈環保的推廣分成兩層：

　　一是學佛禪修的層面：是以有意願、有興趣於學佛禪修的人士為對象，用學佛禪修的觀念及方法，使得參與者，從認識自我、肯定自我、成長自我，而讓他們體驗到有個人的自我、家屬的自我、財物的自我、事業工作的自我、群體社會的自我，乃至整體宇宙時空的自我，最後是把層層的自我，逐一放下，至最高的境界時，要把宇宙全體的大我，也要放下，那便是禪宗所說的悟境現前。但那對多數人而言，必須先從放鬆身心著手、接著統一身心、身心與環境統一，而至「無住」、「無相」、「無念」的放下身心與環境之時，才能名為開悟。

　　二是「四種環保」及「心五四運動」：是以尚沒有意願學佛以及無暇禪修的一般大眾為對象，盡量不用佛學名詞，並且淡化宗教色彩，只為投合現代人的身心和環境需要，提出了以心靈環保為主軸的「四種環保」及「心五四運動」。」❹

---

❹ 聖嚴法師：〈心靈環保——慈悲沒有敵人，智慧不起煩惱〉，《致詞》，法鼓全集光碟版（03-12，頁41）。
❹ 聖嚴法師：〈從東亞思想談現代人的心靈環保〉，《學術論考II》，法鼓全集光碟版（03-09，頁59）。

可見心靈環保是一個總稱，包括了對佛教徒／學佛者完整的學佛歷程，以禪修為主要內容，從放鬆、認識自我……以至於放下身心世界的開悟；後者則對非佛教徒／一般社會大眾，偏重觀念的開導啟發。但都是從佛學的角度來談心靈環保，以轉厄貪、瞋、疑、慢等煩惱心為智慧、慈悲。智慧能使自己的身心，經常處於快樂、平安的狀態；慈悲則使他人也獲得快樂、平安的身心。 ❹

（二）人間淨土建設方案的基礎：日常生活

「建設人間淨土」既是以佛教大眾化及生活化為宗旨，則自然是注重日常生活。但是日常生活是佛法的應用或是佛法的基礎呢？如果是佛法的應用，則當另有養成的教育過程或場域，如果是基礎，則日常生活就是實踐的起點和場所。

法師弘揚禪修，主持禪七，以禪師名；留學日本榮取博士學位，並開辦佛教高等教育，有學者名。但是法師並未以禪坐、也未以義學做為建設人間淨土的第一步。建設人間淨土的第一步在：日常生活。此不獨是對一般在家居士如此，甚至是以佛教為志業的僧伽教育都是如此。

> 初出家者當以生活威儀及課誦的熟習為首務。其次為生活環境的整潔，再次為禪坐，最後始為教義的鑽研。若尚有餘力，可用少分時間旁涉世間文藝學術。切之不可將此

---

❹ 聖嚴法師：〈從東亞思想談現代人的心靈環保〉，《學術論考II》，法鼓全集光碟版（03-09，頁41）。

順序，輕重倒置。

　　須知出家人的生活威儀，乃是由外形而內觀的修行方便之初門，自攝身而至攝心的最佳方法，亦為自修至能化人的正途坦道。出家人但能威儀齊整、殿堂肅穆、環境明潔，處身其間者必起愛道向道之心。❸

　　但是日常生活，這是原來就已經慣習的，又如何與修學佛法、如何與道相應？法師於是提出安定身心的三個層次：「安心於道，安心於事，安心於名利」，而鼓勵修學者從安心於日常行事以求相應於道，這和孔子「下學而上達」的精神是一致的。法師這麼說：

　　　出家修道之人，若不能安心於道，至少當得安心於事，即以建塔築寺、慈濟刊物、弘講寫作、法會齋戒、勸善興福，此所謂佛教的社會、文化、教育、福祉工作是也。能安於事者，必也接近於道，……至於以道安心者，乃於戒定慧學，已得修證經驗，信心堅固而願力特勝之士，非初學者所能企及。故得以聖賢安心於道者自期，斷不可以安心於道者自詡。❹

　　日常生活既是佛法倫理實踐的初始的場域，因為禪修者

---

❸ 聖嚴法師：〈致農禪寺諸弟子、釋子箴言〉，《教育・文化・文學》，法鼓全集光碟版（03-03，頁207-9）。
❹ 聖嚴法師：〈致農禪寺諸弟子、釋子箴言〉，《教育・文化・文學》，法鼓全集光碟版（03-03，頁207-9）。

時時刻刻、一言一行都是修行，把生活當作提昇自我的場域，所以初始的練習是在日常生活中鍛鍊：

> 禪的修行者時時刻刻都在生活之中，而生活中的一言一行都是修行，他必須留心，把注意力落實在生活的每一個點上，這是基本的要求。當你的日常生活有條不紊，很清楚地知道自己在做什麼，而不是像無頭蒼蠅似的瞎飛亂撞，你才能進入禪的修行工夫之中。
>
> 當身心經過這樣的訓練之後，就能處理日常中的一切問題，安然通過一切順逆境遇的考驗，使生活充滿著智慧和愉快，不僅自利又能利他。❹❺

而漢傳佛教由於融合了儒家的道德生活、道家的自然主義，以「平常心」為修行原則，不表露超自然的宗教經驗，將智慧與禪定的果境落實在平常生活中，過平常人的正常生活。因此，日常生活也是修學的最後場域。

> 佛教到了中國，為了順應儒家所注重的倫常關係與道家的放任自然，便以戒律精神來配合儒家的道德生活，復以禪定與智慧的內容，誘導道家的自然主義。戒律，使得佛教徒的生活，正直清淨；禪定與智慧，能使修行者的內心，獲得寧靜自在。

---

❹❺ 聖嚴法師：〈指與月〉，《禪的生活》，法鼓全集光碟版（04-04，頁127-137）。

　　禪宗的大師們，否定一切形式上、教條上及思想上的偶像觀念，強調以保持「平常心」為修道者的原則，並以恆常的平實心，去過平常人的正常生活。禪師們縱有超乎尋常的宗教經驗和能力，但是卻絕不輕易表露。所以在禪宗大師們的生活形態和觀念，與中國初期的禪觀相比，迥然不同。**❹⑥**

　　從日常生活中做起，從日常生活中鍛鍊，也從日常生活中完成。日常生活成了不離人間而修學佛法的重要保證。

（三）人間淨土建設方案的開展：四環、心五四、心六倫

　　「四環」是四種環保，指的是以心靈環保、禮儀環保、生活環保、自然環保。**❹⑦**「心五四」則包含四安、四要、四它、四感、四福，**❹⑧**「心六倫」則是家庭倫理、生活倫理、族群倫理、自然倫理、職場倫理、校園倫理等六個倫理範疇。**❹⑨**總體而言，都是以心靈環保為核心的「精神啟蒙運動的生活教

---

❹⑥ 聖嚴法師：〈禪與禪宗〉，《學術論考》，法鼓全集光碟版（03-01，頁106）。

❹⑦ 聖嚴法師：〈如何保護二十一世紀的人類環境〉，《平安的人間》，法鼓全集光碟版（08-05-2，頁123）。

❹⑧ 「四安」：安心、安身、安家、安業；「四要」：需要、想要、能要、該要。「四它」：面對它、接受它、處理它、放下它。「四感」：感恩、感謝、感化、感動。「四福」：知福、惜福、培福、種福。詳見：聖嚴法師：〈「心」五四運動〉，《抱疾遊高峯》，法鼓全集光碟版（06-12，頁115）。

❹⑨ 參見：〈「心六倫」運動的目的與期許〉，法鼓山人文社會基金會。

育」，目的在「淡化佛法玄深化、神奇化、流俗化的色彩，使佛法讓人一聽就懂，一懂就可以運用在日常生活中，以達成入世導俗、淨化社會的目的。」❺⓿和「心靈環保」一樣，「心五四」運動也是將佛法深奧難懂的名相和學理，轉化為一般人都能夠理解、接受，並在生活中運用的觀念及方法。名詞雖是新創的，而其精神和內涵，依舊是佛陀的本懷。❺❶

法師指出：心五四運動是生活化的佛法、人性化的佛學、人間化的佛教，期許此一「精神啟蒙運動」的推廣，能將人類自私自利、自害害人之價值觀轉化為以成就他人做為成長自己之價值觀，期於人世間遍弘生活佛法、於火宅中建設清涼淨土。❺❷

現在將「心靈環保」及其開展的四環、心五四、心六倫等關係架構，列表如下：❺❸

四環	心五四	範圍／對象	相應	對治	心六倫
心靈環保	四安	安心	與定學相應	提昇人品	
		安身			
		安家			家庭倫理
		安業			職場倫理
	四要	安心於「物」	與戒學相應	對治貪毒／安定人心	校園倫理
	四它	安心於「事」	與慧學相應	對治癡毒／解決困境	族群倫理

❺⓿ 參見：聖嚴法師：〈「心」五四運動〉，《抱疾遊高峯》，法鼓全集光碟版（06-12，頁117）。
❺❶ 聖嚴法師：〈心五四運動的時代意義〉，《法鼓》雜誌第119期-120期第2版。
❺❷ 聖嚴法師：〈心五四運動的時代意義〉，《法鼓》雜誌第119期-120期第2版。

	四感	安心於「人」	與菩提心相應	對治煩惱／與人相處	
	四福	安心於「境」	與修福相應	莊嚴人間❺4 增進福祉❺5	
禮儀環保		社會環境			
生活環保					生活倫理
自然環保		自然環境			自然倫理

四、人間淨土建設方案的價值與特色

聖嚴法師人間淨土思想啟始於少年期，並縕釀於後來的學經歷，而其明確化則是在具體的社會參與與實踐過程中凝定呈顯。明顯可見的里程碑當是留日期間對日本佛教的學術能力與布教能力的認識，以及長期旅美對西方社會文化的體會，這些與現代社會都會生活的親密接觸，使來自農業社會舊時代的佛法熏習能有進一層向現代調適的發展。也因此人間淨土運動承接了當代佛教現代化的接力地位。這便得行佛教現代化的方向與任務討論起。

太虛大師曾提出三點對新佛教的期待，期望能因此而與世界文化接軌：現實的人生化，證據的科學化，組織的群眾

❺3 據溫天河製表（聖嚴書院教師參考資料，未刊）改編。
❺4 聖嚴法師：《自家寶藏——如來藏經語體譯釋》，法鼓全集光碟版（07-10，頁61）。
❺5 聖嚴法師：〈「心」五四運動〉，《抱疾遊高峯》，法鼓全集光碟版（06-12，頁121）。

化。❺接軌之後，則當便是交流甚至是以佛法來淑世濟民了。民國肇建，清王朝的崩落造成了文化的第一次解組；以五四運動為中心的新文化運動，則更促成了儒學的解體。❺法師從建設人間淨土為起點，開展出心五四運動、心六倫運動，不論是有意或無意，都顯示出和五四運動相對照要重建文化倫理秩序的承擔來。

前節略述以心靈環保為主軸開展的人間淨土建設方案的架構。本節接著討論此方案的功能價值與特色。以了解建設人間淨土的方案在承擔此重建任務目前已經進行以及尚待進行的工作。

建設人間淨土方案的最高指導原則當即太虛大師所提示的注重「現實的人生化」。依此宗旨因而著重實用、有效的佛法，在媒體形式的掌握講究以簡易淺顯的傳播形式，做為大眾與佛法的繫聯界面。而在思想內涵則有下列幾項特色：

一、注重心靈層面的教學，特別是品德教育

二、肯定自我做為學習行為主體

三、鼓勵從嬰兒菩薩發心做起

四、建立宗派，融入大我：立足本土，融攝各系佛法

五、性空緣起為體，並順應如來藏傾向的時風與根機

以上一至四點，和離群索隱、直修無我、少談關懷、略無組織的佛教型態作出區分，而以「嬰兒菩薩」為主要概

❺ 太虛大師：〈人生佛學的說明〉，《太虛大師全書 第二編五乘共學》，（太虛大師全書3，頁208）。

❺ 林毓生：《思想與人物》（台北：聯經圖書，1983），頁78-89。

念。各點都是從「嬰兒菩薩」的成長需求來指點的。

（一） 重視心靈層面品德教學

　　人間淨土建設運動是以「提昇人的品質」為途徑，而「提昇人的品質」又是以「心靈環保」為核心；重視心靈與人品自是人間淨土建設方案中的首要特色。佛教向來被稱作「內學」，重視內證，重視道心、品格是絕無異議的。聖嚴法師的教學也一向如此，從留日期間，指導教授教導的「道心中有衣食，衣食中無道心」，到創辦佛學研究所，告誡學生「道心第一、健康第二、學問第三」，都是這個精神。而就修學斷煩惱的自度目標，心靈環保有「擒賊先擒賊王」的正本清源的功能；❸就利人而言，如果沒有道心，品格有問題，則對社會及世界反而會是傷害；所以也同樣要重視「心靈環保」。❹

　　重視心靈、重視品格確是大眾所能認同。而從太虛大師「注重人生現實」的指點來顯發，更顯示出提倡品格的特殊意義。

　　把「提昇人的品質」放在人生現實的原則來看，則心靈環保、重視人品要區分的是「重修行而不重修養」、或是「修行很好但修養很差」的修行意向。這當是山林佛教或是

---

❸ 環保的主要問題是在於自私的人心所造成，擒賊宜先擒賊王，環保宜先從心靈的正本清源做起，所以我們具體地提出了心五四運動的主張。詳見聖嚴法師：《自家寶藏——如來藏經語體譯釋》，法鼓全集光碟版（07-10，頁61-63）。

❹ 聖嚴法師：《平安的人間》，法鼓全集光碟版（08-05-2，頁63，08）。

聲聞性格以出離為首要任務，於是欲以超越人性來解脫生
死。在佛門內部看來，自是精進刻苦淡薄世事；但對常俗來
說，則不免有性格古怪、不通人情之嫌。其下者則恐不免有
流於神祕主義的傾向：相信打坐誦經迴向的功德，卻不願相
信當面溝通的功能；發心度化一切眾生，卻不關心眼前的任
何眾生。從這個角度來理解，則心靈環保的提昇人品就不只
是針對眼前社會的需求，而且有佛教現代化的歷史深度。

　　而從宗教弘揚的需求來說，心靈層次的教育也仍是最重
要的。法師在1985年尚未創立法鼓山時，曾引慈航法師「教
育、文化、慈善」三個救命圈的概念，提出「以出世精神做
入世事業」，明確提出「人間佛教」與「人間淨土」的基本
性格與應有之走向。法師指出：太虛大師、慈航法師、東初
老人都是以建設人間淨土，做為佛化社會的目標。而三個救
命圈，各有不同功能：

　　　　教育的目的，在自求完善；文化的目的，在廣化人群；
　　　　慈濟的目的，在為現實的社會解決現實的困難。這三者，
　　　　如鼎之三足，缺一不可。若不以佛法做為修持的依準，則
　　　　文化和慈濟的發揚，頂多成就人天善法。……若只側重自
　　　　修自了，則苦難的眾生，將何以依怙？而佛教的生存，亦
　　　　值得擔憂。❻

---

❻ 詳見聖嚴法師：〈以出世精神做入世事業〉，《明日的佛教》，法鼓全
集光碟版（05-06，頁60）。

　　因此對山林佛教與世間佛教發展上之可能偏失，提出對策：佛教教育、文化弘揚、慈善事業，此三者應平衡發展，才不至為社會所排斥，而且能達成化世理想。「唯三者仍有正、助，本末之分。」❻

　　從基督教在2000年的宗教調查，顯示對心靈層次的契入最是重要。基督教在迎接2000年時，曾對一百四十餘年來在東亞各國的宗教傳播成績作過檢討，發現新舊基督徒加總也只占總人口數的5%。這樣的成績自然是說不上光彩的。基督教神職人員因此十分不解，「為什麼我們做了那麼多的社會慈善事業，博得很好的社會名聲，卻沒有讓中國人因此受感動而皈依基督，信奉主耶穌？」、「問台灣民眾，基督教好不好，大家都說好，可是一問到信不信呢？都說不信、不信。」於是發出「為什麼佛教可以征服華人而基督教不能」的疑問。❻宋光宇分析並解釋其中緣由在於：基督教只著力於社會慈善事業而沒有能顧及心靈層次。❻

　　而在社會問題、經濟問題層出不窮的今天，對品格教育的重視，當也是多數從事教育工作者的共識。因此，對心靈環保的質疑，當不是來自於是否應該重視心靈，而主要是來

----

❻ 詳見聖嚴法師：〈以出世精神做入世事業〉，《明日的佛教》，法鼓全集光碟版（05-06，頁60）。
❻ 參見宋光宇：〈為什麼佛教可以征服華人而基督教不能？〉，《佛學與科學》第6卷第2期（台北：圓覺文教基金會，2005年7月），頁66-87。
❻ 宋光宇將宗教傳播分成「普覺、普度、普濟」三個層面，普濟是慈善事業，普度是超度儀式，普覺則是心靈的層次。見：宋光宇〈為什麼佛教可以征服華人而基督教不能？〉。

自於對「唯心論」傾向的提醒。

　　心靈環保是不是唯心論？論者對此多是有唯心論傾向的擔心，因此或者將「心淨則國土淨」的命題詳述為「心淨則眾生淨、眾生淨則國土淨」，或者強調事相的努力、重視客觀外境的努力。❻

　　「心靈環保」重視心靈層面，這是佛法原來就重視三業發動的意業。必須有行動才能具體展現意圖，但行動之前仍是觀念先行，抽象的概括性強的願景也是指引行動方向標顯核心價值所必需。這是在佛教現代化問題意識下的策略選擇。

　　西方哲學家舍勒把現代化的各種特徵如理性化、除魅化、世俗化、市民倫理的形成……總稱為──「總體轉換」，包括社會制度層面（國家組織、法律制度、經濟制度）的結構轉換和精神氣質（體驗結構）的結構轉變；劉小楓則把現代性問題概括為社會秩序和人心秩序之正當性基重新論證，並肯定：人心秩序（心態氣質、體驗結構）的現代轉型比社會政治經濟制度的歷史轉型更為根本。因為一旦體驗結構的品質發生轉變，對世界之客觀的價值秩序之理解必然產生根本性變動。劉小楓說：

---

❻ 參見楊惠南：〈當代台灣佛教環保理念的省思──以「預約人間淨土」和「心靈環保」為例〉，《當代》第104期（台北：當代雜誌社，1994年12月），頁32-55；楊惠南：〈從「境解脫」到「心解脫」 建立心境平等的佛教生態學〉，《佛教與社會關懷學術研討會論文集》，頁195-206；惠敏法師：〈「心淨則佛土淨」之考察〉，《中華佛學學報》第10期（台北：中華佛教研究所，1997年7月），頁25-44；昭慧法師：〈「心靈環保」之我見〉，《自立晚報》，2001年5月23日。

　　人心秩序、精神氣質或體驗結構，是一個實質價值的偏
愛系統，給時代的和文化共同體單位的倫理打上印記，具
體的、實際的價值偏愛構成了生活中價值優先或後置的規
則（倫理），進而規定了某個民族共同體或其中的個體的
世界觀的結構和內涵。　**65**

　　如果把心靈環保和性質相同哲學家弗蘭克的意義治療，
或是心理學家大衛柏恩斯的認知療法相比，有禪修的憑藉進
行技術性操作，其唯心論的成分應該是比較低吧。因此，對
心靈環保有唯心論傾向的擔憂，當是來自於對傳統佛教受中
國文化偏重直覺思考不重論證，以及對孟子式心學講究最初
工夫、最高境界而不講究中間歷程的擔心。
　　回應這些提醒，也回應社會學大師韋伯區分「意圖倫
理」和「責任倫理」的提醒：不能只是提出方向和意圖，還
要有中間過程，應該要重視責任倫理；再也理解到：從小乘
發展到大乘的歷史，佛法由最核心的真實法，向下落實向權
法迴向的具體滲透和呈現。因此，建設人間淨土的方案除了
應該包括最基礎的心淨的教育，從心淨的起點到國土淨的終
點這兩點之間歷程的指導或差距的填補是有許多實際歷程需
安排的。這也是為什麼要有禮儀環保、生活環保、自然環
保，以及心五四、心六倫的完整規畫說明。

---

65 見劉小楓：〈編者導言〉，《舍勒選集》（上海：三聯，1999.1）。

（二） 肯定自我是行為的主體

心靈環保的教學設計分成兩層，四環與心五四等是做為尚未信佛學佛者的前端接引，至於完整的規畫則是禪修的教學。而禪修教學是以自我為核心，從自我提昇的歷程來鋪設的：從認識自我、肯定自我、成長自我，到放下自我的開悟為目標。**❻❻**

自我的討論，一直是佛法修學的中心議題。歷來由於教學施設常把倫理學上實踐「去我執」的意義和存有論上「否定不變形上實體」的意義相混淆，**❻❼**於是行為主體的自由意志不是被取消就是被壓抑，修學的動力和方向就此失落了。法師自述早期教學亦直接以「無我」觀念為入手，而後覺得這樣對初學者太難太深，所以改先從「有我」開始談起。**❻❽**

其實不只是出於教學效果的考量，應還有容易產生誤解出錯的顧慮。法師指出，如果誤解「無我」或「放下自我」，或者會由於放棄自我的尊嚴而不再努力，不能肯定自我的價值，於是變得非常消極而不負責任。或者會自以為立志奉獻自我，不再自私，而強迫別人接受。**❻❾**前者是不能自

---

❻❻ 見前節（一）人間淨土建設方案的主軸：心靈環保。

❻❼ 有關自我和無我觀念的釐清討論，請參見楊郁文：〈以四部阿含經為主綜論原始佛教之我與無我〉，《中華佛學學報》第2期（台北：中華佛學研究所，1988），頁1-65；霍韜晦：〈原始佛教「無我」觀念的探討〉，《佛光電子大藏經阿含藏·附錄》；王開府：〈初期佛教之「我」論〉，《中華佛學學報》第16期（台北：中華佛學研究所，2003）。

❻❽ 聖嚴法師：《找回自己》，法鼓全集光碟版（08-12，頁115，09）。

❻❾ 聖嚴法師：〈照顧自己，關懷他人〉，《禪門》，法鼓全集光碟版（04-11，頁114-115）。

利，遑論利他；後者則雖然有心利他，卻由於未有自知，因而也無法了解他人需求，所以並未真能利益他人。

法師因此再把「有我」到「無我」的層次分成「小我、大我、無我」的三階，或是「認識自我、肯定自我、成長自我、消融自我」的四階，或是「身體、心、世界、宇宙、眾生與業力、願力、解脫」的七階。❼雖然有三階、四階、七階的不同，但從以「無我」為教學主題到以「有我」為教學主題的轉換，顯示了對行為主體肯認的重大意義。這是人間淨土教法的一大特點。確認了行為主體，道德修養、倫理實踐才有現實的起點。這正符合太虛大師現代佛教要求的第一點：注重現實人生。

有了正確且具體的實踐起點，接著就是實踐方向的抉擇：發心往何處去？這個抉擇便決定了山林佛教和人間佛教的重要區分，也是傳統禪者轉換為人間行者的重要步履。

（三）鼓勵發心從嬰兒菩薩學起

聖嚴法師鼓勵學習者發心當菩薩，當凡夫菩薩。他說：

> 菩薩不是高高在上的「神」，而是常以凡夫的形相，在世間隨緣化眾的修行者。所以，「菩薩」主要是發了菩提心的眾生，而不拘於特定的形相，凡能已發「願斷一切

---

❼ 聖嚴法師：《福慧自在》，法鼓全集光碟版（07-02-2，頁46）；《禪門》，法鼓全集光碟版（04-11，頁4）；〈照顧自己，關懷他人〉，《禪門》，法鼓全集光碟版（04-11，頁114-115）。

惡，願修一切善，願度一切眾生」的菩提心者，便會誓願
學習慈悲與智慧的菩薩行。以此可知，人人都可以成為現
在的菩薩、未來的佛。**⓲**

　　鼓勵當「菩薩」、當「凡夫菩薩」的重點在鼓勵「菩
薩」的發心，重點在於動機、目標訂定的「因行」而不在已
然完成的「果德」。因此諸如「己尚未度，焉能度人？」或
者「先自度或先度他？」的質問，都是不相關的問題，錯把
定性分析和定量分析的範疇混在一起討論。

　　定性分析關心的是「有無」的問題，定量分析關心的是
「多少」的問題。「己未度就未能度人」，這是從定性分
析的範疇來討論，其中預設了度己和度人是兩種不同的質
性，兩者關係是「此有則彼無」無法同時存在，因此需分別
處理。但是什麼是度己，什麼是度人？要到什麼程度才稱做
度己，才能度人？這其中又預設了要到「解脫生死」才是度
己，才具備度人的能力。這兩個預設，在定量分析的討論範
疇都不存在。

　　在定量分析的討論中認為：度人和度己並非處於不同的
世界中兩種截然不同的存在，兩者是同時存在的。在兩兩相
對的關係裡，今天的度人者可能明天會成為被度者；而在更
廣大的關係群中，某甲對某乙是個度人者，但某甲對某丙則
是個被度者。度己和度人並非絕對的關係。再者，度己度人
的能力是一個量多量少的相對關係，而不是質性不同的絕對

⓲ 聖嚴法師：《人行道》，法鼓全集光碟版（08-05-1，頁33-34，11）。

　　關係，亦即：並不需要達到「解脫生死」這種質性才具備度人的能力，重視的是相對關係中相對能力的高低，因此能相互學習與支持。

　　因為預設不同，關心的問題和處理的方法自然不同，面對生死的態度因此有別。聖嚴法師指出，漢傳大乘佛教「不被生死煩惱所困」的解脫和小乘「出離三界生死」的解脫兩者的區別：

　　　菩薩的意思是「覺有情」，自覺覺他，又叫做「大道心眾生」。菩薩是要求自己覺悟，同時也要幫助他人覺悟。這個覺悟是知道煩惱是什麼，知道生死是什麼，不要被這兩重煩惱所困擾，這就是大乘菩薩的解脫，也就是漢傳大乘佛教的特色，而與小乘以出離三界生死的解脫很不相同。⓻

　　發了菩薩願的凡夫，是初發心的「嬰兒菩薩」。是嬰兒，所以能力不夠是正常的，會犯過錯是正常的，但也就是要在犯錯改過的跌跌撞撞中，修正學習、漸漸成長。只要方向確立，持之以恆地實踐。法師指出：

　　　發了菩提心的眾生，雖然是凡夫，雖然還有缺點，但已是在修行菩薩道的初發心菩薩，是「嬰兒行的菩薩」。嬰

⓻ 聖嚴法師：〈中華禪法鼓宗〉，收見《承先啟後的中華禪法鼓宗》（台北：聖嚴教育基金會，2006.10初版），頁19-60。

兒時期的人，學走路時總是搖晃著而常常跌倒，跌倒的時候多，站起來走的時間少。雖然站起來的時間少，爬在地上的時間多，還是得練習著，一直要到漸漸成長以後，才會獨立站起來。

因此作為一名「嬰兒行的菩薩」，要勉勵自己，跌倒了沒有關係，只要再站起來就好，繼續前進就能照著我們所要修行的菩薩道，一直走下去。 ❼❸

凡夫菩薩，要呈顯的第一點是：現現實實的凡夫，所以要從人間常有的道德品格做起，從認識自我做起；而第二點則是要區分出聲聞乘的解脫道。解脫道和菩薩道如何辨識？

解脫道與菩薩道行者的差別，除了習見用載具量的大小而以大乘、小乘來區分，也常見以三覺來區分：阿羅漢具自覺，菩薩具自覺、覺他二覺，佛具自覺、覺他、覺行圓滿的三覺；這是以是否度他來作區別。除了用載具大小、是否度眾這兩個判準外，用現代社會學科的概念來理解，解脫道與菩薩道的主要區別其實在於是否具備「當事人主義」的態度。現代企業的發展主流是消費者導向而不是生產者本位；教育發展的思考也是以學習者為中心而不是教師本位。生產的技術、教師的專業……，都已經是預設而不必討論，或至少不是需要優先考量的問題。菩薩行者的第一優先是傾聽的問題：能不能傾聽到他者的聲音。也是從傾聽到他者的需求出發而在利他中也不自覺地完成自利。這種傾聽的能力即是

---

❼❸ 聖嚴法師：《平安的人間》，法鼓全集光碟版（08-05-2，頁25）。

一種同理心的技術養成，即是關懷力的養成。也是學做人間菩薩發菩提心的第一步。 ❼

然而，關懷力如何產生？其動力來源為何、如何引發？這是當前品德教育、倫理教育的討論核心，也當是社會精神啟蒙運動倫理教育中所應著眼。

從近年來道德教育的研究顯示：道德行為的培養，道德認知雖然是必要的，但認知未必能轉成道德行動。因此要提供機會演練道德行為。而道德行為的產生在很多情形下是發抒正面情緒及克制負面情緒乃至生理和心理欲望的結果，因此學習過程中，要讓學習者體驗並認知這些情緒及欲望，然後進一步讓他們具備能力來發抒或克制這些情緒。 ❼而除了經由認知，經由熏習、感化、體驗都會是道德行為內化的途徑。經師、人師各有不同的作用。對社會大眾精神啟蒙的普化教育來說，人師或是良善楷模的表現自會因為認同度高而產生良好的教育效果。因此從事者的教學態度無疑是道德教育的重要變項。

聖嚴法師鼓勵大眾要以佛的圓滿人格，來自我期許，也就是要發願成佛，並且常常以初發心的嬰兒菩薩自我看待。但由於是嬰兒菩薩，常有不足常有不如法常會犯錯，怎麼辦

---

❼ 在教育專業領域中，常強調要有愛心、耐心與信心等所謂的三心態度；而心理輔導領域則認為僅是這三心是不夠的，因為愛心、耐心、信心僅只是做到接納的態度，還必須要有同理心、真誠等態度技術的充分配合才行。參見謝明昆：《道德教學法》（台北：心理出版社，1994年8月），頁6-。

❼ 但昭偉：《道德教育：理論、實踐與限制》（台北：五南圖書，2002年5月），頁79-。

呢?法師指點:

> 犯了錯怎麼辦?要知慚愧、常懺悔,……菩薩的精神就
> 是七倒八起、八倒九起。 ⓖ

這與情緒教育中,從重視羞恥情緒所要保護的價值著手的
教學十分類似。ⓗ而法師從天台家的「利益眾生禪」抉取「知
恩報恩」做為〈四眾佛子共勉語〉的核心工夫,ⓘ施設有慚
愧、懺悔、感恩……等教法,ⓙ推展「四感」並且不斷鼓勵呼
籲且將「關懷」列入三大教育之一,當都是著眼於這項學習。

(四)融攝各系,建立宗派

近年,法師把多年來對心靈環保、心五四運動以及禪修
教學等種種指導進一步聚焦在法鼓宗的立宗。法師謂,這是
以漢傳禪佛教為核心但已不是昔日中國大陸那樣的禪宗,而
是融攝各宗之長的現代佛教:

> 我們是承繼中國大陸的禪宗,但已不是十九世紀中國
> 大陸那樣的禪宗,那時的中國禪宗,是山林式的,尚沒有

ⓖ 聖嚴法師:《法鼓山的方向》,法鼓全集光碟版(08-06,頁246)。
ⓗ 林建福:《德行、情緒與道德教育》(學富文化,2006年3月初版,頁
   191-)。
ⓘ 「知恩報恩為先」為〈四眾佛子共勉語〉正宗分第一句,即提示知恩報
   恩為發菩提心之首先學習。
ⓙ 慚愧、感恩、懺悔則為法師主要教學項目,平常講話乃至禪七對此均有
   指導。參見:《聖嚴法師教禪坐》,法鼓全集光碟版(04-09,頁114)。

接觸到南傳及藏傳佛教的優良面及實用面，但是我接觸到了。同時我也接觸到了韓國、日本、乃至越南的禪佛教。我把這些新見聞，運用在傳統的禪法之中。❽

　　法師並把中國失傳八百多年的默照禪，以及把在日本接觸的「只管打坐」、在美國接觸到南傳的內觀禪重新整理，這「便在頓中開出次第化的漸修法門，是任何根器的人都適合用來起信實修的好方法。」❽這些都是法師對課程目標與精神，對課程內容與架構的明確指示。

　　從文化運動或是課程發展的觀念來理解三寶，「佛」是課程目的、宗旨與精神方向的說明；「法」是課程實施的內容；「僧」則是具體執行課程的組織與成員。佛教現代化的歷程，從「佛」的內涵重新定義為佛在人間，於是有在「法」的層次對佛陀本懷的確認，以及在「僧」的層次對教會組織、信眾組織的發展。太虛大師三點對新佛教的期待：現實的人生化、證據的科學化、組織的群眾化，約當也是這三個層次的原則指示。

　　法師對此社會精神啟蒙運動的宗旨與目標屢有開示，此當屬於政策主張的宣示。但是政策主張必須靠組織人員來運作執行才得以落實，其間有層層轉換具體實踐的問題。法師從早期在美期間因為感慨「鳥需有巢」於是創建東初禪寺，

❽ 見聖嚴法師：《承先啟後的中華禪法鼓宗》（台北：聖嚴教育基金會，2006.10初版）。
❽ 見聖嚴法師：《承先啟後的中華禪法鼓宗》（台北：聖嚴教育基金會，2006.10初版）。

返台後創建法鼓山，應都是基於需要組織人員這樣的需求。

　　而從菩薩道的修學歷程看，小我到大我的提昇有兩個大角度的轉換：起初是從自己的小我察覺到身外許許多多他者的小我，從這裡開展出對個體性煩惱的修學；其次則是從小我對應的各種大大小小的大我，開展出對總體性煩惱的修學。❸❷個體性煩惱關涉的是個人品德的修養，此為私德的討論；總體性煩惱則關涉的是公共事務的組織與制度，誼屬公德的範疇。這也是太虛大師佛教現代性的第三點：組織群眾化。

　　許多人感嘆：中國佛教歷史上不乏持戒精嚴的戒師，但如律而行的教團卻較罕見。這和一般對中國傳統文化重私德而不重公德的印象十分一致。和前述幾項指導比較起來，這個轉換所要扭轉的習性因此顯得困難得多。禪者向來山林佛教的聲聞氣息濃重，與悲願深重關懷意切的菩薩性情已是不易調和，而其隨緣自在、灑脫飄逸，這樣閒雲野鶴般不受羈靡的性格又如何可能建構成有力量的組織？

　　因此須先提問的是：為什麼要有組織？為什麼要有大我？簡單地說，是因為人有組成群體的本能上的需要。而從學習成長的必要性來說，則是群體組織提供了比較良好的學習效能。成人教育專家柯特李文提示我們：一個人要改變想法、態度和行為，先要改變對自己和周圍社會環境的原有觀

❸❷ 個體性煩惱和總體性煩惱的區分來自於謝大寧師的啟發。天台家用見思惑、塵沙惑的概念來區別大小乘，謝則以「無始無明住地煩惱」來區別，並以世界網絡相互關聯的「結構性煩惱」來詮釋此概念，並指出如此佛學才不會只局限於心理學的範疇。詳見謝大寧：《頓悟之道：勝鬘經講記》（台北：東大圖書，2002年4月初版），頁28-41。

念。社會環境愈支持、接受、照顧，人們愈能自由自在地試驗新的行為、態度和觀念。為了永久地改變行為模式、態度和想法，個人和社會環境都需要改變。當你成為一個新團體其中的一員時，比較容易改變你的想法、態度和行為模式。❸因此最方便有效的學習方式，就是從參與團體中去學習來改變自己自我成長。

但是為什麼要立法鼓宗？法鼓宗和原來的法鼓山體系組織有何不同？這是現代社會體制的法人組織和傳統的宗派組織叢林組織的分合問題。

和太虛大師當時社會普遍對組織陌生的情況相較，現代社會提供了各種法人團體組織的體式與各級政府的輔導管制。但是在實質上，是否能於這樣的組織形式中體現組織中民主平等法治……等的現代精神，則尚有許多成長空間。太虛大師「組織群眾化」的原則指點仍然是有效的。

法師指出他所傳揚的禪法與傳統的禪宗有別，因此其立宗，當也不能從傳統宗派來理解。可能比擬的發展當有類似西方學科的發展。西方學術各學科的發展，從學習該學門問題的方法、解決問題的方法程序，形成了學科的養成教育，並由此而建立學科意識。因此同一學門或同一學科能提供較為完整的基礎訓練，此其優點。而其缺點則類同於後期印度佛教的部派意識與中國佛教的宗派意識。

從落實運動的宗旨來說，組織是必要的、宗派是必要

---

❸ 簡維理（Jane Vella）著，王明心譯 ：《從對話中學習——提昇成人學習的有效互動與改變》（台北：洪建全基金會，1998.8初版）。

的。如同小我是該被肯認的行為主體，則團體組織以及建構宗派當亦是一該被肯認的大我的行為主體。小我是現實上的存在，法師對小我成長歷程的指點是認識自我、接受自我、肯定自我、放下自我。同樣的，大我當亦如此，組織與宗派是現實的必然，需要組織成員中的每一個小我從認識大我、接受大我、肯定大我而至放下大我。防止我群意識我族意識的泛濫以免演變成部執類型的宗派見自然是重要的，這是組織發展的防腐劑，但是該更優先的議題當是：如何使個別的小我，融入大我的體制歡喜成長而沒有委屈壓迫從而帶動使組織大我隨之成長。太早放下大我解構大我反而是不健康的。法師有各種對願景、共識、院訓、規約的提示強調當是著眼於此。法師早年曾期望以戒律做為建構大我的基礎謂：

> 要想今後的中國佛教，有穩定性，有組織體，有團結力，必須積極於律制的推行；要想中國的僧團，有統一性，有制裁權，有活動力，必須推行律制的教育；要想佛教徒們，層層相因，彼此節制，保持身心的清淨，達於離欲之境，必須教育大家，使得人人受戒學戒並且持戒。㉞

　　法師站在現代社群組織與傳統宗派組織之間，擬借重僧律尊重制度依律而住以消解自我習氣的傳統來建構組織文化自是非常高明。而從現代組織管理與學科建立的觀點來看，從計畫方案預算等執行面逐層精確地和願景主張規章的政策

㉞ 聖嚴法師：《戒律學綱要》，法鼓全集光碟版（01-03，頁56）。

面勾稽,並且把制度和組織文化不同層面分開處理,當也是可能的發展。因為,共識、願景誠然不可少,但當此尚未縕釀發展成為有力的組織文化時,組織成員就大抵仍是依照自己原有的習性甚至是本能在運作。宣示的教法與執事者的落差,除了靠組織文化填補縫隙,更有賴從認識大我、接受大我、肯定大我的過程中長出規章制度來架構綱維。而這一步是比較艱難的。不只是自我消解的難處,歷史的思惟慣性、現代社會提供有關公共大我的知見尚不夠充分都是原因。面對目前全球範圍的商品大流通和自由經濟大發展的時代和個人導向的世俗倫理衝擊,有必要繼續補強。顧肅指出:

> 中國傳統的倫理思想對於政治、法律、宗教和社會生活各方面的強烈影響,表現出一種泛道德主義傾向。以綱常倫理來論證、支配、統攝公共哲學,因而缺乏對個人權利與公共權力的正常性做理性和制度性的論證,未能建立起強健的公共哲學體系。 **⑧⑤**

佛教現代化運動的過程,先是佛陀內涵從「現實人生化」重新定義、再是教法講究「證據科學化」的重新詮釋,必然也會有「組織群眾化」的重塑建構。

---

⑧⑤ 顧肅:〈重建東亞社會公共哲學的反思與設想〉,黃俊傑、江宜樺編:《公私領域新探:東亞與西方觀點之比較》(台北:國立台灣大學出版中心,2005年8月初版),頁35-53。

五、結語

佛教在心靈層次依照知情意三種官能開展出戒定慧三學。據此檢視人間淨土建設方案，則聖嚴法師在心靈層面戒定慧三學的教學施設有以下特色：一、強調關懷與感恩；二、重視自我，肯定其從小我提昇到大我的價值；三、對知識的態度是重視致用實用。這和佛教現代化運動人間化的發展策略是一致的，並對此有進一層的深化和發展。而在思想的實踐上從信仰的佛教引發到學術的佛教，從儀式化的佛教引發到實踐的佛教，從菁英專修的佛教引發到大眾普遍的佛教也有相當耀眼的業績。但是佛教現代化運動尚未完成、建設人間淨土也尚待開展。

管理界每隔數年便有新流行的管理運動，管理學大師彼得聖吉對這種風行一時便成塵埃的情況頗有所感，於是努力使自己所提出的「第五項修練」不斷地強化其應用效能，使之能實踐到經驗的層次而不是只停留在概念的層次。他說：

> 我們對文化有一種天真的信念，以為只要我們宣布新的價值觀，文化就會應聲而改變。事實上，這只會帶來冷嘲熱諷。但是，當經驗改變的時候，信仰和假設就會改變，文化也隨之改變。**⑧⑥**

---

⑧⑥ 彼得・聖吉：《第五項修練II實踐篇》（台北：天下文化，1995年8月15日第一版2刷），頁34。

　　人間淨土思想是在實踐中建立開展的，菩薩戒的施行、法會懺儀的轉變、宗教教育的推動⋯⋯，都經過長時間的努力堅持，才得成果。人間淨土的建設與佛教現代化的努力也必然是從不斷強化應用效能、不斷持續實踐中具體呈現對文化改變的正面力量。

Building a Pure Land on earth Origination and Development of the Thought

Lin, Chihsien

Associate Professor, National Pingtung Institute of Commerce

▌Abstract

This paper examines mainly two issues concerning Building a Pure Land on earth:

1. The nature and status of the thought
2. Framework, characteristics, and value of the thought

With a vision to "Uplifting the individual character of humanity and building a Pure Land on earth", Master Sheng Yen founded Dharma Drum Mountain (DDM) in 1989. Since then, Building a Pure Land on earth has become the spiritual guidance of DDM, and also the hallmark of Master Sheng Yen's teaching.

The thought of Building a Pure Land on earth was proposed by Master Sheng Yen at his 60's—quite a later stage in his life, but the budding of the thought took root much earlier. As early as when he was 28 (1957), Master Sheng Yen suggested that followers of Buddha should "work on this earth; turn it into a pure land, a Buddha hometown on earth," which expressed explicitly his working toward the Earthly Pure Land. From that time on till he was 35, he had articulated this same idea in many of his works.

However, this thought was not getting focused or widely spread until 1978, when he came back from abroad to carry on the spiritual work left behind by Venerable Master Dongchu. After the establishment of DDM in 1989, the teaching of Building a Pure Land on earth finally came into highlight.

Building a Pure Land on earth is an effort that progresses along the line of modern Chinese Buddhism started by Venerable Master Taixu. In addition to looking further into the question of "why on earth," and addressing the ontological question of "how possible," a step taken forward at this stage is to turn the issue to "how to build."

This paper examines the Pure Land on Earth Program directed by Master Sheng Yen, and outlines its three resolutions as: connecting Dharma Studies with international academic disciplinaries; incorporating Dharma Chan Meditation with Buddhism; promoting Buddhist ideals through public outreach. Promoting Buddhist ideals is particularly important, because it is the bedrock on which the main idea Protecting the Spiritual Environment is built. The Four Kinds of Environmentalism, the Fivefold Spiritual Renaissance Campaign, and The Six Ethics (心六倫) have all sprung from this.

Master Sheng Yen's guidance on the setting out of and the process of Buddhadharma learning can be summarized as comprising the following characteristics: Stressing spiritual and character education; Crediting the self as the subject of action; Encouraging everyone to see himself/herself as a layman Buddha; Incorporating different branches of Buddhist thoughts and establishing a new sect.

聖嚴法師對《法華經》的當代詮釋

黃國清

南華大學宗教學所助理教授

▌摘要

一、研究主題

　　《法華經》自印度傳來中國，經中蘊含寬廣深妙的思想，加上鳩摩羅什的譯筆清新曉暢，致使此經對中國佛教傳統產生深遠的影響。佛教經典中包含為數眾多的專用術語與印度名物詞，加上使用一種特殊的變體漢語以翻譯經文，對今日的學佛大眾而言，存在許多閱讀上的障礙，需要優良的現代註解以消釋疑難與顯明義理。聖嚴法師長期精進鑽研佛法，繼而留學日本取得佛學博士學位，學養至為深厚，著作種類甚多，涉及佛教的各個層面。此外，法師領導法鼓山僧團與學佛大眾學習佛法，長期在台灣與世界各地主持精進禪修，具有深度的實修體驗。他結合學術訓練與實修經驗疏解《法華經》，以現代表達方式闡釋經典文句，並重視修行方法的提點，給予當代社會極佳的研經指引。

　　本文從詮釋方法與思想特色兩個面向探討聖嚴法師的《絕妙說法——法華經講要》對《法華經》的當代詮釋。藉由詮釋方法的考察，論析書中包含哪些主要註釋內容，對經典文句採取何種註釋體例與訓解方法，以適應現代學佛者的經

典閱讀需要。在思想特色這個面向的討論，通過對全書的細密研讀，歸納出法師反覆述說或蘊含特殊意義的幾個論點，闡釋其法華思想。

二、適應時代的詮釋方法

《法華經講要》在詮釋方法上的特色包括：

（一）參考天台科判，分此經為跡門與本門，以貫穿全經脈絡與展示一經梗概。《法華經》前後部分論說的主題不同，天台科判將其巧妙地貫通起來，法師沿用這種科分方式，但說解內容更為平淺易懂。

（二）不做整部經典的逐文釋義，摘取經文進行註解，略去無關緊要的部分，利於繁忙的現代讀者快速了解全經意旨。法師認為此種方式不僅無損經義，反有利於經義的呈顯。

（三）訓詁內容主要為解釋佛教名相與串講文句意義，前者經常引經據典以詳加解明，後者大抵以淺白筆法直接闡述意旨。對印度名物詞與佛教典制的解釋例子較少，無形中減輕讀者的理解負擔。整體而言，表達方式深入淺出，兼顧到前後諸品連結的展示、文句深層意義的闡發、佛教名相的詳解、實踐層面的指導，頗能契合當代學佛大眾在理解經義與生活實踐上的需要。

三、聖嚴法師的法華思想

關於聖嚴法師法華思想的特色，表現在三個面向：

（一）眾生成佛的思想：《講要》中反覆論及一切眾生成佛的意義，並以本具佛性做為眾生成佛的依據，將《法華

經》與佛性義理和禪宗思想作整體的貫通。尤其是在第二品到第九品會歸聲聞入一佛乘的部分，即以一切眾生成佛之旨做為詮釋的主軸。

（二）佛身永住的深義：《講要》參照天台的詮釋，強調佛身永住與三身圓融，報身以法身為依據，於成佛後永久存在世間化導眾生。此義可令佛教行者生起與佛同在之感，支撐實踐菩薩道的信願。

（三）人間淨土的理念：聖嚴法師倡導人間淨土的建設，《法華經》中與此最相關的部分是〈如來壽量品〉的「靈山淨土」與〈方便品〉的「信願成佛」。淨土就在娑婆世界，不必離開世間另求淨土。相信世尊的淨土就在這個世界，通過佛法實踐將其揭顯，這個過程同時是在建設人間淨土，佛陀的淨土與行者的淨土相即相入。

以上三點，前兩點在古代註釋家中已有人提出，但聖嚴法師表述得較古德更為鮮明，尤其是眾生成佛的觀念。這些是他想傳達給閱讀者的重要領會，與此經的一乘意趣甚為相應，其中也蘊含大乘佛教的實踐關懷。後一點將《法華經》與法鼓山的理念連結起來，鼓勵淨化此岸世間的佛法修學。

一、前言

　　《法華經》宣說唯一佛乘的如來出世本懷，久遠佛身常住世間化導眾生的深妙意趣，以及慈悲、忍辱、空觀的弘經菩薩實踐精神，是對中國佛教的思想與文化影響至為深遠的一部經典。自古迄今，這部經典一直受到中國佛教知識分子的注目，為其做出精闢的思想詮釋，與中國佛學的型塑與發展有著密不可分的關係。❶再者，通過鳩摩羅什譯筆的優美曉暢，意味雋永的說理與深富趣味的寓言滋潤了廣大佛教徒的心靈。歷代註釋書提供當代研經者理解此經義理的豐富資源，然而，古人與今人所面對的生命問題儘管有其共通之處，但在文化環境與生存境況上也存在著顯著差異，經典必須隨著時間不斷重新詮釋，以適應不同時地學佛者在慰藉心靈與契悟真理方面的需要。

　　佛教經典具有開放性，每個研讀者都有權對其提出詮釋，既彰示個人對經中義理的領會，也表達對自身存在的理解。然而，理解與詮釋並非沒有優劣之分，對於經文語義的掌握、佛學義理的鑽研及實際修行的體驗都是重要的決定因素。聖嚴法師留學日本取得佛學博士，學養深厚，著作等身，擁有傳統佛教義學與現代學術訓練的綜合視域；此外，法師並非一位只做研究而不親身實踐的學者，他主持過無數次的禪七，引領社會大眾修學佛法，合力建設人間淨土。由這樣一位擁有特殊學思歷程的佛學家與實踐家在今日重新詮釋《法華經》，對當代佛

---

❶ 參見坂本幸男：〈中國佛教と法華思想の連關〉，坂本幸男編：《法華經の思想と文化》（京都：平樂寺，1965年），頁489-548。

教而言深具意義，他將以古代語言做為載體的經典文句轉換成淺明易懂的現代表達，其中也融入自身的學識與體驗，幫助學佛大眾了解這部意趣精深的經典。

本文對聖嚴法師所撰以鳩摩羅什譯本為註解對象的《絕妙說法——法華經講要》❷（以下簡稱《講要》）進行專門研究，透過對註釋文句進行細密的研讀、歸納、分析、闡釋與評論，嘗試解明的問題包含兩大方面：首先，法師採取何種註釋模式，以使當代學佛者能夠容易地、有效地掌握《法華經》的文義？其次，此書中蘊含何種特殊法華思想？提供閱讀者何種佛法修學啟示？研究成果將有助於了解聖嚴法師的佛教思想，以及當代漢傳佛教傳統的《法華經》詮釋與佛學思想。

二、適應時代的詮釋方法

羅什譯《法華經》用敘事文體帶出深妙的教理，現行流通本有七卷二十八品❸，文辭優美，內容生動，令人喜讀，但讀經者也容易在融入某段趣味故事情節之中的同時而忽略對精深義理的思惟與前後說理脈絡的貫通，這兩方面的解明是詮釋者的重要任務。在義理的詮釋之外，漢譯佛典中包含大

❷ 此書由台北法鼓文化於2002年出版。
❸ 現行流通本是在羅什譯本的基礎上，插入〈提婆達多品〉及〈觀音菩薩普門〉偈頌。這兩部分是在隋代闍那崛多與達摩笈多編譯《添品妙法蓮華經》時編入的，但這個經本對羅什譯本的諸品順序有所調整，不同於現行流通本。各本差異的對比參見田村芳朗：〈法華經の再發掘〉，芹田博通編輯：《三藏集——國譯一切經印度撰述部月報》第1輯（東京：大東出版社，1975年），頁235-242。

量的佛教專用術語與印度名物詞彙，註釋者必須為讀者訓解
其義。再者，漢譯經典所用語言是以漢語的文言文為基礎，
混合古代口語與印度語言的成分，有學者將其稱為「佛教混
合漢語」❹，現代一般佛經讀者同時面對文言文與這些特殊
成分的障礙，有賴註釋者為其疏通。本節先分析與評論《講
要》的註釋內容與註釋方法，探討這部當代《法華經》註釋
書對古代疏解模式的承繼與現代註解方法的創用。

(一) 科判運用與篇幅配置

　　「科判」是古代佛典註釋家普遍運用的註疏方法，對全
經結構做提綱挈領式的說明，以幫助讀經者掌握一經梗概。中
國古代註釋傳統通常將一部經典判為序、正宗、流通三分，相
傳此種析分方式始於東晉時期的道安。❺根據《講要》，這三
分的各別意義與作用為：「『序分』也可以稱為序論，就是說
明這部經典的起源，介紹佛陀當時說法的因緣、在場的聽眾以
及請問佛法的人。『正宗分』也可以叫作本論，是經中最重要
的義理，闡述這部經的宗旨及主要內容。『流通分』亦可名為

---

❹ 參見朱慶之：〈佛教混合漢語初論〉，北京大學中文系《語言學論叢》
　編委會編：《語言學論叢》第24輯（北京：商務印書館，2001年），頁
　1-33。
❺ 如智顗《仁王護國經疏》卷1言：「道安別置正、序、流通。」（《大正
　藏》冊33，頁255中）吉藏《法華義疏》卷1亦有類似說法，參見《大正
　藏》冊34，頁452中。唐・良賁《仁王護國般若波羅蜜多經疏》卷1言：
　「昔有晉朝道安法師，科判諸經以為三分：序分、正宗、流通分。故至
　今巨唐慈恩三藏譯《佛地論》，親光菩薩釋《佛地經》，科判彼經以為
　三分。然則東夏、西天處雖懸曠，聖心潛契，妙旨冥符。」（《大正
　藏》冊33，頁435中）認為此種科分方式是漢地與印度所見略同。

餘論，是說明宣傳和受持此經的功德以及必要性，叮嚀並鼓勵接觸到此經的大眾應將之流傳下去，並且要不斷地弘揚此經。」（頁24）❻一部佛教經典大抵表現出如此的敍事結構：首先點出佛陀宣演經典的場所、會眾、因緣等，以資徵信及引入正題；其次闡明核心的義理，這是全經最主要的部分；最後以勸勉流通的話語或現場聽眾的法喜來強化讀誦者依經修行的信心與意願。古代各註釋家的科判不盡相同，反映出他們對於一部經典的不同鳥瞰方式。

《講要》在〈緒言〉第五節「本經的組織」提出兩種科判間架，其中含有天台《法華經》分判的影響。第一種科判以第一品為序分，第二品到第十七品前半為正宗分，第十七品後半到第二十八品為流通分。（頁24）第二種科判是《講要》真正承用的判法，將《法華經》二十八品大分為「跡門」與「本門」兩部分，前十四品為跡門，後十四品為本門。關於跡門與本門的區別，《講要》說明如下：

> 《法華經》的表現法，可以分為兩個層次：前半部，是跡門的層次，說明眾生的根器有大小乘之分，也說佛有成佛、涅槃的時間。後半部，是本門的層次，說明一切眾生、一切佛法，只有一味，那是真如味；只有一門，那就是佛門；只有一相，那就是實相。而且佛不是到了我們這個地球世界才成佛的，他早在無量無數劫以前就已經成佛了，同時也說佛是久遠的，從來沒有涅槃過，也不會再有

❻（頁24），表《講要》第24頁。以下引用《講要》標明頁碼的方式同此。

涅槃這回事。（頁25-26）

　　跡門是佛陀在我們這個現實世間的示現，適應聲聞厭離
無常世間的傾向，述說存在解脫生死的涅槃境界，連佛身
亦屬無常而有進入涅槃的時日，藉以提昇他們的根機；待其
根機成熟之後，再於此經中宣說如來出世的本懷在教導一乘
法，使他們樂意轉向大乘菩薩道。本門銜接跡門，是一乘法
內涵的開顯，闡明一味的真如實相，並揭示釋迦真實佛身的
久遠性，從未真正進入涅槃。❼跡、本二門各自有序、正、流
通三分：跡門以初品為序分，二至九品為正宗分，十至十四
品為流通分；本門序分為第十五品前半，正宗分為十五品後
半至十七品前半，十七品後半至經末為流通分。❽在跡門正
宗分中，又分「法說」、「譬說」、「因緣說」的「三周說
法」，概括佛陀對於上中下三種不同根機的聲聞弟子的漸次
說法方式，使所有弟子都能了解如來運用聲聞權法的背後深
義。❾

　　這種本跡二分的判法其實受到天台科判的啟發，這種科
判極具意義，將經中表面看來不連貫的前後部分巧妙地串
連起來，使全經思想形成一個整體。智顗以「開權顯實」、

---

❼ 理解《法華經》跡門與本門的意義的一種方便資料，可參見平川彰：
　〈大乘佛教における法華經の位置〉，平川彰等編：《法華思想》（講
　座・大乘佛教4，東京：春秋社，1982年），頁1-46。
❽ 《講要》於頁26列示本跡二門的三分，但切分點較不明確，可配合同書
　頁226、265的說明。
❾ 《講要》說：「共用三類方式，即所謂『法說、譬說、因緣說』的三周說
　法，來引導上中下根的三乘人，悉皆領解佛之真意，並授成佛的記莂。」

「開跡顯本」做為跡門和本門的宗旨。❿前者意在開決三乘權
法以顯明一乘實法，權法並非隔絕於實法，而是內蘊實法，
為實法所含攝。後者意在開決遷變跡門以豁顯久遠本門，跡
門是以本門為根據的不斷示現，釋迦如來常住世間。聖嚴法
師的表達語言與內容淺顯許多，較有利於今日學佛大眾的理
解。他在跡門部分強調三乘之分與化身入滅，對比於本門的
一味實相與佛身常住，指點本經的核心思想。

　　這種參照天台科判的分判方式將正宗分置放於「唯一佛
乘」的化導與「佛壽無量」的闡釋⓫，是否容易造成對流通分
中述說菩薩實踐的態度與方法，如第十〈法師品〉、第十三
〈勸持品〉、第十四〈安樂行品〉等諸品的忽略？考察《講
要》各品的篇幅配置，並與天台註疏進行對照，可窺見聖
嚴法師事實上非常重視修行內涵的詳細解說，如此能使《講

　　（頁73）又說：「本經的跡門，如來共有『三周說法』，分別是：前已
　　述及『法說』的〈方便品〉，度了上根聲聞舍利弗一人；『譬說』的
　　〈譬喻品〉至〈藥草喻品〉，度了中根聲聞的摩訶迦葉等四人；後續尚
　　有『因緣說』，將度下根聲聞的富樓那等五百弟子，授記作佛。」（頁
　　106）
❿ 《法華文句》卷1言：「天台智者分文為三：初品為序，〈方便品〉訖
　　〈分別功德〉十九行偈凡十五品半名正，從偈後盡經凡十一品半名流
　　通。又一時分為二：從序至〈安樂行〉十四品，約跡開權顯實；從〈踊
　　出〉訖經十四品，約本開權顯實。本跡各序、正、流通：初品為序，
　　〈方便〉訖〈授學無學人記品〉為正，〈法師〉訖〈安樂行〉為流通；
　　〈踊出〉訖『彌勒已問斯事，佛今答之』半品名序，從『佛告阿逸多』
　　下訖〈分別功德品〉偈名為正，此後盡經為流通。」（《大正藏》冊
　　34，頁2上）
⓫ 《講要》在第二品到第九品中經常述及唯有一乘道的意趣；在第十五品
　　與十六品則以如來成佛久遠，未來壽量無量為要旨。

要》的詮說內容與當代學佛者的修行生活結合起來。下表列示《講要》分配給經中各品的頁數：❷

品序	品　名	頁數	品序	品　名	頁數
1	序品	6.1	15	從地涌出品	18.7
2	方便品	38.0	16	如來壽量品	19.7
3	譬喻品	7.8	17	分別功德品	16.2
4	信解品	8.2	18	隨喜功德品	5.9
5	藥草喻品	11.7	19	法師功德品	13.3
6	授記品	3.4	20	常不輕菩薩品	8.9
7	化城喻品	16.4	21	如來神力品	13.4
8	五百弟子受記品	14.8	22	囑累品	7.7
9	授學無學人記品	3.8	23	藥王菩薩本事品	12.4
10	法師品	22.1	24	妙音菩薩品	8.0
11	見寶塔品	12.2	25	觀音菩薩普門品	10.0
12	提婆達多品	14.1	26	陀羅尼品	5.1
13	勸持品	6.4	27	妙莊嚴王本事品	11.5
14	安樂行品	26.1	28	普賢菩薩勸發品	13.5

　　表中除〈方便品〉占有最多篇幅外，〈安樂行品〉與〈法師品〉的頁數甚至超過居於「本門」核心地位的〈如來壽量品〉，間接表明這兩品獲得關注的程度。若與智顗的《法華文句》對比，更能顯示《講要》這種篇幅配置所蘊含的特殊訊息。在《法華文句》中，〈法師品〉與〈安樂行

---

❷ 最後頁未滿一頁者以所餘行數除以每頁標準的14行，四捨五入取到小數點下一位。

品〉的篇幅各約占《大正藏》的十五欄，〈如來壽量品〉則長達三十四欄左右。據此推論，相較於智顗偏重深妙義理的詳密解明，聖嚴法師除了注重《法華經》重要思想的詮釋之外，也關心此經對當代佛教徒的實踐指導意義。⑬如果再配合二書註釋文句內容的對比，即能發現聖嚴法師甚為重視將解釋內容導入生活實踐中。

　　在前述的本跡二分、序正流通三分的大科判架構之外，《講要》在各品標題之下以八字做為全品綱目，並在各品開卷處多會提示一品要旨，有助於讀者掌握與貫串全經大意。例如，〈方便品〉的綱目是「唯一佛乘，方便說三」；〈如來壽量品〉為「佛壽無量，永不入滅」。又如〈法師品〉的綱目是「五種法師，供養說法」；並在此品釋文一開始即說：「自本品至第十四〈安樂行品〉，為跡門的流通分。跡門的流通分，告訴我們如何弘揚、傳播以上所說的大法，內容非常充實。」（頁140）「非常充實」之言暗示這幾品雖判屬流通分中，但依然包含具有實踐指導意義或思想啟發性質的豐富內容。《講要》對〈法師品〉的詮說多針對經文中所示的實踐方法；對〈安樂行品〉的解釋聚焦於身、口、意、誓四安樂行。在跡門流通分中篇幅再次於此二品者為〈提婆達多品〉，以「惡人畜女，皆成正覺」做為綱目，此品開卷處點出惡人與畜生女成佛的故事意在顯明一切眾生成佛的意趣（頁176），此義在《講要》中亦反覆論及，是主要思想

----

⑬ 聖嚴法師曾撰寫論文專門討論見於《法華經》中的修行方法，參見〈中國佛教以《法華經》為基礎的修行方法〉，《中華佛學學報》第7期（1994年7月），頁2-14。

之一。此種著重於實踐指導與思想啟發的註釋精神可見之於《講要·自序》的一段話:「本講要除了以現代人通用的語文,將經典原文略予譯介之外,更重要的是將經義內含如何引用到現實生活中來。通過依經解經的原則還嫌含糊,應該探及佛陀的本懷,以本經理解本經,之後才會發現,本經對我們現實世界的今日社會,到底有多少用處。」(頁6)這應是聖嚴法師摘選經文與進行註釋的指導原則。註解內容在提供佛教與經典的知識之外,也著意於彰示此經內容在實踐生活上的應用。

藉由以上全經科判、各品綱目與篇幅配置的檢視,可以窺見聖嚴法師對《法華經》的整體概觀與經文註釋上的著重面向。判釋全經的主架構吸收了天台本跡科判的智慧,並融入法師個人的理解,表達得淺顯易懂,標舉出根本旨趣,以適應現代學佛者的閱讀能力。再配合每品標題下的八字綱目與各品開卷處的要點提示,全經內容梗概可謂一目瞭然。儘管這種科判架構的正宗分置於經中宣說精深義理的數品,但《講要》亦注重實踐方法的講述,達致經典詮釋不離生活實踐的目標。

(二) 註釋體例與訓解方法

「註釋體例」考察經文的講解是否依循某種特定程式;「文句訓解」探討註解經典文句的方法與內容,兩者均屬於廣義的「訓詁學」範圍。關於訓詁的內容,有學者將其細分為十二項:解釋詞義;串講文意;說明句讀;分析語法;闡述修辭方法;說明典章制度;說明史實,解釋典故;校正勘誤;分

析篇章結構；解題或點明章旨；評論原文；說明文例。❹如此的訓詁內容細部分項可做為歸類與分析《講要》註釋方法的參照系。其中，分析篇章結構與解題或點明章旨兩項已在本文前一項「科判運用」中做過討論，此處將歸納與評析其他的訓詁類型。漢譯佛教經典的訓解較中國固有典籍為複雜，必須面對眾多的佛教專用術語、異國風習名物及翻譯所造成的語言問題，在討論上應對這些方面給予特殊注意。

1. 註釋體例的考察

綜觀《講要》全書，先在〈緒言〉中介紹《法華經》的譯本、名稱、註釋、地位與組織，可說是這部經典的解題。傳統《法華經》註疏幾乎都有相類的內容，甚至用上一整本書的篇幅介紹經典，此如智顗《法華玄義》與吉藏《法華玄論》，逐文解義的部分放在另一冊註疏中。法雲《法華經義記》與窺基《法華玄贊》則將相關內容放在一冊註釋書中正式註釋文句之前的部分。在《講要》中，「本經的譯本」說明此經六種漢譯本的存佚情形與三個系統的梵本；「本經的名稱」解釋經名的意義；「本經的註釋」說明印度論書對此經的引用及主要的中印註釋書；「本經的地位」同於古代的判教，以天台的「五時八教」❺體系為代表；「本經的組織」即前項所討論的科判。以上這些項目使研讀者在進入經文閱

---

❹ 參見富金壁：《訓詁學說略》（武漢：湖北人民出版社，2003年），頁6-20。

❺ 「五時」指如來說法的次序：華嚴、阿含、方等、般若、法華涅槃。「八教」指關於如來所說淺深教義內容的「化法四教」，及關於如來教化方法的「化儀四教」。參見《講要》，頁21-23。

讀之前，先獲得對於《法華經》的一個總體概觀知識。在這
以後展開正式的經文解釋，分為「跡門」與「本門」兩篇。

《講要》註釋各品的體例，是先對一品的科判位置與要
旨做簡單介紹，隨後依經文順序摘取重要段落或句子進行深
入的講解。經文的摘取可歸納為四種方式：

第一，摘出經典原文，如〈方便品〉開頭的一段話：

> 爾時世尊，從三昧安詳而起，告舍利弗：諸佛智慧，
> 甚深無量，其智慧門，難解難入，一切聲聞、辟支佛所不
> 能知。（頁35）

第二，原文與作者精簡改寫的混合，如〈序品〉開頭：

> 佛在王舍城靈鷲山，「與大比丘眾萬二千人俱，皆阿
> 羅漢……復有學無學二千人，摩訶波闍波提比丘尼，與
> 眷屬六千人俱……菩薩摩訶薩八萬人，」尚有「釋提桓
> 因，與其眷屬二萬天子俱……自在天子，大自在天子，
> 與其眷屬三萬天子俱，」尚有梵天王及八部神王各與若
> 干百千眷屬。俱來集會，禮佛足已，退坐一面。（註：
> 「」內仿宋文字為引錄本經原文；同段與經文不同字體
> 而不加「」者，為聖嚴法師依經文所作的簡述。以下皆
> 仿此例）（頁28）

以上兩種為一般的方式，第三種是未引原文只簡述段落
內容再加以解釋，如〈授學無學人記品〉起始處（頁137）；

最後一種是全未引述經文內容而直接說解一品意義，如〈授記品〉。摘取經文註解的方式，可在適當篇幅內講解全經要義，有助於繁忙的現代讀者用較短時間來了解整部經典。儘管因此未進行全經的逐文釋義，聖嚴法師對此有清楚的意識，認為這種方式可略去無關緊要的文句，不僅不致於漏失重要意旨，還有助於讀者更佳地掌握經義，可謂一種適應現代學佛條件的註經方式。⓰如果逐句註解，必然使篇幅大增，可能降低許多潛在讀者的閱讀意願。再者，不重要的句子也加以註解，或許增加研讀者聚焦於重要義理的難度。

於徵引經文之後，先說明整段的大意、疏通深層的義理，接著針對較難理解的名相或句子做較詳細的註解。例如，〈方便品〉摘出的第二段經文「吾從成佛已來，種種因緣，種種譬喻，廣演言教，無數方便，引導眾生，令離諸著」，解說如下：

世尊從成佛到現在，用種種因緣、譬喻廣為宣說，同時也用種種方便引導眾生，目的就是要使一切眾生遠離執著。

這裡所要遠「離」的執「著」，包括人我執與法我執。凡夫的執著是人我執，就是煩惱，也就是以身之地、水、火、風四大及心之貪、瞋、邪見等三毒為自我。小乘的執

⓰《講要》說：「這本講要，雖未能依原典逐字逐句解釋，還是循著原典的次第，介紹原典的內容，脈絡分明，一目瞭解《法華經》每一品的心要何在？經義的所指為何？每品內容於全經中的位置何在？於整個佛法的修證次第中扮演著何種重要的角色。」（頁6）

著不是五蘊的煩惱身心為我，是執解脫法的所證境界為
我；聲聞、辟支佛以法為我，以他們所證的法意、法味及
法的層次為究竟，這還是一種執著。

　　因緣梵語尼陀那（nidāna），為十二分經之一，《大智
度論》卷三十三云：「尼陀那者說諸佛法本起因緣，佛何
因緣說此事？」佛經均有通序及別序，尼陀那為別序，即
是說法之緣由序，名為因緣。

　　所謂十二分經……

　　譬喻（avadāna）……

　　《法華經》亦善用譬喻……。（頁37-38）

　　第一段說明段落的大意，第二段對重要觀念進行深度的
解釋，其後是對特殊術語的訓解。此種註釋體例兼顧概要提
示、深層義理與細部註解三個層次，可滿足多方面的經典知
識需求。先以淺明表達複述經文意義，幫助欠缺文言訓練的
讀者理解語義；其次是精深詮釋，增進讀者的理解程度；最
後是名相訓解，可進一步強化理解，也培養閱讀佛教經典的
能力。

　　上舉體例是多數的情況，《講要》也會隨段落的不同情
況而靈活調整，如果該段落蘊含非常重要的義理，解釋也特
別詳細深入，如〈方便品〉的「十如是」段（頁40-45）與
「開示悟入」段（頁56-58）。如果摘引的被解釋經文段落較
長，會再分成幾個小段，各依前述體例註解，如〈五百弟子
受記品〉為富樓那授記之處（頁124-132）。

2. 訓解方法的評析

《講要》是對《法華經》的當代詮釋，由於註釋者的特殊學思歷程及適應現代學佛者的需要，在參考資料和註解方法方面與古代註疏相較有顯著的差異。異譯經本、古代註疏、梵文日譯、當代學術著作都成為參考的資料。❼在此種背景下，《講要》運用哪些種註釋方法？它們有何優點與缺點？這是本項將檢視的內容，以下分類介紹之：

（1）訓解名相：佛典中充滿佛教專用術語，一般讀者對它們甚為陌生，註釋者有必要適當說解其義。名相解釋可用直接說明方式，如：「無學（aśaikṣa）就是所作已辦，不受後有的阿羅漢，已經全斷三界的見思二惑，已得解脫，沒有什麼需要再學習、再斷的了。」（頁30）或是細分幾個項目（法數）來說明，如解「慈悲」舉出生緣慈悲、法緣慈悲與無緣慈悲。（頁158）也通過梵文對應詞來解明詞義，如解釋「十如是」段的「諸法」，將其還原為「dharma」，列舉此梵文詞語的教示、聖典、善行、萬物、意識所緣的法處、因明的「有法」、理、事物之自相等諸多義項。（頁40-41）再一類情形是引用經論或古代漢地撰述來幫忙顯明其意義，

---

❼ 《講要・自序》說：「這一本講要的任務，不是作研究的考證和與其他經典思想的對比，因為這類工作已有許多先進學者們做過了。不過我也沒有忽略先賢古德們對於本經的疏解，但是除了若干經文需要借助古釋來認知而酌情引用之外，並不希望全照著古釋來理解經義，何況各家的古釋之間，也有不少輕重出入之處。所以根據素樸的原典經文，參考梵文日譯及諸本異譯，掌握其初期大乘佛教的時代思潮原則，接合中國佛教的種種特色，就可看出《法華經》對中國大乘佛教的影響，是相當普遍和深遠的。」（頁6）

如前述「因緣（尼陀那）」引《大智度論》；又如解「開示悟入」段的「悟」一詞，引《大毘婆沙論》與《俱舍論》解漸悟，引《法華經・方便品》與《華嚴經・梵行品》及慧海禪師《頓悟入道要門論》解頓悟。（頁57-58）另有引用當代學者說法之例，如解〈安樂行品〉的「行處」與「親近處」引坂本幸男的觀點。（頁200）《講要》的名相訓解通常是扼要與適切的；因分項說明而較詳盡的例子也能在深度或廣度上幫助讀者理解。然而，不可避免的，少數註解之例存在著問題點。首先，佛教的名相甚多，於註解時又引述到其他名相，可能形成閱讀上的障礙，如前引解釋「無學」處出現「所作已辦」、「不受後有」、「見思」等難解術語。其次，引用多種經論或學派之說以提供多樣化的觀點，因篇幅限制而缺乏詳細說明，易使讀者產生疑難與無所適從之感，如註〈如來壽量品〉「善根」一詞，引到《中阿含經》、《俱舍論》、《成實論》、法相宗之說。（頁254-255）

（2）串講文義：比名相更大的單位是句子，再次是段落，串講文義是對一個句子或段落的意義解釋。《講要》中透過此種說明方式表達作者的深層理解。例如，〈方便品〉的「止！舍利弗，不須復說，所以者何？佛所成就第一希有難解之法，唯佛與佛，乃能究盡諸法實相」句，在說明「盡」與「實相」的詞語意義之後，如此解釋全句：

> 此處是表達《法華經》的經義，乃為第一稀有的難解之法，僅有已成正覺的諸佛，才能徹底了達。因此釋迦世尊命令智慧第一的羅漢弟子舍利弗尊者：「不用再說什麼

了。」既然不是一般凡夫二乘所能聽懂和接受的，說了反而不好。若是妄想以管窺天，以蠡測海，以小量大，難免不起偏執而誤解；或者那些得少為足的增上慢人，聽了即生驚疑，而不信此法華經義。（頁39-40）

可謂以深入淺出的筆法將簡要經文的意蘊更充分地展示出來。釋文中所增入的內容來自於對經中整體脈絡的理解，將此句的意義與經中其他部分貫通起來。串講文義的主要類型是直接闡釋，少數例子也引述佛教法數或經論說法以詳細解說，如解〈藥草喻品〉的「如來是諸法之王」句，引到《法華經》的〈藥王品〉、〈譬喻品〉、《維摩經・佛國品》與《釋迦方志》。（頁91-92）如此雖然拓展理解的層面，然而，有些例子的解釋內容因而流於複雜，如解〈五百弟子受記品〉「其國眾生，常以二食，一者法喜食，二者禪悅食」句，先言及食有「世間食」與「出世間食」之分，接著以兩段解說四種世間食與五種出世間食[18]，最後才據以說明此句意旨。（頁132）

（3）解釋印度名物：經典文句中包含許多涉及印度的風習與事物的詞語，也是傳統註疏必須為漢地讀者解說的一類詞彙，如窺基《法華玄贊》中就不乏此類例子。[19]《講要》因摘取經文註解，無形中可避開經中許多印度名物詞。再

---

[18] 此九種食出於《增壹阿含經》卷41，見《大正藏》冊2，頁772中。

[19] 參見拙著：〈窺基《妙法蓮華經玄贊》詞義解釋之研究〉，《圓光佛學學報》，第10期（2006年4月），頁169-213。

者，某些印度名物詞已經佛教化，而做佛教式的解釋，如本
為印度內外教通用的「三千大千世界」，於解說其一般意義
後，又言及其為一個佛國土（頁107-108）。因此，《講要》
中所見訓解印度名物詞之例事實上並不多，例如，解「轉法
輪」，附帶說明印度轉輪聖王的傳說（頁108-109），另一
處專解「轉輪聖王」（頁287）；解「七寶」言及印度社會
以此概括一切寶物（頁125）；解釋各種「香」時說到香在
印度的各種功能（頁150）；詳述「由旬」（yojana）的意義
（頁164）；解「外道」、「尼犍子」的意義引到梵志生活
與耆那教（頁205-206）；引《十誦律》解「不男」之義（頁
207）；解「婆羅門」與「居士」在印度的意義（頁223）；
解「劫」（kalpa）的意義（頁261-262）；釋「曼陀羅華」
（māndārva）之義（頁262-263），等等。

（4）說明佛教典制：佛教做為一個宗教，於其兩千餘
年來在印度、中國、西藏、東南亞等地域的發展，形成許多
特殊的典制與儀節，一般佛教徒甚且不易了解，何況是佛教
社群以外的人士。此類訓詁內容僅見數例，如〈藥草喻品〉
訓解「諸法之王」論及西藏「法王」制度的歷史因緣（頁
92）；又如〈法師品〉介紹佛經書寫的流通形式（頁146-
147）；說明「繒蓋」、「幢」、「幡」在佛教寺院中的用途
（頁150-151）；解「塔」（stūpa）一詞，說明佛塔與舍利的
崇奉（頁155-156）。

綜合以上的分析，看出《講要》在全經解題之後，對各
品的註解有其一般體例。於各品之初，大抵先說明此品在
全經中的位置（或省略此點）、與前品如何銜接，然後略示

一品大要，利於讀者連貫前後諸品。註釋內容集中於名相的
訓解與文義的串講，通常先簡明扼要地講解文句意義，然後
訓解特殊名相。串講文義一般以深入淺出、直接講述的方式
闡釋句子或段落，甚少引經據典，內容相當容易理解。在訓
解名相方面，或是直述其義，或是引用經論、法數來詳加解
說，解釋佛教術語可進一步深化對文句的理解。引用經論、
法數或學派之說雖可增進理解名相或文句的深度與廣度，卻
也可能引發新的理解障礙，但此種情形並不多見。註解印度
名物詞與說明佛教典制的釋例較少，因為《講要》重在義理
的闡明，如此亦能減輕讀者在理解上的負荷，使其閱讀焦點
較能集中在重要意趣上。整體而言，《講要》致力於表達內
容的淺顯易懂及重要術語的明白講述，時而加上植基於作者
體驗的引伸發揮，以有限的篇幅幫助讀者掌握全經的核心意
旨與重要的佛教觀念。

三、聖嚴法師的法華思想

　　《法華經》註釋家在文句疏解中注入他對此經思想的理
解與解釋，使註疏呈現或多或少的個人特色，能否自註釋文
句中提煉出深受強調或獨具特色的思想要素，是註疏思想研
究的重要關鍵。重要的思想元素會在註疏中反覆論及或特加
凸顯，可能已由過去的註疏所提出，也可能是註釋家的首度
創發。若是某位註釋家的個人創獲，當然值得探討；即便前
有所承，若在其註疏中一再出現，代表這也是註釋家欲傳達
給讀者的重要觀念，不可輕予忽略。本文探討聖嚴法師的法
華思想，即採用反覆論及與獨具特色做為標準，自《講要》

中抽取出主要的思想成分。

　　研究聖嚴法師的法華思想，首先，必須自《講要》一段一段的釋文中將其重要觀點抽繹出來加以闡釋；其次，可與過去法華註釋家的主要思想進行對比，以追溯其思想淵源及了解其思想特色。聖嚴法師在《世界佛教通史》中提到《法華經》的教義特色為：「華嚴及維摩，站在大乘的立場，排斥二乘（聲聞、緣覺），法華經則起而作調停，欲使一切眾生向於佛乘，而仍不背於大乘的使命，這就使三乘歸入一乘，表現了佛陀化世的本懷。不唯菩薩可成佛，聲聞弟子比丘、比丘尼、乃至畜道的龍女，也能成佛。三乘開會，力說悉皆成佛，這是本經被認作諸經之王的理由。」[20]除了言及會三歸一之旨，更強調眾生成佛的意義，這點也明顯地表現在《講要》的釋文之中。其次，聖嚴法師借用天台跡門與本門的科判間架判分此經，佛壽久遠之說具有何種特殊意涵，也是《講要》的重要內容。此外，聖嚴法師積極提倡「人間淨土」的理念與實踐，也在《法華經》的詮釋中言及此義。

（一）唯一佛乘與眾生成佛

　　《法華經》第二〈方便品〉到第九〈授學無學人記品〉自成一個主題，其主旨是會聲聞人歸一乘，也就是讓所有曾受過佛陀教化者都成為菩薩，最終成就無上佛果。第十〈法師品〉一開始甚且為在佛前與佛滅後一切聽聞《法華經》的

---

[20] 見聖嚴法師編著：《世界佛教通史》上冊（台北：東初出版社，1969年初版，1991年6版），頁152。

有情都授與成佛的記別。㉑然而，唯說一乘法的意義是否直接
等同於眾生成佛？無緣聽聞《法華經》的有情是否也包含在
內？此外，〈方便品〉中在佛陀說法之前即起座離席的五千
增上慢人㉒如何安置？在中國古代註釋家中，法雲的解釋較為
樸實，基本上順著經文而說，只是補充說明佛陀施用神力令
他們離去。㉓智顗運用五時判教論，主張這些增上慢人在後來
的《涅槃經》法會上始得會入一乘。㉔吉藏則說增上慢人雖在
《法華》會上尚無聽取詳細解說（廣說）的機緣，但自法會
開始到他們離去為止的短暫時間內所聽聞的「略說」已種下
未來得度的因緣。㉕窺基依據瑜伽行派「五姓各別說」及《法
華經論》的分判，倡言《法華經》法會上所度對象是不定種
姓聲聞兼及應化聲聞，本來就不主張一切眾生皆能成佛。㉖
智顗與吉藏都另外為增上慢聲聞人安排了轉向唯一佛乘的途
徑，並不與一切眾生成佛之說發生矛盾，但必須等待《法華
經》以後的機緣。

　　閱讀《講要》對〈方便品〉中關於增上慢者段落的釋
文，最初獲得的理解是聖嚴法師忠實於經文而說，解釋了增
上慢的意義，以及佛陀不制止他們離開的理由。這應是受到

㉑ 參見《大正藏》冊9，頁30中-下。

㉒ 參見《大正藏》冊9，頁7上。

㉓ 參見《法華經義記》卷3，《大正藏》冊33，頁602中。

㉔ 《法華玄義》卷10言：「若住果聲聞，決至《法華》敦信令合；若住果
　 不合，是增上慢未入位，五千簡眾起去，到《涅槃》中方復得合。」
　 （《大正藏》冊33，頁809中）

㉕ 參見《法華義疏》卷3，《大正藏》冊34，頁493下。

㉖ 參見《法華玄贊》卷1，《大正藏》冊34，頁652下-653上。

經文語義的限制所致，並不代表聖嚴法師的主要觀點。如果
詳細閱讀《講要》更大脈絡的釋文，可發現一切眾生成佛說
才是真正貫穿〈方便品〉前後諸品的思想。《講要》解釋
「諸佛世尊，唯以一大事因緣故，出現於世」句如下：

> 「一大事」即是要使各種層次的眾生，不論凡夫、二乘
> 及大乘，都歸一佛乘。
>
> 諸佛的出現就是為了對眾生說明，或是使一切眾生同
> 入佛乘，稱為佛知佛見。凡夫不知不見佛的智慧門開在哪
> 裡，增上慢人不信有佛知佛見，二乘聖者無法測量佛知佛
> 見。因此佛就到我們這個世界上來，告訴我們這些眾生有
> 這麼一個智慧之門，好讓我們能夠方便進入。（頁55）

凡夫、二乘行者與大乘菩薩，包括增上慢人，都是如來
出世欲度化的對象，都在會歸一乘之列。這與解釋〈藥草喻
品〉「長短大小種種草木，悉以一雨普潤而『各得生長』」
段落有共通的意趣：

> 只要得到佛法就是有用的，即使是聽大乘法而只得到人
> 天善法的受用也很好，雖然不能解脫，不能成佛，至少得
> 到人天善果。雖說人天乘乃至小果聲聞緣覺都不究竟，但
> 也肯定人天善法是成佛的基礎，稱為五乘共法，小乘則是
> 三乘共法，唯最後一切法都是會歸向佛法，這才是本經所
> 說真正的大乘法。（頁97）

如來教導眾生的各種淺深層次法義，即便是人天善法與二乘法，雖存在表面上的明顯差異，但都內在地與大乘法相融通，最終導向一乘法。增上慢人所學的是聲聞法，應該也包含在內。〈藥草喻品〉的一段釋文更明白說出一切眾生具有成佛的潛能：

> 由此可知，任何草木都可以做藥，也可以說，任何眾生都可能成佛。雖然眾生中有很多人就像不起眼的小草，他們自己本身不知道能不能做藥，普通人也認定他們不是做藥的材料。但佛是醫中之王，通識一切植物的藥用功能，所以他看到的一切草木都是藥材；佛是諸法之王，他看到的一切眾生都是將來的佛，只不過現在他們本身的根器不夠，所以得到的利益有大有小。（頁99）

雖然眾生在外相上因根機不同而所學教法差異甚大，但這些都在如來的清徹觀照與完全掌握之中，是如來引導一切眾生趨向無上佛菩提的方便施用。聖嚴法師肯定一切眾生的成佛可能性，這是他詮釋第二品到第九品的主軸。

一切眾生成佛的根據是「佛性」，這也是《講要》的明確主張。《法華經》本身未明確言及佛性的概念，但聖嚴法師強調《法華經》中有佛性思想，他在《講要・自序》中說：「中國佛教的禪宗，相信眾生皆有佛性，眾所周知是基於《涅槃經》，其實在《法華經》中也可得到依據。」（頁6-7）《講要》釋文中「佛性」共出現四次，見於〈方便品〉、〈授記品〉、〈五百弟子受記品〉與〈常不輕菩薩

品〉。〈方便品〉「開示悟入」段的釋文說：

> 禪宗也講修行要有修有證，要悟入佛性，這也是從《法
> 華經》來的。（頁56）

又在「開佛知見」項下說：

> 諸佛出現在這個世間的目的是為了給眾生開佛知見。眾
> 生本具佛的知見、智慧，只是被煩惱塵封了，所以需要佛
> 來說法開示，為眾生打開各自的智慧之門，得清淨的智慧
> 心，親證諸法實相，斷煩惱，出生死，成佛道，即是開佛
> 知見。（頁56-57）

肯定一切眾生「本來具有」佛的智慧、知見，也就是佛
性。然而，佛性受到煩惱的遮蔽，並非自然顯發，必須透
過聞法、修法、親證而得豁顯。〈授記品〉釋文引述《涅
槃經》佛性之說倡言「凡是有情眾生，將來均有成佛的可
能」；並言及常不輕菩薩向人禮拜授記成佛的事蹟，以引出
雖有成佛可能性，仍須實踐菩薩道以令其成就的觀念。（頁
102-103）《講要》解釋〈五百弟子受記品〉的「貧人衣珠
喻」，將繫在破衣中的無價寶珠這個喻依視為「佛性」，而
引申發揮說：

> 諸位要相信你自己心中有那顆無價的寶珠。如果摸到、
> 見到而且也用到了，那就是開悟，入一相一味的大法。還

沒有摸到也沒有關係，《法華經》在這裡指出，我們都有這顆寶珠，所以不要妄自菲薄，這與佛性思想是相呼應的。（頁135）

以佛性思想詮解《法華經》，並藉此說明「貧人衣珠喻」的特殊實踐意涵，可以給予學佛者修習大乘法的信心支持。

古代《法華經》註釋家如智顗、吉藏等已依佛性思想註解此經，給出精深的詮釋。㉗聖嚴法師以佛性思想詮解《法華經》，應有受到中國佛教思想傳統的影響之處，但也出自他個人對經文的理會，以及肯定一切有情皆能受教成佛的廣大慈悲胸懷。他對佛性或如來藏思想有相當高的評價，在《自家寶藏──如來藏經講記》的〈自序〉中指出如來藏信仰非如某些學者所言的接引印度神道的方便說，它並不違背緣起性空的法義，而且能夠適應當代世界佛教的需要：「因此我敢相信，適應未來的世界佛教，仍將以如來藏思想為其主軸，因為如來藏思想，既可滿足哲學思辨的要求，也可滿足信仰

㉗ 《法華玄義》卷5言：「類通三佛性者，真性軌即是正因性，觀照軌即是了因性，資成軌即是緣因性。故下文云：汝實我子，我實汝父。即正因性。又云：我昔教汝無上道，故一切智願猶在不失。智即了因性，願即緣因性。又云：我不敢輕於汝等，汝等皆當作佛。即正因性。是時四眾以讀誦眾經。即了因性。修諸功德。即緣因性。又云：長者諸子若十、二十，乃至三十。此即三種佛性。又云：種種性相義，我已悉知見。既言種種性，即有三種佛性也。若知三軌即三佛性，是名理佛性；五品觀行見佛性；六根相似見佛性；十住至等覺分真見佛性；妙覺究竟見佛性，是故稱妙（云云）。」（《大正藏》冊33，頁744下）智顗相信《法華經》中有三因佛性的意涵。吉藏在《法華玄論》卷1中辨明此經「欲明一切眾生皆有佛性」之旨，參見《大正藏》冊34，頁367上-中。

的要求，可以連接緣起性空的源頭，也可貫通究竟實在的諸法實相。」❷他認為佛性或如來藏思想極具包容性，可與緣起性空的佛教根本法義相貫通，以消解落入實有見的危險，另一層重要意義是對佛教信仰者的實踐給與支持力量。以佛性義疏解《法華經》，一則使一切眾生成佛的觀點獲得深層的根據，另一方面則可強化閱讀者實踐大乘佛法的信心與意願，相信這兩方面都不違背《法華經》的根本意趣。

(二) 佛身永住的實踐意涵

《法華經》中是否具有法身常住的思想，學者之間有不同的見解。經中〈如來壽量品〉言及「我成佛以來，甚大久遠，壽命無量阿僧祇劫，常住不滅」❷，此句是否可做為法身常住的經證？古代中國註釋家大抵持肯定的觀點。❸「常住不滅」在《正法華經》的對應譯文是「常住不滅度」❸，配合現存梵本經文來理解，意謂如來一直住在世間未真正進入涅槃，非為如來永恆不滅之意。❸即便使用「塵點劫」的譬喻來

---

❷ 見聖嚴法師：《自家寶藏——如來藏經講記》（台北：法鼓文化，2001年），頁7。

❷ 《大正藏》冊9，頁42下。

❸ 例如，《淨名經關中釋抄》言：「《法華經》明昔說佛壽長，是即法身非短長無像也。應身現短長並應也，如《涅槃》明佛入滅度。又云而常住不滅，即是法身非生滅無像也。」（《大正藏》冊85，頁508下）《法華玄義》卷10言：「常住不滅者，是法佛壽命也。」（《大正藏》冊33，頁802下）法身是無始無終的。《法華玄論》卷2言：「知是寄無始終以顯法身常義。」（《大正藏》冊34，頁378上）

❸ 《大正藏》冊9，頁113下。

❸ 筆者對比《法華經》梵本的一種尼泊爾系校勘本與一種基爾吉特（Gilgit）系校勘本，「常住不滅」的對應梵文都是「sadā sthitaḥ/

表達如來壽命的無可衡量❸，也未將其與永恆不滅的意義直接
等同。印順法師將「常住不滅」理解為永恆不滅，因此認為
經文前後似有矛盾。❸塚本啟祥計算如來成佛以來經歷的時間
為1023劫，此可視為「無始」❸，意謂已趨近於無窮。田村芳
朗主張《法華經》尚處於無量壽佛（Amitāyus）等壽命佛與
毘盧遮那（Vairocana）等遍一切處光明佛之間的位置，指出
〈如來壽量品〉有「佛壽無量」之義。❸換句話說，即使學者
們注意到經中的久遠佛壽就字面意義而言尚是有限量的，但
認為其真正意圖在於間接顯示佛壽無量的意義。

在早年所撰的《世界佛教通史》中，聖嚴法師將《法華
經》「佛壽無量」與《涅槃經》的「法身常住」進行對比：
「在法華經，將一切眾生成佛的可能性，求諸過去世的教

<hr>

aparinirvṛtas」（一直住〔世〕，未滅度）。參見荻原雲來與土田勝彌
編，《改訂梵文法華經》（東京：山喜房佛書林，1935年發行，1995年
第3版），頁271；渡邊照宏編並註，《ギルギット出土法華經梵本》
（第二部，ローマ字版；東京：靈友會，1975年初版），頁113。

❸ 參見《大正藏》冊9，頁42中。

❸ 印順法師在《印度佛教思想史》（台北：正聞出版社，1988年初版，
1993年5版）中說：「一則說：『常住不滅』；再者說：『壽命今猶未
盡，倍復上數』——有數量是有盡的。」（頁107）又在《初期大乘之起
源與開展》（台北：正聞出版社，1981年初版，1994年7版）中說：「從
文句說，分身佛那麼多，壽命那麼長，總是有限量的。然僧叡的『法華
經後序』說：『佛壽無量，永劫為足以明其久也；……然則壽量定其
非數……。』這樣的取意解說，佛是超越於名數，而顯不生不滅的原
則。」（頁1186）

❸ 參見塚本啟祥，《法華經の成立と背景》（東京：佼成出版社，1986
年），頁304-305。

❸ 參見田村芳朗，〈法華經の佛陀觀——久遠時成佛〉，平川彰等編，《法
華思想》（東京：春秋社，1982年），頁77-101。

化熏習，而對佛壽無量的根據，也說是過去久遠前所成的佛，尚未進至即內心而證明佛壽無量，這可算仍是歷史性的佛壽常住；到了《涅槃經》，則一轉歷史的佛陀，成為法身常住。」❸認為《法華經》是就歷史性的意義說佛壽命的無量，在《涅槃經》中則轉為永恆不滅的法身常住與一切眾生本具佛性。在對〈如來壽量品〉的解釋中，聖嚴法師引述其師坂本幸男根據《法華文句》所做的佛壽無量的三身解析：「如來有法、報、應三身，法身壽命非有量非無量；報身在金剛心以前為有量，在金剛心以後為無量；應身雖有量而其救濟活動不斷，故亦無量。雖言三身，正是報身。因為報身之智，上契法身之理，下為利益眾生，成為應身之根源。」（頁246）依據天台的說法，以〈如來壽量品〉中的佛身為報身，報身要待成佛始為無量；而此報身是法身與應身之間的樞紐，法身為其根據，報身為其示現。

事實上，天台的佛身論還有三身相即的意義，此點在《講要》消釋「我實成佛以來，無量無邊，百千萬億那由他劫」；「自從是來，我常在此娑婆世界，說法教化；亦於餘處，百千萬億那由他阿僧祇國，導利眾生」的段落有所闡明：

> 「成佛」是指三身同時成就，由於三身圓融，不即不離，既有法報應之三身，色身即是應化身，應化身可以分身至百千億萬，而又不離久遠未變的法身。故於此處及餘處，教化無量無數眾生。（頁248）

---

❸ 見聖嚴法師編著：《世界佛教通史》上冊，頁173。

　　換句話說，不應說〈如來壽量品〉只講到報身，但可以說在過去久遠劫前所成至今仍未取滅的是報身佛，此品以報身佛為中心。❸《法華經》中這個壽量久遠的佛身本來在字面上仍是有限的，但聖嚴法師不拘泥於文字，參照古德的見解，將其理解為成佛後的永久住世：

　　　佛的壽命有無量阿僧祇劫，在無數的劫中，永不滅度。（頁251）
　　　佛說即將滅度，又說佛壽久遠無量，聽來好像自相矛盾，其實宣說滅度是為利益眾生的方便，久遠成佛而常住在世永不入滅，才是真實之教。（頁252）

　　將報身解為永不入滅，其重要意義是佛的教化事業因此才不會是有盡的，釋迦佛至今仍在冥冥中給予這個世界的學佛者啟發與加持。《講要》將釋迦牟尼的「慧光無量，壽命無限」與阿彌陀佛的於時間上的無量（無量壽）與空間上的無量（無量光）等同起來，表達「佛佛道同」的涵義。（頁263）如此，有助於維持《法華經》「諸經之王」的義理深度。

---

❸ 《法華文句》卷1論說佛的三身相即，而在引述《法華經論》的三種菩提時說：「一、應化菩提，隨所應現即為示現。如經『出釋氏宮』故。二、報佛菩提，十地滿足常常涅槃。如經『我實成佛已來無量無邊劫』故。三、法佛菩提，謂如來藏性淨涅槃不變。如經『如來如實知見三界之相』故。」（《大正藏》冊34，頁128中）應身為跡門的佛身，而報佛與法佛的經證都出於〈如來壽量品〉，可見此品並非僅言及報身，應該說過去久遠劫來所成的佛身始為報身。《講要》於頁252-253對天台的三身相即義有所述說。

　　強調佛陀常住世間究竟有何重要意涵？就如來這一方而言，過去曾發過度盡眾生的誓願，既然眾生無盡，度化有情的事業也應沒有盡期。無形相無邊際的法身是成就佛菩提的根據，成佛時所體現的壽量無限的報身使眾度事業得以恆久實現。然而，報身只有大菩薩始得親見，又以報身為基礎化現出無數壽命有限的應身以教導其餘有情。（參見頁252）在佛教實踐者這一方，如果只有二千多年前在印度人間出現的應身佛，而且這尊佛現在已進入涅槃，對絕大多數佛教信徒而言，雖然此事或許有助於讓他們生起佛陀、佛法難值之心而趕緊學佛，但當他們在修學菩薩道上遭逢困境時，已滅度的佛陀如何給予信心與力量的支持？畢竟能夠全憑己力修行者只有少數的佛教菁英。因此，如來久住世間的思想對於當代佛教徒實踐大乘菩薩行意義非凡，聖嚴法師說：

　　　佛看到眾生都在生死煩惱之中，所以他不顯現，為的是讓眾生在苦惱而又不知道怎麼辦的情況下，產生「希望得到佛法」的渴仰感；等到眾生心裡產生眷戀和孺慕的感覺時，佛就出來為他們說法。不要覺得奇怪，佛的神通力量是能夠做到這樣的。當世人見到佛涅槃的時候，其實他是依舊、永遠地住在印度的靈鷲山上，以及其他處所。（頁259-260）

　　　我們這些末世眾生在釋迦牟尼涅槃之後，已見不到佛，看到佛留下來的經典才覺得稀有難得，決心要好好地依教修行。當我們真正發起善根，見到如實的佛法時，體驗到唯一佛乘時，就會發現佛是永遠不滅度的，佛是永遠

與我們活在一起的。（頁258）

　　《法華經》如來壽量久遠的教說化解了佛滅後世尊在佛弟子修行生活中缺席的嚴重難題，支撐許多大乘佛教徒的宗教實踐。親見如來能給予佛弟子修行的信心，初期佛教的經典即有類似記載，《雜阿含經》第272經提到有次僧團因故發生爭端，佛陀斥責他們，於乞食後獨自到林中靜坐，思惟此事：「眾中有少靜事，我責諸比丘，然彼眾中多年少比丘，出家未久，不見大師，或起悔心，愁憂不樂。我已長夜於諸比丘生哀愍心，今當復還，攝取彼眾，以哀愍故。」❸《增壹阿含經‧馬王品》第2經也提到某次舍利弗和目犍連帶領的弟子們過於吵雜，被佛陀趕走，於是釋迦族人與梵天王都為他們向佛陀求情，提到新學比丘若見不到如來就會產生變悔之心而遠離正法。❹這兩處經文正好為《法華經》講述如來壽命無量的宗教實踐意涵做了良好註腳。輕易能見到佛陀，反而不知把握機緣即刻修學，待佛圓寂後始感受到見佛與佛法的稀有珍貴而生起深切的信佛學法之心。然而，菩薩道深廣難行，若缺乏堅固的信心與如來的支持——不論是真實存在或存在於心理上，實難堅持下去。在聖嚴法師對〈如來壽量品〉的詮釋中，在順著經文說明如來化身入滅的化導意義之餘，更顯明釋迦佛與我們同在的深層意涵，勉勵當代學佛者精勤不餒地修學大乘佛法以感得釋迦佛的示現指導。

---

❸ 見《大正藏》冊2，頁71下。
❹ 參見《大正藏》冊2，頁771上。

（三）人間淨土的義理發揮

「人間淨土」是法鼓山教團欲實現的理想，聖嚴法師在《講要》的〈自序〉中言及可在《法華經》中讀到「人間淨土的思想」，究竟經中哪些部分講述人間淨土的實踐？聖嚴法師如何詮解其意義？這是本項嘗試解明的課題。然而，這個問題單透過《講要》的閱讀並不容易處理，因為書中未明確點出何處經文是在述說人間淨土的意義，所以下文配合聖嚴法師其他著作的相關說法來論述此點。

在〈人間佛教的人間淨土〉❹這篇論文中，聖嚴法師引到幾部經典說明釋迦佛的淨土就在人間的意義：「《增壹阿含經》曾說：『諸佛皆出人間，終不在天上成佛。』晉譯《華嚴經》第一卷的開頭便說：『如是我聞，一時佛在摩竭提國寂滅道場，始成正覺，其地金剛，具足嚴淨。』《維摩詰經·佛國品》，亦有螺髻梵王語舍利弗言：『我見釋迦牟尼佛土清淨，譬如自在天宮。』『……我佛國土常淨若此，為欲度斯下劣人故，示是眾惡不淨土耳。』此也可與《妙法蓮華經·如來壽量品》所說：『於阿僧祇劫，常在靈鷲山，及餘諸住處……我此土安隱，天人常充滿……我淨土不毀。』因此可說：釋迦如來的淨土，的確就在人間，只要信願行具足，便見自身即在佛國淨土。故於《法華經·方便品》亦云：『若人散亂心，入於塔廟中，一稱南無佛，皆已成佛道。』又云：『若有聞法者，無一不成佛』這是告訴我們，當有信心：世尊的淨土不離此娑婆世界的穢土，乃至僅僅進

---

❹ 此文收於《中華佛學研究》第3期（1999年3月），頁1-17。

入佛寺，一稱南無佛，或者聽聞佛法者，都有機緣成佛，見此世尊的淨土。」依據此段所述，人間淨土理念與《法華經》義理的交涉是在這個娑婆世界實踐佛法，提昇自己的心靈，以佛法救濟人類身心種種苦惱，達致某種程度，即可觀見釋迦牟尼佛的國土本來清淨，淨土不離我們這個世界，不必追求先轉生到其他清淨佛國去養成實踐菩薩道的能力。《法華經》與人間淨土最相關的部分是〈如來壽量品〉的「靈山淨土」與〈方便品〉的「信願成佛」。

　　《講要》解釋〈如來壽量品〉中聽聞如來壽量久遠而能「深心信解」，即能見到釋迦牟尼佛的清淨佛土的這個段落說：

　　　　這段經文，兩度提出「深心信解」。第一度說，當有人聽聞佛壽長遠，就當以深切的真誠心來信仰、來了解。第二度則說，若能觀想世尊常在靈山說法，會眾圍繞，也能觀想娑婆世界的一切依正果報，即是佛陀淨土的清淨依正莊嚴，那便證明，此人已深心信解「佛壽長遠」之相。（頁273）

　　人類肉眼所見的娑婆世界是個染污的國土，在人間示現的歷史佛身也在二千五百多年前進入涅槃，要人相信如來在非常遙遠的過去已成就佛道，在久遠的未來也不會進入涅槃，釋迦佛的真正國土清淨莊嚴，可說是極為困難。佛壽久遠與靈山淨土因此成為至深至奧的法義，領解如此奧義有賴於以誠摯的信心做為起點。藉由深信而契入甚深法義的事例

與原理在佛教經論中多所述說，例如，《小品般若經》初品提到隨信行者先尼梵志雖智慧有限，但因信解佛陀的一切智智而最終悟入諸法實相；❷《大智度論》初品解釋「如是」，強調深廣的佛法大海，「信為能入」。❸轉娑婆世界成清淨佛國的信念與誓願，是支撐人間淨土實踐的重要基礎，《法華經》靈山淨土的教說能對此提供思想資源。雖然現實所見的地球環境有如此多不圓滿的情狀，人類社會中充滿煩惱染污所引生的業行，但切勿因此對現實人間的轉化喪失信心，靈山淨土即是人間淨土的建設藍圖，化穢成淨的根本依據。當然，信解雖是不可或缺的起點，仍有待後續的精進實踐來完成揭顯淨土的任務。

　　〈方便品〉與人間淨土的連繫，在於修行法門的指點。此品彰明唯一佛乘的意義，具體實踐方法的列示見於偈頌中，可分為兩大類，其一是菩薩道的代表性行法六波羅蜜多；另一類與佛陀信仰有關，包括起善軟心、供養舍利、建造佛塔、雕畫佛像、供養塔像、聽聞《法華》等，都是成佛的法門。❹本來在《法華經》中這整個段落是在表達漸修的歷程，如經中說：「如是諸人等，漸漸積功德，具足大悲心，皆已成佛道。」❺聖嚴法師則對其做圓頓義的理解，他在〈為何法鼓山的鐘以《法華經》銘文〉中說：「《法華經》的〈方便品〉云：『一稱南無佛，皆已成佛道。』也就是說，

❷ 見《大正藏》冊8，頁537下。
❸ 參見《大正藏》冊25，頁62下-64上。
❹ 參見《大正藏》冊9，頁8下-9上。
❺ 參見《大正藏》冊9，9上。

只要種下成佛的因，即已成就佛的功德。這即是禪宗的思想：一念與佛相應，即是佛心，所以《法華經》也是講圓頓法門。」❹只要種下成佛的善因，其中即含攝佛果的成就，這些與佛陀信仰相關的法門是為開啟靈山淨土之神聖空間的鑰匙。在娑婆世界的佛法實踐，就是在建設清淨國土，同時也在揭顯靈山淨土。如此，通過圓頓意義的詮釋，釋迦佛陀的淨土與人間行者的淨土交織成為一片，既是如來的淨土，也是學佛大眾的淨土。即使是至為初機的大乘行門也與靈山淨土發生聯繫，任何法門的實踐具有實現人間淨土的效力。

〈如來壽量品〉的字面意義是由信解經中所說而思慕如來，從而透過一乘道的修行以提昇自我，最終能親見釋迦佛的清淨國土與靈山法筵。聖嚴法師倡導建設人間淨土的成佛實踐，則做出如此的詮解：「〈如來壽量品〉中說：『於阿僧祇劫，常在靈鷲山，及餘諸住處。』實際上指的是，有《法華經》或有人說《法華經》的地方，即是靈鷲山，即是佛所在之處。所以，有法華鐘的地方，就是佛的淨土所在，這與法鼓山的人間淨土是相應的。」❹《法華經》的存在之處就是佛陀與淨土的所在，此經〈法師品〉中即說：「此（經）中已有如來全身。」❹這並不是說把《法華經》供奉起來淨土即會實現，重點是在如說修行。通過聖嚴法師的當代詮釋，《法華經》的義理成為人間淨土實踐的思想啟發來源與修行法門指引。

---

❹ 文見《人生》雜誌，第280期（2006年12月），頁28-29。
❹ 見聖嚴法師：〈為何法鼓山的鐘以《法華經》銘文〉。
❹ 見《大正藏》冊9，頁31中。

四、結論

　　《法華經》自印度傳來中國，經中蘊含寬弘深妙的思想，加上羅什譯筆的清新曉暢、古代義學大師的青睞，致使此經對中國佛教傳統產生深遠的影響。佛教經典中包含為數眾多的專用術語與印度名物詞，加上使用一種特殊的變體漢語來翻譯經文，對今日的學佛大眾而言，存在許多閱讀上的障礙，需要良好的現代註解以消釋疑難與顯明義理。本文從詮釋方法與思想特色兩個面向探討聖嚴法師的《講要》對《法華經》的當代詮釋，論析此書適應現代學佛者閱讀的經典註解模式及表現出來的特殊法華思想。

　　聖嚴法師留日取得佛學博士學位，結合學術訓練與實修經驗疏解《法華經》，以現代學佛大眾為對象，用淺顯的表達方式闡釋經典文句，並重視修行方法的明晰解說。其詮釋方法的特色包括：（一）參考天台科判，分此經為跡門與本門，以貫穿全經脈絡與展示一經梗概。（二）摘取經文進行註解，略去無關緊要的部分，利於當代讀者快速了解全經意旨。（三）訓詁內容主要為解釋佛教名相與串講文句意義，前者經常引經據典以詳細解明，後者大抵以淺白筆法直接闡述。對印度名物詞與佛教典制的說明較少，無形中減輕讀者的理解負擔。整體而言，表達方式深入淺出，兼顧到前後諸品連結的展示、文句深層意義的闡發、佛教名相的詳解、實踐層面的指導，頗能契應當代佛教徒在理解經義與生活實踐上的需要。

　　關於聖嚴法師法華思想的特色，表現在三個面向：

（一）眾生成佛的思想：《講要》中反覆述說一切眾生成佛的意義，並以本具佛性做為眾生成佛的依據，將《法華經》與佛性義理與禪宗思想做整體的貫通。（二）佛身永住的深義：《講要》參照天台的詮釋，強調佛身永住與三身圓融，報身以法身為依據，於成佛後永久存在世間化導眾生。此義可令佛教行者生起與佛同在之感，支撐實踐菩薩道的信願。

（三）人間淨土的理念：聖嚴法師倡導人間淨土的建設，《法華經》中與此最相關的部分是〈如來壽量品〉的「靈山淨土」與〈方便品〉的「信願成佛」。淨土就在娑婆世界，不必離開世間另覓淨土。相信世尊的淨土就在此時此地，通過佛法實踐將其揭顯，這個過程同時是在建設人間淨土，佛陀的淨土與行者的淨土相互滲透。前兩個思想在古代註釋家中已有人提出，但聖嚴法師表述得較古德所言為鮮明，尤其是對眾生成佛觀念的強調。這些是他想傳達給閱讀者的重要領會，與此經的一乘意趣甚為相應，其中也蘊含大乘佛教的實踐關懷。後一項將《法華經》的義理與法鼓山的理念連結起來，使《法華經》成為人間淨土實踐的經典依據，勸勉淨化這個世間的佛法修學。

Venerable Sheng Yen's Modern Interpretation on the Lotus Sutra

Kuo-ching Huang

Assistant Professor, Graduate Institude of Religious Studies

▌ Abstract

I. Research Theme

The great and profound thoughts contained in *the Lotus Sutra* and Kumarajiva's excellent Chinese translation of this canon have made the text have a great influence on the Chinese Buddhist tradition. In addition to this, there are numerous Buddhist technical terms and terms of Indian things exist in Buddhist texts, and the translation used in ancient China is a kind of hybrid Chinese which combines classic Chinese with elements of ancient spoken Chinese and Indian languages. These have become obstacles to the understanding of *the Lotus Sutra* for contemporary readers. Therefore, a good modern commentary on the Chinese version of this text is necessary to overcome the obstacles and expound its meaning and significance. Venerable Sheng Yen has long been devoted to the study of Buddhism and earned a doctoral degree in Japan. He is well versed in Buddhist theories and has published extensively in various aspects of Buddhism. Furthermore, based on his deep spiritual experience, the Venerable guides the members of sangha in Dharma Drum Mountain and millions of lay-disciples to practice dharma for a very long time. He conducts numerous Chan retreats in Taiwan and over the world. Venerable Sheng Yen combines his academic background with practical spiritual experience when interpreting the Lotus Sutra. He uses modern expressions to explain the sentences of the text with some focus on Buddhism cultivation and thus offers an excellent commentary on this text for the contemporary society.

The present article discusses The Venerable's *Wondrous Dharma-teaching: A Core Commentary on the Lotus Sutra* from two aspects: methods of interpretation and characteristics of thought. With regard to the former, we analyze the main contents of exegesis, the stylistic rules, and ways of annotation, to see how this work responds to the needs and reading ability of contemporary Buddhist students. As regards the characteristics of thought, through carefully examining the whole book, we present the special ideas repeatedly mentioned by the Venerable.

2. Methods of Interpretation Applicable to the Modern Time

The characteristics of the interpretation methods in *A Core Commentary on the Lotus Sutra* include:

（1）The Venerable borrows Tian-tai's context analysis (科判) *of the Lotus Sutra* and divides this sutra into two parts: "superficial division" (跡門) and "original division" (本門) . *The Lotus Sutra* contains very different themes in these two parts, and Tian-Tai's context analysis ingeniously links them up. The Venerable also uses this structure to thread the whole text together and show its broad outline. His explanation is easier to understand than that of Tian-Tai commentary.

（2）Instead of annotating *the Lotus Sutra* sentence by sentence, the Venerable interprets only the important sentences and selected paragraphs from the text. He does not think that such approach would result in the loss of any essential meanings. In the contrary, it is a better way to show the core ideas.

（3）The annotation include mainly the elaboration of Buddhist specialized terms and the interpretation of sentence meaning. As regards the former, the Venerable often refers to Buddhist sutras and treaties for a detailed explanation. As for the latter, he usually expounds the meaning of sentences or paragraphs in modern and plain expressions. On the other hand, there exist only a few instances where terms of Indian things and Buddhist decrees and regulations are explained. This lightens the load of readers to understand the text. On the whole, his expressions are with deep meaning and can be understood easily. The interpretation gives consideration to show the connections between all the chapters in the text, It expounds the implication of sentences and paragraphs, elaborates the meaning of Buddhist terms, and illustrates the Buddhist cultivation. The content can well match the needs of contemporary Buddhists in both the understanding of the significance of the Lotus Sutra and the practical application of it.

3. Venerable Sheng Yen's Thoughts on the Lotus Sutra

The Venerable's characteristics of thoughts *on the Lotus Sutra* can be concluded in three aspects:

（1）The idea of all beings can become the Buddha: In *A Core Commentary on the Lotus Sutra*, the Venerable repeatedly suggests the idea that all beings can become the Buddha, on the basis of having the inherent Buddha-nature. By means of this perspective, he connects the thought of *the Lotus Sutra* with the theories of Buddha-nature and Chan Buddhism. In particular, from the second chapter to the ninth chapter which preaches "the meaning of converging the Sravakas into the only one vehicle is spoken", the central connecting theme is that all beings can become the Buddha.

（2）The significance of the eternal existence of Buddha-body: The Venerable refers to the hermeneutics of Tian-tai to emphasize the eternal existence of Buddha-body and the unification of the three Buddha bodies. The Retribution body (報身) is dependent on the Dharma body (法身) , and exists forever in the world for teaching living beings since the Buddhahood was attained. The significance of this idea is to engender the sense that the Buddha is living together with Buddhist believers. This idea gives support to the belief and wish of Boddhisattva practice.

（3）The ideal of the pure land on earth: The Venerable advocates building a pure land on earth. The ideas in *the Lotus*

Sutra closest to this ideal are "the pure land on Vulture Peak" (靈山淨土) in the Chapter on the Longevity of the Tathāgata (如來壽量品) and "belief and wish to become the Buddha" (信願成佛) in the Chapter on the Skillful Means (方便品) The pure land is exactly on this planet, and it is not necessary to seek a pure land outside of this world. According to this sutra, the Venerable believes that the pure land of Sakyamuni is in this world, and the way to disclose it is through dharma practice. The process of disclosing Sakyamuni's pure land is the same process of constructing the pure land on earth. The pure land of the Buddha and the pure land of practitioners are interrelated.

Among the three points mentioned above, the first two have been suggested by ancient Chinese exegetes. However, great emphases are laid on them in the Venerable's commentary. These are the main ideas the Venerable wants to convey to his readers, and they are very much compatible with the one vehicle thought of this sutra. Besides, the Mahayana Buddhist concern for practice is embraced in them as well. The last point connects *the Lotus Sutra* with the ideal of the Dharma Drum Mountain to encourage the purification of this world through dharma practice.

聖嚴法師禪學思想
於佛法治療之應用初探
——一個社區大學教案的實踐經驗

辜琮瑜

法鼓大學人生學院助理教授

▍摘要

社區大學之課程涵蓋許多不同層面，在黃武雄教授所規畫的原始架構下❶，大部分的社區大學將課程以所謂3H原則規畫為三類，即學術性（Head）、社團性（Heart）及生活藝能性（Hand）等。

以研究者所授課之宜蘭社區大學為例，所教授之心靈成長課程，即歸類於學術性課程中。然社區大學對學術性課程之思惟，又與一般教育體制下之學術性思考有別，其所期待者，為「解放知識」之教育觀點。❷

本研究即在此一觀點下，透過在宜蘭社區大學教授心靈教育課程，針對所出現之課題，對課程之設計與實踐，提出

---

❶ 參見黃武雄於2002年發表之〈地方政府設置社區大學計畫草案〉。

❷ 參見宜蘭社區大學「課程規劃原則」：「很多時候知識被認為遙不可及，並非學習者缺乏能力，而是缺少適合的學習方法與教學方法，這正是社區大學的學術性課程試圖突破的，研究者們試著讓學術性課程不同於以往單向灌輸教學，而是透過問題討論的課程進行方式，讓學員豐富的社會經驗能藉此與知識互相激盪，深刻的感受知識。」http://icu.ilc.edu.tw/frams.htm

教學者之歷程與省思。

　　研究者於宜蘭社區大學開設心靈成長課程數載，經兩期課程後，發現學員對生命問題與日常生活困境之處理、解決有強烈之內在渴望，並期望能於心靈課程中與自我、他者進行更深入之互動式探索與回應，此一需求觸發研究者於第三期規畫「心靈探索與生命書寫」課程。

　　本文即對此課程之教學方法、教學內容與學員書寫練習之進行所提出之討論與呈現。包括課程規畫與實踐之歷程，透過書寫治療、哲學諮商與聖嚴法師禪學思想之應用，呈現此課程之內容與方法。

　　本論文之撰述，分別就課程設計之問題意識予以說明，其次就研究者對上述三領域之研究文獻所作的「對話」，進而提出課程設計之歷程。

　　第三部分，則為課程設計及內容之呈現，涵蓋兩個面向，一為擷取書寫治療中表達性書寫之概念與方法，規畫學員書寫心靈課題之作業；二為課程進行現場，擷取哲學諮商中，有關諮商者與案主透過「對話」進行互動與探索之方法。其次，則在於思考如何進行哲學諮商中所謂「意向性指導」與「超越性思惟」之概念，試圖於課程內容上，導入聖嚴法師之禪學思想，以因應學員遭遇生命問題與日常生活困境之可能性回應。

　　此一導入前提緣於對學員需求之理解與分析，經研究者之觀察與長期接觸，發現學員對心靈類課程有兩項主要期待，分別為：1.對類宗教或非正式宗教的宗教需求；2.對心理調適方法的需求，並期望在課堂中進行非正式的輔導或諮

商，以便其應用於個人生活。

而聖嚴法師之禪法，除超越宗教、哲學之二分歸類，並具生活化、應用化之特質，皆頗能對應學員之需求，故而為規畫課程內容之主要取向。

本研究之結論與反思，在於探析以聖嚴法師禪學思想做為佛法治療未來開展之可能性。

本文所提出之佛法治療，主要強調「具治療意義之佛法應用」，此實為一嘗試性觀點，如欲嚴格定義之，仍有爭議與討論空間。研究者之所以試圖連結佛法與治療之概念，主要受晚進歐洲哲學實踐領域中，將哲學實踐面向連結應用於「哲學諮商」或「哲學診治」之趨向所啟發，並發現此一實踐系統在成人教育場域中之應用頗具意義，此為研究者透過成人教育進行此研究報告之主要原因。

如以未來可能性發展觀之，則思考是否可能於某些基礎下設計出更精緻的心靈佛法課程架構。

關鍵字：書寫治療、哲學諮商、佛法治療、聖嚴法師、禪學
思想

一、前言

　　因研究者於博士論文《釋聖嚴禪學思想之研究》完成後，即於宜蘭社區大學展開成人教育之授課，於課程經營過程中，發現學員具強大的學習能量，然其學習狀態又與一般體制內學習有別，如何發展符應其學習需求、學習背景，乃至學習動機之課程，為研究者於不同階段開課歷程中不斷反思之問題。

　　尤其課程進行至第三梯次，發現學員對課程之需求已不僅止於知識層面，更渴望處理日常生活與生命中的困境，類宗教內容亦成為其試圖解決困境之探索領域，因此嘗試將不同階段之教學歷程，進行教學場域問題處理之研究，從學員需求出發，進行課程設計、教材開發、作業書寫練習設計等方向，並藉由禪法之導入，觀察所進行之過程，是否能滿足學員面對生命課題與困境之不同對待途徑。

　　此教學研究以第三期之「心靈探索與生命書寫」課程為主軸，處理之素材包括研究者之課程規畫與課程內容。

　　本研究之究極目的乃在於思考是否有可能藉此型塑一所謂「佛法治療」之課程，以及類似課程所適用之對象與範圍如何，以進一步提出聖嚴法師禪法對於心理治療是否可能形成另一種治療意義與價值。

二、問題意識與對應

　　如前述研究者對宜蘭社區大學學員之長期觀察，發現對心靈類課程參與度較高之族群，對此類課程至少有下列兩大

需求，分別為：

1.對類宗教或非正式宗教的宗教需求

所謂類宗教或非正式宗教之宗教需求，乃指學員對宗教尤其佛教部分曾有直接或間接之接觸，亦感受佛法對其生命課題似頗能對應，然其對於正式加入宗教團體，或參與宗教活動較無興趣，對直接闡釋經典之課程仍有疑慮，擔心無法理解其中之專業術語或艱澀之辭彙。

2.對心理調適方法有需求，期望在課堂中進行非正式的輔導或諮商，以便其應用於個人生活。

學員所屬之宜蘭地區，民風質樸、保守，許多學員雖經歷生命中之困頓經驗，或生活中難以抉擇、處理之問題，然對正式之心理治療、心理諮商無法親切對應，亦怯於求助專業助人工作者。參與社區大學心靈類課程，幾乎是學員為心靈課題找尋出口之重要管道。

因應上述需求，研究者於課程設計中，便苦思如何透過課程內容之規畫、課程進行方式之開展及課堂經營等三面向以發展出符應學員需求之課程。

此對應中，研究者嘗試以三個領域之主題規畫課程，分別為書寫治療、哲學實踐中之「哲學諮商」（或謂「哲學診治」），以及具治療意義之佛法，並以聖嚴法師之禪學思想為中心。

在具體實踐部分，乃以書寫治療為工具，設計以書寫為主導之家庭作業；課程進行中之課堂經營則透過哲學諮商中的「對話」方式，以及哲學諮商中提供的原則對應學員書寫

作業之分享與討論。至於具治療意義之佛法，則以聖嚴法師禪學思想部分，做為主要觀念的介入，以為學員進行自我、自他對話中的參考與回應。

之所以如此設計、規畫，乃基於研究者對此三領域之探究，並因之擷取之應用模式。

三、研究方法

本研究的焦點集中於如何透過參與學員的學習進行課程發展，因此試圖透過與學員的互動，與相關研究及研究者過往學習經驗、內在省思交互對照，包括書寫治療、哲學諮商與聖嚴法師的禪學思想進行相關文獻之回顧、整理、分析與對話，嘗試從中發展出符應學員需求之課程，並由內涵部分導入聖嚴法師禪法之核心觀念，包括世界觀、人生觀，以及其對治生命課題之理念與原則，進而從中展開禪學思想應用於治療上之效益與意義的探索。

四、研究內容

本研究之研究內容透過兩個面向呈現，其一為學員狀態之探討，其二為相關領域研究文獻之探索。

（一）研究者與學員狀態之「對話」

1. 課程設計之開端：發現問題，尋求可能的解決途徑

研究者於宜蘭社區大學第一次開設之課程為「從女性的天空到自己的天空」，此為研究者展開授課生涯的第一階段，除醒吾技術學院的體制內授課外，接下社區大學的課程

才發現授課困境。體制內課程中，學生雖有選課權利，但課程由學校安排，課程內容與教材設計皆有一定規格，課堂經營較無壓力與困擾。

然社區大學的課程卻完全不同於體制內授課經驗，社大學員選課上課是一種「用腳投票」的過程❸，如果無法符應成人教育學員的學習動機，並滿足其學習需求，不在乎是否拿到學分，更不擔心是否被「當掉」的學員，隨時可能在學期中離開，甚且直接挑戰授課者，進而不再選課、不再註冊上課。

因此在設計教材、規畫課程內容、思索上課進行方式與教室經營理念之際，會透過與學員的互動、學員的回饋意見與課堂反應，而不斷反思、自問：「在這樣的學習現場，授課者應扮演何種角色？提供什麼內容？用何種方式進行課程？」

第一期課程結束後，發現學員對女性課題的興趣超乎想像強烈，但對於女性主義的思惟方式、思潮、思想內涵卻明顯有著吸收上的壓力與負擔。

這使研究者開始注意到宜蘭這一看似素樸、單純的環境，隱藏著強大的學習能量，但授課內容與進行方式，卻必須重新檢視調整，須針對其需求重新規畫與安排。因此觸發對「課程設計之需求」的重新省思，從工作場域中所生發的問題

---

❸ 「成人教育課程的主要信條之一是成人學習者『用腳投票』（vote with their feet）。換句話說，不同於強制性的教育，社區大學的課程如果不能讓成人學習者滿足，他們往往會流失。不再回來註冊上課。」此段文字見於〈社大手握手電子報〉第3期，2004.10.12，社大主任、主祕下午茶會，全促會志工林邦文報導。

為起點，進而思考如何透過設計與實踐，進行一連串的探索與調整，以期將觀念與理論，通過行動達致理念的實踐。

至於探索與調整之歷程中，何以透過「書寫治療」、「哲學諮商」與「佛法治療」之領域進行，來自下列背景因素之考量。

「書寫治療」部分，除研究者對於書寫可能帶來的作用，已於前一期「女性的閱讀與書寫」課程中，發現其中的效益，同時學員對此方式有所期待，使研究者將「書寫」納入課程規畫的思考。

其次，基於個人研究背景與關懷，對晚近興起於歐美，目前流布於世界各地哲學工作者之間的重要概念「哲學實踐」有強烈的興趣，該思潮強調哲學不應僅只是學院內象牙塔式的知識建構，更應回歸哲學最初的動機，亦即面對人的生命課題，尋思哲學能帶來什麼樣的作用與意義，乃至達到某一種程度的治療或類似心理諮商的意義，而有了「哲學諮商」、「哲學診治」的哲學式諮商輔導趨勢。

該趨勢指出，哲學諮商者與被諮商者之間的互動，不應為威權式的給予，而應視個案的需求，相互探索、對話，以期找出對被諮商者最為有效的問題解決方式。因此，哲學諮商者試圖找出更能符應上述目的的諮商模式，而諮商的內容則傾向多元與開放，以被諮商者的需求為主導。在此一理念下，凡符合或能對被諮商者產生作用之哲學，甚至宗教的理念與實踐方法，皆可適度地發揮作用。

對應於哲學工作者由理論進入實務的哲學實踐，更進而建立「哲學諮商」或「哲學診治」的領域與思考，研究者在

與學員的互動中，並自過往的宗教學習經驗中，試圖找出契入點，即思考藉由課程之規畫與設計，取用哲學諮商之概念與方法，而將佛法的理論以佛法實踐的概念導入，進而思惟「佛法諮商」或「佛法診治」的可能性。因此，一實踐路向的討論似應不只局限於理論的整理，似更強調應用層面，而有課程規畫之整體考量。

從而建構出以（1）書寫治療之方法為工具、（2）哲學諮商之理念為原則，以及（3）聖嚴法師禪學思想為佛法治療之核心，設計課程內容的三組模式，以符應學員需求。

最後則為課程模式之呈現形式與內容。

2. 本研究的概括提綱與彙整

本研究中之課程設計部分取用行動研究中「行動研究的主要特徵」與研究者的反思，以下表做概括性之呈現。

◆表1：行動研究過程的主要特徵❹與研究者的反思與回應

項次	行動研究的主要特徵	研究者的反思與回應
1	投入教育現況的改善	社區大學成人教育的對應
2	詢問特別的研究問題	1. 學員需要的是什麼？什麼樣的方式與內容切合需要且有意義、有價值？ 2. 研究者的觀察之一：他們是那些屬於二度降生的人嗎？（心理困境）

❹ 取材自《行動研究：生活實踐家的研究錦囊》（*You and Your Action Research Project*）Jean McNiff, Pamela Lomax, Jack Whitehead 著，吳美枝、何禮恩譯，濤石文化，嘉義，2001.3，頁22-41。

		3. 研究者的觀察之二：他們對類宗教或非正式宗教的宗教需求（宗教需求） 4. 研究者的觀察與實驗：如果對心理調適有需求，研究者能做什麼非正式的輔導或諮商嗎？如果能，如何做是對的？（將心理諮商輔導方式、宗教內涵導入是合宜的嗎？） 5. 研究者的角色如何回應上述問題？ 6. 課程規畫、教材設計、教室經營、教學方法的回應與思考。
3	把「研究者」放入研究的什麼位置？	目的與意義的思考，以「研究者是媒介」進行研究的作用與反思。

3. 詳述研究者的反思與回應

3-1 投入教育現況的改善

以研究者在社區大學教學所遭遇的問題與學員需求，重新檢視該教學場域的獨特性，重新思惟教學對象的特質，以因應學員的狀態，進行社區大學教學現況的改善思考與行動。

3-2 詢問特別的研究問題

此一部分的詢問與思索包括下列六項問題：

3-2-1 學員需要的是什麼？什麼樣的上課方式與內容切合需要且有意義、有價值？

3-2-1-1 學員的需求探討

學員之需求理解，來自之前課程與教學現場反應，發現僅限於對此課題感興趣之部分學員對女性主義相關歷史發展與知識內涵表示關心與熱忱。然多數學員所關心者較偏向如何在現實生活中處理日常問題，包括家庭問題與自我學習成

長等。因此思考課程走向時，發現學理與實踐兩者需有更密切的連結。

3-2-1-2　學員與研究者與其他學員互動模式探討

社區大學的學員不同於學院內的學生，對於上課的觀念與感受，傾向於課程之外的互動，包括與授課者、同學之間的密切互動，上課對其而言，不僅只是上課，更具備學習團體的同儕情誼，而使教學現場儼然成為另一種連結團體。

3-2-1-3　從學習團體到治療團體的衍伸

學員在上課一段時日後，發現此場域頗有治療團體的狀態與效應，因之生發研究者重新思索自己角色的歷程。亦即，研究者應該扮演的角色，以及隨之而來的有關授課模式、課程規畫的研究。

3-2-2　研究者的觀察之一：他們是那些屬於「二度降生」的人嗎？（關於學員對「心理困境」與「宗教需求」的分析）

3-2-2-1　由「二度降生者」的聯想對應學員面對生命課題的態度：

在與學員的互動過程中，研究者發現他們的狀態類似威廉・詹姆斯（William James）於《宗教經驗之種種》❺一書中所論述的「二度降生」者的人格特質❻，所謂二度降生者與一

---

❺ 威廉・詹姆斯（William James）著《宗教經驗之種種》（*The Varienties of Religious Experience*），蔡怡佳、劉宏信譯，立緒出版社，台北，2001.11，頁99。

❻ 前揭書中引用法蘭西斯・紐曼（Francis Newman）所說：「上帝在這個世上有兩類兒女，一度降生（the once-born）與二度降生（the twice-born）。」頁99。

度降生者的差異，在於遭逢生命困境時，一度降生者很容易
以自我轉念的方式樂觀面對，而二度降生者則對困境產生更
深刻的思惟，以及企圖面對、處理的強烈動機。

此外，書中指出，一度降生者對宗教有一種純然的喜悅
的「信」，「他們從一開始就擁有宗教上的喜樂，並不需要
從任何先前的負擔中解放出來後才產生。」❼而二度降生者則
不然。

由此一聯想，可對照出學員對宗教的渴望與遲疑，亦即
期望從中得到觀念的啟發，但無法參與直接的信仰活動，如
皈依或相關法會儀式等。

3-2-2-2　學員呈現的企圖心

此些遭逢生命困局的傳統婦女，不願意也無法輕易被傳
統教育、文化說服，他們面對抉擇有更多探索與期待，因此觸
發研究者在面對他們的提問與疑惑時，重新思考自己的角色。

3-2-2-3　從研究者的角色「觸媒」中引發「哲學諮商」的概念與實踐方法

從教學的角色思惟中，發現「觸媒」的角色較合宜於此
教學場域，即提供更多可能性的思考面向，而非威權式地指
出人生課題的「標準答案」、「快速選項」或直捷而輕率地
回應，此亦與「哲學諮商」中的「透過彼此的對話進行思想
觀念的觸發，進而讓對方自己尋究面對問題、解決問題的內
在思考」之觀點具一致性與連結性。

3-2-3　研究者的觀察之二：學員對類宗教或非正式宗教

---

❼ 前揭書，頁99。

的宗教需求。

3-2-3-1　研究者不自覺將佛法、禪法觀念的導入

由於授課內容規畫之初，就已隱含心理課題的討論，因此在提供多元面向思考時，除一般性的心理學、人生哲學概念外，研究者會不自覺將宗教思考，以及聖嚴法師禪法的觀點帶入課程中。

3-2-3-2　學員提出的非正式宗教（類宗教）的宗教需求

此狀況經由學員提問，興起研究者的內在觀照與覺察。學員曾表達他們的觀察：老師是否透過日常語言表達佛法的精神？因為與曾經接觸、學習過的心靈類課程有別，但對生命問題提出的省思似乎更深刻。

經學員提醒，研究者與學員就此進行對宗教課題的討論，學員指出，他們對佛法、禪法有興趣，但尚未準備好皈依佛教，成為真正的佛教徒，對佛教還帶著觀望心態，擔心成為教徒後需參與宗教活動，或進入宗教團體後，會於熟悉的生活模式中產生重大變革。

因此，研究者發現學員存在一種非正式宗教（或者稱之為類宗教）的宗教需求，為進一步滿足此種需求，而思索是否要將佛法或禪法的精神轉化或導入課程中，而非直接從宗教的角度出發。

3-2-4　研究者的觀察與實驗：如果對心理調適有需求，研究者能做非正式的輔導或諮商嗎？如何做是對的？將心理諮商輔導方式、宗教內涵導入是合宜的嗎？

3-2-4-1　學員提出心理輔導、諮商的需求

隨著課程的內容調整、彼此互動的增加、團體信任度的

深化，學員開始進一步提出許多心理的困境與問題，其中許多狀況與研究者在醒吾擔任兼任輔導老師的情況類似，然而身為哲學研究者、教學者，而非正式心理諮商工作者的立場，研究者便開始思考如何面對此種需求，進一步可以如何因應？

3-2-4-2　從「哲學諮商」到「佛法諮商」或「佛法治療」

如前一課題中所探討，思惟到哲學諮商或哲學診治工作，研究者便開始將其與心理諮商的關係與差異做進一步的探討與研究，希望從中找到更合宜的切入點，以避免因非正式心理諮商工作者而帶來不必要的後遺症。

哲學諮商工作中所提出的內涵部分，不只取材自西方哲學的觀念與方法，反而源自中國傳統文化中的哲學觀，乃至於宗教觀，可能更容易找出對應於學員的文化需求，此亦即許多心理學者進行所謂多元文化心理治療、本土化心理治療、文化治療中所論述之課題。

綜整上述 3-2-3-2 所討論的非正式宗教需求，研究者開始思考佛法治療實踐化之可能性，以及如何於課堂經營中進行相關課題。

3-2-5　研究者的角色如何回應上述問題？

無論從哲學諮商的方法論，或佛法諮商、治療的可能性思考，研究者該如何扮演合宜的角色，並將此二者的方式融入課程中，成為回應上述相關問題的重要參考。此亦導出3-2-6的回應與思考。

3-2-6　課程規畫、教材設計、教室經營、教學方法的回應與思考。

　　有關此部分回應與思考，將於後完整表述課程時予以說明、闡釋。

　3-3　研究者的角色思考

　　「研究者」的角色是媒介：為了完成上述提問，研究者發現於此歷程中，「研究者」將成為課程設計的中心，此中心並非表示研究者的重要性，而是表述研究者將做為觸媒或中介者，觀察如何透過課程的規畫與設計，將所欲達致的企圖傳遞與學員，以及學員如何透過對話、書寫、分享，從課程中產生學習效益。

　3-4　對課程設計予以解釋

　　下列章節將針對課程內容、書寫作業的設計與企圖導入的佛法、禪法內容進行文獻回顧與對話。

（二）研究者與相關研究文獻之「對話」

　　透過前述之歷程，研究者於相關研究領域之內在探索，構成此一「內在對話」。由研究關懷側面，朝下述三面向進行，即「書寫治療」、「哲學實踐」之「哲學諮商」（哲學診治），以及「佛法治療」。

　　由於此三領域之研究，途徑與面向皆極廣泛，因此以課程設計之主觀需求與關懷，在研究文獻之選擇上，並非作全面檢視，而是擷取研究者認定對本課程設計具直接作用者，故而有其限制。

1.書寫治療

　　所謂「書寫治療」，本研究採取自1989年以降，由美國

心理學研究者 James W. Pennebaker ❽透過結構性的實驗研究，探討有關表達性書寫（expressing writing）❾對創傷經驗暨生活中重要壓力事件的生理、心理緩和效益之研究為主，其中涵括有關書寫的方法、目的、意義、效能等面向，以及該治療取向在臨床上的限制與建議。

1-1　與重要研究文獻之對話

主要內容為兩部分，其一為書寫治療的歷史回顧與相關課題的討論、分析，其次介紹被視為當代書寫治療拓荒者（就其透過科學實證、控制研究之面向而言）的 Pennebaker 個人所進行之相關研究及成果。

1-1-1　當代書寫治療研究者的研究回顧與成果❿

1-1-1-1　書寫治療的歷史回顧

（1）書寫治療進入治療領域之考察：書寫在治療上的意義是針對傳統治療對處理創傷經驗的補充（Symth & Greenberg, 2000）。早期心理治療建基於發洩（消散）理論。發洩理論主要強調透過諸多技巧，如自由聯想、談話等解

---

❽ James W. Pennebaker 為美國奧斯汀德州大學心理學教授，在美國 American Psychological Association 和 Pavlovian Society 等心理學相關機構中具有重要地位，下文中所述及之相關資料整理自 James W. Pennebaker Ph.D. 所撰述之 *Writing to Heal : Guided Journal for Recovering from Trauma & Emotional Upheaval*, p3-16。2004, New Harbinger Publications, Inc., CA, USA.

❾ 後文將表達性書寫治療以書寫治療簡化取代。

❿ 以下回顧與分析整理自 *The Writing Cure: An Overview,* by Stephen J. Lepore and Joshua M. Smyth From The Writing Cure 一書，Edited by Stephen J. Lepore and Joshua M. Smyth；Published by American Psychological association. Printer: United Books, Baltimore, MD, First Printing 4, 2002; Second Printing 8, 2002; Third Printing 4, 2003, p.3-14.

放有關創傷的連結,以恢復創傷前的記憶(Breuer & Freud, 1895/1966),因此產生了名為「談話治療」的方法。

其他理論與臨床醫師擴充此概念,如Janet(1919)論證極有壓力的生活經驗會破壞健康,其模型強調與壓力相關的認知過程。Janet 主張壓力事件的記憶與知覺層次組合,變成片段與無組織的感覺,即聲音、圖像和感受狀態,那些狀態如同煩惱與痛苦附屬於原始事件。Janet 訴求轉變知覺層次的記憶,並使之進入附著於故事的說明,以舒緩創傷經驗帶來的不健康。此一觀點提示了表達性治療中有關「認知」與「情緒」機制等二者的重要性。因此書寫治療中的許多研究和論述,都致力於討論如何透過書寫壓力經驗,以轉變認知和情緒,並進而促成健康的效益。

(2)做為傳統介入法的書寫治療:書寫具壓力的生活事件、相關困擾和負面情緒,並非新的方法。除了描繪創傷的生活經驗做為介入處理,詩和小說一直被視為轉化創傷和治療書寫者以及他人的方法(DeSalvo, 1999)。表達性書寫的技巧對治療的領域和團體而言也非新方法。Ira Progoff(1997)在十年前便曾把日誌的書寫當作一種精神治療的方法,現今書寫在精神治療的處理中經常被當作指定的家庭作業。

(3)近期透過科學實證、控制研究的書寫治療及其相對的質疑:近年來研究者透過控制的方法、科學的研究去評估書寫的治療效益,控制性的研究明確表述書寫壓力的經驗確實能達致健康的效益。但不是所有研究都對書寫給出正面評價,亦非所有人皆能得到書寫的效益(cf. Smyth et al., 1999),仍有許多學者直率地對書寫效益提出質疑(e.g.

Greenlaugh, 1999）。許多研究者指出，對此一相對新穎且急速擴張的研究領域而言，持續對書寫治療保持質疑是適當且必要的。

在此領域中，James W. Pennebaker 和他的大學研究團隊被視為書寫治療的拓荒者，他們創造出極多的成功案例。在 Pennebaker 的「表達性書寫」的介入和矯正方法上，人們只透過數次，每次書寫20～30分鐘深刻的生活省思和與壓力事件有關的情緒，便能透過此簡單的介入，而產生高度的作用。

1-1-1-2 表達性書寫治療的意義與價值評估

在意義分析與價值評估部分，主要提出三個面向，其一為身心療效，許多實驗發現，其效益包括提高氣喘病人的肺功能和類風溼性關節炎病人的疼痛舒緩（Smyth, Stone, Hurewitz, & Kaell, 1999）；情緒和生理病痛的健康恢復（Greenberg & Stone, 1992; Lepore, 1997; Pennebaker, Colder, & Sharp, 1990）；以及增強社交關係和角色功能（Lepore & Greenberg, in press; Spera, Buhrfeind, & Pennebaker, 1994）。

其次指出，對許多臨床醫師和健康照護專業人員而言，此乃一低價控制的健康管理模式。雖然藥物對行為控制具相當效果，但障礙仍存在。（Friedman, Sobel, Myers, Caudill, & Benson, 1995）。因此，藥物處方在健康照護者中普遍被使用，但書寫治療這一低價的行為治療亦具貢獻，並具法律上的有效性（Friedman et al., 1995）。

第三部分強調書寫治療較談話治療具普遍性，且無表達障礙的問題。如社交上的拘謹、情感不穩定、缺乏接納的適度支持系統或個人的壓抑，都可能影響人們與他人討論壓力

或創傷經驗的真實性（Lepore, Silver, Wortman, & Wayment, 1996; Pennebaker & Harber, 1993）。書寫提供的方法克服此障礙，幾乎在任何地方都能進行，且無社交上的問題。

1-1-1-3　其他書寫治療研究者關心的課題、成效與建議

除了Pennebaker和他的研究團隊外，此一新興的研究方法，也吸引許多研究者投入，其中較為重要的研究課題、成效與建議，可概括為下列幾項：

（1）承受生活壓力者的書寫與調節成效：此部分的研究在於檢視表達性書寫從生活壓力、侵入式醫藥程序和慢性病當中，有關生理和情緒回復所扮演的角色，同時研究其效力與限制。

（2）有關情緒表達與否和慢性病的關聯：相關研究發現，對高血壓、過度緊張者、習慣性憤怒，以及因壓力而產生強迫性思想者亦能起效用（Davidson & colleagues）。

（3）書寫時正面看待疾病與正視負面情緒的意義：Stanton 與Danoff-Burg論證，對癌症病患而言，如依Pennebaker（1989）有關書寫的結構性程序進行，強調面對負面思想和情緒，能降低症狀及癌症的復發率和求助醫藥頻率。此外，書寫對癌症經驗的正面思惟，也能產生效益。

研究也發現，在傳統書寫指令下，寫作者傾向聚焦於負面思想和情緒，可能產生有後效、殘餘且短時間的痛苦。對那些高危險或高度痛苦者，臨床者須考慮到表達性書寫可能加深傷害或痛苦。在此狀況下，採取不同的進路，即促使人們聚焦於壓力來源的正面觀點，可能是更有效益的（King）。

（4）對兒童的效益：Dauite 和 Buteau 的研究中指出，書

寫不只是兒童內在思想過程的產出，也對兒童思想的形塑具主動性與活躍性。書寫故事能影響兒童有關社會化過程的自我確認，並能以正面方式面對妥協、談判，保護兒童免於危險狀態。

（5）對象的分析：有效性須考量個體差異。Lumley, Tojek 和 Macklem 論證了無論是較健康者，或心理狀態複雜、世故的人皆具效益。但也指出，對缺乏情緒辨識、理解力和表達能力者而言，技巧的訓練是必要的。

（6）無法產生明確說服力的部分：有關痛苦的思想和記憶，書寫治療的成效尚未掌握明確說服力，那些問題可能需要透過複合的行為控制和心理學機制來操作。

1-1-1-4　在情緒、認知及生物學上的進展

此部分的研究顯示，書寫可促進情緒的調整：Lepore 及 King 的研究中指出，此自我調整能增強心理和生理健康。Lepore 的研究團隊建基於情緒調節理論，觀察情緒表達障礙者，無論是極端控制或極度無法控制者，都能予以調節並帶來健康。

其次，書寫可建構更正面的自我認知：King 的研究建基於神經機械學及控制理論，強調可於回饋環路中促進維持或改變目標，協助個人在生活中提出新的目標並使更為集中，因此能建構更正面的自我認知（Daiute & Buteau 亦有同樣觀點）。

第三，透過重建工作性記憶（working memory）❶而影響認知：書寫能強化個人在日常生活中更有效率運作的能力。認知功能的基本狀態，如理解、處理和在環境中記憶資訊的

能力，是日常角色功能健康與否的評斷標準。Klein則透過工作性記憶的研究指出，壓力的生活事件損害認知的過程，而表達性書寫能重建此過程。

第四為有關生物學上的效益，Booth 和 Petrie，以及 Lutgendorf 和 Ullrich 都處理了有關書寫影響生理的過程，以及與健康和疾病的關聯。Booth 和 Petrie 重新檢視、評論表達性書寫與神經內分泌系統和免疫系統的功能，同時論證以書寫緩和情緒為基礎的壓力反應。

但其研究亦建議勿過度引申當前發現，因為以目前所觀察到的改變，於臨床上的顯著性還不充分。更反對簡化在神經內分泌系統和免疫系統運作上的效益，因為似乎還要視書寫者的性格特質和更廣泛的生理背景而定。

Lutgendorf 和 Ullrich 則論證書寫者的性格與其書寫作品確實在基礎生物學效果上扮演不可或缺的角色。

1-1-1-5　表達性書寫研究的新指標與臨床應用

表達性書寫治療是否能從基礎研究的發現中轉變為實踐的應用，以及是否能在演變趨勢中找出新的研究與應用指標，例如以網際網路做為書寫治療介入的結構，或運用於團體治療中，皆是相關研究者新的討論焦點。

新的研究指標之一是從實驗室到臨床治療的效益評估：Smyth 和 Catley 指出，以往大部分的證據建立於高度控制的實

---

❶ 工作性記憶是一專門術語，指的是人們思考複雜性課題的概括能力。如果人們對某些事感到憂慮：包括對過往事情的情緒波動，人們的工作性記憶就會變差。書寫解放了工作記憶，之後便能讓研究者們處理生活中較為複雜的課題。（Klein and Boals, 2001）

驗室結構,且通常以健康的學生族群為主,雖排除許多可能產生謬誤的混淆變項,但也因其無法明確產生落實於真實世界的普遍化結果,可能限制、誇大或曲解了書寫在健康上的效益。新的研究者所進行的,便是其於臨床上的介入,是否仍能產生相對療效。

研究指標之二,乃從網路治療的應用切入:Lange 和其同事則透過阿姆斯特丹書寫計畫(Amsterdam Writing Project),包括書寫介入的臨床實驗和一項以傳送心理健康服務的網際網路進路(網路治療 interapy),進行相關探討。另由 L'Abate 和 Kern 所推動,運用結構性的書寫陳述和指定作業為網路傳遞健康的服務,稱之為工作手冊(workbooks)。他們論述這樣的方法比面對面治療有更多益處,包括簡易的途徑、相對的低費用等。

研究指標之三,則試圖探討於團體治療之應用:Schwartz 和 David 討論使用書寫做為團體治療輔助工具的價值,具嚴重疾病者,尤其慢性疾病和疾病末期病人而言,團體治療和支持團體在處理創傷事件上愈趨流行,Schwartz 與 David 論述結合書寫與其他治療法,如緩和治療,能產生強化效果。

除提昇個人成長,在團體中透過分享其他人的作品而幫助團體治療進行。書寫雖為個人活動,亦能強化群體影響力,透過聽眾反應使書寫者得到回饋。

1-1-2　Pennebaker 的研究回顧與成果

Pennebaker 透過其結構性的實驗計畫,將書寫治療的研究推上了一個從心理實證立場來檢視的研究視野,其所有研究結果皆來自具體的實驗。其相關的研究與觀察可綜述如下重點。

　　首先為其研究動機之考察：從1970年後期到1980年初期，Pennebaker開始研究創傷經驗。研究發現，有創傷經驗者在各方面都有身心惡化傾向，但更糟的是，如果這些具創傷經驗者選擇保持緘默，隱為祕密，不曾與人討論、敘說，會比與人討論者容易成為疾病的高風險族群。

　　由於上述研究結果，促使Pennebaker開始第一個表達性書寫治療的研究。在1980年中期，15位學生參與了第一個書寫計畫。⑫

　　Pennebaker在這次研究，甚至往後的每一次研究中發現，人們在這項書寫計畫中寫出許多可怕的生命經驗：有關分離、性侵、身體的虐待、自殺的企圖，以及許多無法歸類、解釋的離奇事件。許多學生離開書寫的房間時，都帶著眼淚。

　　在後續的醫療追蹤中則發現，書寫有關創傷經驗者，往後看醫生的次數大幅降低，這也使Pennebaker對表達性書寫

---

⑫計畫中學生被分為兩個對照組，其一被要求書寫有關情緒與創傷的主題；其二只寫一般生活主題，乃至於不帶任何情緒。實驗者所寫出的東西都以匿名而保密的方式回收以為分析，且實驗者不會收到任何回饋。

　　書寫者書寫後，甚至可選擇不將書寫的內容置入收集箱中。唯獨要求其盡量書寫有關生命中的創傷經驗或最深刻的思想和感受，可嘗試把創傷經驗緊密連結於生命中的其他人或生命經驗：包括童年、與父母的關係、親密的朋友、情人或任何生命中重要他人。也可以把書寫連結到未來和想要成為一個什麼樣的人，過去的你或現在的你等等主題。至於未曾經歷創傷者，也可以寫下心中纏繞的矛盾、衝突或壓力。

　　最初許多志願者都因這項指令而感到意外，之前幾乎沒有任何人鼓勵他們寫下這些具象徵意義的主題。雖然如此，當他們一進入書寫的房間，就開始把他們的心寫出來。

在生理上的效益得到鼓勵。

至於 Pennebaker 的研究成果則歸納、分析如下。

（1）提出書寫的效益，包括生理上的效益❸，對生理機能症狀有減緩效果。至於心理上的效用，則區分為短期效益與長期效益兩大類，短時間雖有悲傷反應，但長期追蹤觀察，悲傷之餘，反能顯現清明的反應，負面思考模式、抑鬱情緒、焦慮狀態等都明顯降低。

另外，則論述書寫對行為上的改變，書寫會產生不同的行動表徵，包括學習能力、社交能力的提昇，成為更懂得傾聽的對象，甚至與人交往的過程變得容易。此外，針對高專業能力的中年失業族群的調查，發現書寫促使其擺脫憤怒、敵意與不快樂，並因而轉換成心靈更開放、對生命不同情境接納度更高的成熟者。

（2）分析治療對象，亦即哪些人能從中得到效益？

此包括第一，由人格特質、性別、敵意程度與情緒覺察力等面向分析：其指出所有人格特質都能從情緒書寫中得到利益。性別部分，發現男性從書寫中得到的利益略低於女性。從敵意程度與情緒覺察力分析發現，傾向敵意、侵略性

---

❸ 包括對免疫系統（Lepore and Smyth, 2002）、特效藥所針對的慢性疾病（Smyth, Stone, Hurewitz, et al., 1999）、AIDS病人的白血球數量、癌症病人睡眠問題的減緩（De Moor, Sterner, Hall, et al., 2002）、健康成年人的血壓控制（Crow, 2000）、酗酒者身體中的酵素活化（Francis and Pennebaker, 1992）等生理問題，書寫治療皆具備一定程度的效益。此外，透過測謊器進行後發現亦有壓力降低效益，如臉部肌肉壓力鬆弛、手汗狀況降低，血壓、心跳降低等。（Pennebaker, Hughes, and O' Heeron, 1987）

或與不願意接觸自己情緒者，比起較隨和、具自我覺察反應力者，在書寫中得到的改善更多。（Smyth 1998; Christensen, Edward, Wiebe, et al., 1996）愈是不願意開放自己的人，愈少與他人討論自己的問題；因此，此類人如能透過書寫表達情緒，助益更高。

第二，從教育程度或書寫能力分析，發現即使成員對拼字能力和文法沒有概念，但結果並無不同，仍能說出引人注目而有力的故事。

其中有一獨特的個案，來自那些在學習經驗中受到嚴厲對待、評斷的成員，他們害怕書寫任何東西，擔心會被以一定的準則責難。而知道自己的書寫不必被等級化、被批評或連結到自身，焦慮便因此消失。

第三，從創傷的時間與類型分析，若依創傷的激烈度分析，人們在創傷發生的一到三週內，會陷入無判斷力、無方向感的狀態，如從創傷經驗中產生的暈眩與退縮感仍在，展開認真而嚴肅的書寫可能太早。

至於創傷類型則未發現有任何差別，某些研究者相信，愈是無預期的、不想要的情緒波動與生活巨變，書寫愈能給予正面效益。（Stroebe, Zech, et al., 2002）

第四則從文化背景、角色階級和語言分析，就文化背景而言，書寫的正面效益在許多國家都被發現，包括美國、日本、紐西蘭、墨西哥、荷蘭、德國、西班牙、英國、匈牙利和波蘭。

語言部分，書寫治療對任何語言而言都有效，無論是否使用母語書寫。

　　此外，無論是社會族群中的較低等、中間或上層族群，書寫都能帶來利益。（Lepore and Smyth, 2002; Pennebaker, 1997）

　　第（3）討論書寫是否比其他表達方法（在此指談論或公開朗讀）更有效？包括錄音與書寫創傷相較，此二方法的效益相當。（Esterling, Antoni, Fletcher, et al., 1994）

　　但與某人談論創傷遠比書寫下來複雜的多，因牽涉到對象的接受程度，以及是否能完全忠實揭露，如果可以，討論也許比寫下來有效。但如果揭露的對象對當事人或當事人所說的內容無善意回應，可能比從不吐露來的糟。

　　至於將書寫的內容讀給他者聽，如聽眾沒有針對所說給予觀念上的回饋，可能會帶著更負面的感受離開。

　　只有一個研究結果發現，當要求把創傷經驗書寫下來，對著團體朗讀給其他人聽，結果產生了負面效應。與研究者所期待的相反，公開的朗讀造成病人更深的情緒抑鬱。（Gidron, Peri, Connolly, et al., 1996）

　　書寫與談論創傷的基本差異在於「安全」、「信賴」的考量，一般人不願意與他人討論情緒，主要是害怕他人的反應。書寫的目的則是要人完全真誠並打開自我。聽眾就是自己，而且只有自己。當人們向他人陳述自己創傷經驗的所有細節時，並不知道能否信賴對方，所以總會躊躇或隱瞞。如果不能完全而真實地說出故事，就無法得到充分的效益。

　　第（4）部分則歸納出有效進行書寫的幾個重要觀點，Pennebaker 除對書寫進行長期的效益研究，亦發展出結構性的書寫原則與方法，亦即欲達致有效的書寫治療，須考量下

述原則：

其一為開放承認自己的情緒，情緒是創傷的基本要素之一，因此經歷創傷後，感受並標示自己正面、負面情緒的能力相形重要。

其次則需注意建立故事的一致性，經歷創傷初期，每件事似乎都失控且失去正常連結。情緒性書寫的目標之一便是試著把每件事重新一起放回原來的樣子，形成具一致性的故事。

第三是試圖轉變觀點，創傷初期，人們通常只會從自己原先的角度去理解事情。而當開始書寫時，除了描述所看到、感受到，以及經驗到的細節外，會逐漸開始以他者的眼光觀察此事件（Campbell and Pennebaker, 2003）。

第四是以「發現自己的聲音」視為書寫的另一指導原則，以真誠而開放的態度表達自己。感人的作品並非書寫的重點，能得到最大效益者，是能在書寫中發現真實，反應出他們自己是誰的那個聲音。

第五是有關手寫或打字的差異，許多人直覺認為，手寫應比打字來得有效。但其研究團隊發現，二者並未發現顯著差異（Brewin and Lennard, 1999）。大部分的研究者建議，以什麼樣的方式書寫，端視該方式是否讓你覺得舒適、自在。

第（5）部分關心的是書寫治療有無潛在危險，包括第一個問題，是否會有失控之虞？人們相信，受創傷者內在恐懼會造成情緒低落，因此一旦被要求寫下這些經驗，有一定比例的受害者會失控而出現尖叫或激動的失控狀態。

Pennebaker依所觀察的上千個案經驗指出，至目前都未曾發生過。小部分案例有哭泣、傷心反應。近20年中，研究

團隊曾要求三個個案尋找臨床心理師協助，但此三個案都希望回來繼續隔天的實驗。

對此他提出的原則是，如因害怕書寫某個特定主題導致情緒沮喪，就不要去書寫該主題。

第二個問題是有關「過度分析」或「過度聚焦」的狀態。處理創傷經驗的重點是分析、理解，且讓它與生活產生關聯而持續前行。但有時人們開始對激烈情緒進行反應時，會因此被困住。Pennebaker指出，那時原設定的4天式書寫程序可能會延伸到40天，甚至4,000天。開始一次又一次持續訴說同樣的故事，卻從未發現任何解決之道。

Pennebaker分析，如果對同樣主題以同樣方式進行一天又一天，不但完全沒有幫助，甚至有害，可能是分析過了頭。因此建議，如果經歷了數天的書寫覺得沒有任何改進，可能需重新思考書寫策略對個人的治療意義，甚至應考慮與其他專家討論，如治療師、社會工作者、牧師（宗教師），或找值得信任的朋友。

第三個危險來自書寫後周遭重要他人的反應，如所謂黑函（勒索信）或羞辱，在許多童年受虐的文本中討論到，父母被子女控訴性虐時，其中一方不相信，或甚至譴責孩子所作所為導致事件發生。此狀況讓受虐者認為，最好對事件守密。對此Pennebaker建議，如不願意他人看到自己書寫的內容，寫完之後銷毀或隱藏，重要的是書寫時的心理紓解。

另一個被Pennebaker視為須嚴肅對待的問題，則是書寫可能導致潛在的生活變化。由於我們生活於一個與他人充滿連結的網絡，因此改變生活的某一面向，便可能潛在地影響

到許多其他面向。一旦開始處理創傷，可能會無法想像地影響到最親密的人際關係。研究結果也出現類似個案，於書寫後辭去工作或選擇結束婚姻，以開展誠實而面對自我的新人生。

1-2　書寫治療對課程規畫之啟發與反思

透過上述研究文獻之探討，研究者發現，如欲以書寫做為具治療意義之課程運作工具，上述內容提供了幾項提醒與省思：

（1）學員如於書寫初期產生悲傷反應，應如何面對與處理？

（2）學員如透過此方法仍無法產生更客觀的自我觀照，反而陷入痛苦，當如何進行下一階段的步驟？

（3）學員於書寫前，多會對自己的書寫表達能力質疑，且期望研究者針對其「寫得好不好」做出回應，而如上述文獻中所指出，書寫的目的不在於寫出辭藻華麗的動人文章，而在於心緒的表達，此亦與研究者對應之觀念相應。

（4）學員於書寫後，會在課堂中進行分享，因此如何建立出彼此信任的學習團體，並相互成為彼此的支持系統，以免發生如研究文獻中所稱，未得到適度且合宜回饋者，將可能於討論與朗讀後產生負面反應的問題，亦為研究者於課程經營之重要關懷。

（5）如聖嚴法師禪學思想中所提點，對外在人事物以平等無分別之態度看待，不批判、不評價、不以定見或成見預設立場，以取得學員對課程中他者的自在反應，亦與前述文獻中所謂，理解自己所寫、所言不受特定價值觀之評估，將

能產生真正坦然的書寫。

（6）書寫後是否會對未來生活與人際關係產生潛在或明顯的變化，亦為研究者與學員互動中討論的重要課題，畢竟「變化」對已熟悉的生活模式及傳統女性而言，是具潛在威脅者。

上述研究文獻中對書寫效益的實證研究，給予研究者採行此方法為工具帶來極大的鼓舞，然而其中所可能產生之問題與質疑，亦為研究者提供課程進行可能出現問題點的參考與心理準備。

2. 哲學實踐之「哲學諮商」（「哲學診治」）

哲學實踐（philosophy practice）強調的是落實傳統哲學的生命關懷面向，從而將古今哲人的智慧，透過哲學方法的訓練開展而出，無論是透過蘇格拉底的辯證對話方法，或者運用於諮商上的「哲學諮商」，乃至於象徵提供多元開放討論空間的「哲學家的咖啡館」，這波從1981年為分水嶺，正式將哲學實踐與哲學諮商進行連結的活動，迅速在歐美各地興起一股流風，透過研究、對話、工作坊、國際學術會議，甚至專業諮商輔導等形式開展，意圖將彷彿沉睡學術象牙塔千年的哲學傳統重新喚醒，將哲學這強調「愛智」的精神與方法帶回生活中。

2-1　與重要研究文獻之對話

哲學實踐或哲學諮商的領域是一塊年輕而尚待更多人投入開發的區塊，從1981年由德國哲學界之Gerd Achenbach 於 Colobne 附近之 Bergisch-Gladbach 開啟哲學諮商的業務，並於1982年建立德國哲學實踐協會至今，歐美學界產出許多的研究

成果與實踐成果，但在台灣的發展則還處於探觸、摸索階段。

輔仁大學於2003年成立「哲學諮商學群」，並於2004年元月的《哲學與文化》月刊推出「哲學諮商專題」，該專題中相關論文與書評，對國外研究進行了相當周全之研究回顧。

其餘較屬個人式的零星討論，多半以介紹西方哲學諮商的內容為主，少部分企圖從本土或東方思惟的角度探討東方的哲學諮商如何可能，以及如何建立中國傳統生命智慧主軸：儒家、道家等哲學諮商方法。另有部分學者透過「文化治療」的面向，與此主題進行相關連結。

以下為研究者透過國內外相關研究文獻所進行之詮釋與分析。

2-1-1　國外論文

本研究所參考之國外論著主要為刊載於哲學實踐學會（The Society For Philosophy In Practice）所發行的學報 *Practical Philosophy*（August 2001, Volume 4, No.2）上之相關論文。

（1）By Ran Lahav：*The Efficacy Of Philosophical Counselling : A First Outcome Study*

該論文從對哲學可以如何助人，以及如何在日常生活中使用談起，作者認為能將哲學諮商付諸實踐是令人振奮的課題，但如何實行確也有其困難，他並指出，自1995年起便有數位哲學諮商者進行相關研究，但由於未能將如何實踐具體展現，而使得實踐的落實較不具說服力。故而引發作者嘗試透過問卷與訪談等方法，進行所謂能否成功驗證哲學諮商效益的研究。

　　該文主要述及其理論與技術操作的框架，並以針對受訪者所進行的實際運作過程，包括問卷及作者所強調的逐一「對話」的交互作用進行分析。

　　作者之理念建立於哲學諮商應可協助個體面對人生課題的基本信念上，因從哲學諮商角度而言，哲學思想與現實生活不可分，哲學應被視為生命與現實正在進行著的對話，而非僅只是理論。

　　其次，作者認為，由於生命課題皆具獨特性，因此哲學應為一種「對話」，而非須遵循之權威；應協助被諮商者以哲學為工具進行自我檢視，方能協助其處理生活中的衝突，並豐富其人生、增長智慧；應視哲學為對話的內容，而非須遵循的權威，因每一生命課題都是獨特的，沒有普遍性或一致性的答案。

　　在效益上，其目的不在於讓個案感到好過或快樂，而是強調智慧的探索，如此方不致窄化哲學的用途，此亦與哲學起源於「愛智」的觀念相符應。且如能啟發被諮商者的智慧，其他部分便不再是問題。

　　於方法與步驟上，作者提出五階段說，包括：

　　A.自傳性的題材與結構：從被諮商者的立場出發，從其自身的處境及生活中遭遇到而希望討論的議題開始。

　　B.從自傳性題材提昇為哲學議題：透過諮商者協助，將被諮商者的自傳性題材提昇到哲學思惟的層次，將生活問題哲學化。

　　C.哲學課題精緻化：當哲學議題成形後，提醒被諮商者別急著回答問題，如果急於處理或快速回應，將可能窄化此

議題，而失去開啟多元觀點思考的可能性。

D.將哲學議題與生命課題進行內在檢視。

E.讓被諮商者對自己的生活提出觀點與個人的回應。

在作者與被諮商者的對談中，作者指向將哲學融入生活後對其產生的效益。其結論指出，受訪者對於將哲學融入生活中，以提昇面對日常生活的能力，並發展出新的面對生命的觀點、自我理解的方法，對其生活確有助益。作者也反思，此學習對被諮商者的個體化、獨立性思考，以及養成不依賴的思惟模式與習慣，確有其效果。然此歷程不會具快速成效，畢竟哲學思惟與世界觀、人生觀的建立需漫長的時間醞釀、發酵。

此論文無論就內容的論述，或實驗的結果（透過各種可能進行具體實踐），都展現了從事哲學諮商活動者的強烈企圖。

（2）By Peter B. Raabe : *Philosophical Counselling and the Meaning of Life*

該文針對哲學諮商在尋求生命意義的課題進行討論，而提出三個立足點的思考，包括有神論者、無神論者的角度，以及直接視此為「無意義的問題」的態度來對待。作者認為重要的在於此問題的本身，而非答案。此亦為哲學面對生命的基本態度。

其次，作者透過三個面向分析此一「人生意義」的問題，包括：

A.學術面：其一，事情本身就無意義可言，所謂的意義當屬人類所附加者。其二，意義本身屬符號學的討論，但生

命本身絕非象徵，反而更像是過程或事件的串連。其三，意
義是個人對生活的主觀感受製造出來的意象，如快樂、不快
樂、愛或孤獨等覺受。

B.宗教面：其一，只是看自己要在宇宙這本書中，如何
為自己編寫一個屬於自己的篇章。其二，問自己，什麼是生
命的永恆目的？其三，想知道上帝心中想些什麼，於是自己
進行猜想。其四，問自己，我如何過自己的生活，是否相應
於我將得到什麼報償或懲罰？

C.個人面向的思考：作者認為，面對提問此問題者，要
注意其發問的動機。很多人這樣問，是因為對自己失去信心
或質疑自我價值，甚且有自殺傾向，其發問不在於找出答
案，而是想減輕痛苦。或者，當一個人每天日復一日的生活
不再能滿足，或無法為其人生提供夢想和希望，這個問題就
會自動跳出來。作者甚且主張，此問題非普遍性問題，而關
涉個人生命，當人在受苦之際，或感到人生不值得活下去之
時，便會如此提問。

作者引用佛洛依德所言：「當一個人提出生命的意義和
價值的疑問當下，就表示他生病了。」（The moment a man
questions the meaning of life and value of life he is sick.）以及另
一位哲學家的相反主張來審視此問題，亦即 Peter Koestenbaum
所說的，這樣的提問對人生具有正面的價值與意義。

至於作者的思考，則是人生如果是快樂、幸福的，則一
旦遭受痛苦，反而令人對生命意義的追求顯得更痛苦不堪。
此外，他認為當人們開始問生命意義的同時，並不一定是他
的人生出了重大問題，而是生活中出現了困難，諸如無法扮

演好自己的角色之類的個人化狀況，只是人們會不自覺將問題放大為對整體人生的質疑。因此，要回應或面對人們提出此一疑惑，應注意每個人背後出現的個別問題。

此外，也許有些人提出此疑惑，不是經由深刻的痛苦而產生，是生命中擁有了快樂、成就或美好的經驗，進而產生反省，希望賦予這些美好經驗一個來自自我所創造、生產出來的意義。

作者將生命意義的追求這一看似普遍的課題，從哲學的角度多元剖析，提供吾人一開闊的思考空間，讓我們在面對他人提出此類問題之際，也可以從不同面向去思惟，而這就是作者面對哲學諮商提出的觀察與操作立場。

（3）其他於該期刊中討論的篇章

其他研究主要可概括下列課題，其一表徵出，哲學諮商工作者強調開放與多元思惟的立場，或討論情緒與理性，或就倫理學思考「如何做抉擇」，在在都展現此一領域工作者活潑的生命態度，而這些豐富的思惟與開放模式，正顯現面對心靈教育課題值得探問之處。

其次就目標論，如何將哲學實踐於生活，提供現代人省思與抉擇之參考。以「哲學實踐的助益」為核心，討論如何以及一旦將哲學實踐於生活中，所能為現代人提供的實質效益。此些效益非現實層面的解決，而是提供陷於生活兩難抉擇中的現代人，如何透過哲學思惟與思考方法，更清晰、理性的覺照自我，進而在面臨抉擇時採取理性的自治模式，而非長期依賴他人或耽溺於情緒的困境無法自拔。

綜合上述文獻，發現無論是對實踐方法的嘗試與建構，

或觀點的多元省思，對於研究者規畫本課程，有豐富的提點
與啟發。

2-1-2　國內專文❹

（1）黎建球著〈哲學諮商的理論與實務〉

該論文主要透過當代哲學實踐之重要學者，加拿大的彼
得・B・羅伯（Peter B. Raabe）所撰述之《哲學諮商：理論與
實踐》❺一書中重要觀念，及其個人於美國參與哲學諮商相關
研究後，從下述幾個方向對哲學諮商進行了無論是理論或實
務的基礎建構，主要內容包括：

哲學諮商的基本意義與概念介紹，從思想源頭與發展歷
史，對「如何以哲學助人」的面向進行可能性、可行性及進
行方式做出分析。其次，從此一領域建構的理論基礎予以說
明，包括人文主義、整全及普遍等原則的思考。並指陳哲學
內涵應包括具內容、態度及活動的完整系統，乃一從形上思
路落實於知識論及倫理學（價值哲學）之完整內涵。

上述內容，為從事哲學諮商所應具備之基本素養，亦即
從一己世界觀之建立，從而在哲學諮商過程中，透過方法讓案
主發展自我的獨立思考與建構或尋究出屬於自己的世界觀。

此外由於哲學諮商發展過程中，最大的衝擊及爭議來自
心理諮商及精神治療界的回應，因此該論文亦針對歐美哲學
諮商界對此一問題的回應做出討論，包括二者的異同、交互

---

❹ 主要參考《哲學與文化》「哲學諮商專題」中相關論述，356期（第31卷
第1期），哲學與文化月刊雜誌社出版，台北，2004。

❺ *Philosophical counseling : theory and practice*, by Peter B. Raabe, Praeger
Publishers, 2001, in USA.

交融對話學習的建立原則等。

　　而哲學諮商有別於心理諮商之一重大差異，在於哲學乃一強調價值觀的思惟系統，故而如何與價值觀進行統整，必然成為從事此一活動必須考量與進行的方向。

　　最後則介紹當代各不同哲學諮商理論所導引出的實踐方法，哲學諮商已在西方運作超過二十年，除理論外，也發展出許多不同的實踐方法。在該領域之諸多討論中提出的共識為「沒有一定的方法，不該也不能對所有案主採用如心理診斷一樣的判斷法則」，因此在實踐方法上如何進行，也出現多家論述。

　　該文提出三個目前較流行與重要的方法，包括：

　　A. Lou Marinoff 於《柏拉圖靈丹》（*Plato Not Prozac!*）中提出的PEACE法[16]：亦即「Problem」問題之辨識、「Emotion」情緒的檢討、「Analysis」分析評估解決問題的諸種選擇、「Contemplation」從整體方向培養一致性哲學觀點以進行沉澱與思惟、「Equilibrium」一旦做好行動與準備態度，便易以平衡狀態進行考量與抉擇。

　　B.Peter B. Raabe 所提出的四階段說 [17]：Peter B. Raabe 於 *Philosophical Counseling : Theory and Practice* 書中分述了各家的十種方法，並提出其個人的「四階段說」，包括強調諮商者與案主之間舒服而不具壓力關係的「自由漂浮的」觀點、

---

[16] 馬瑞諾夫（Lou Marinoff, Ph.D.）著《柏拉圖靈丹：日常問題的哲學指南》（*Plato Not Prozac! Applying Philosophy to Everyday Problems*），吳四明譯，方智出版社，台北，2001，頁51-70。

[17] 參見註8，頁129-166。

問題浮現後呈顯問題性質的「當下問題的解決」、雙方針對解決問題方法所提出的「意向性的行為教導」，以及讓當事人學會超越狀況而不再沉溺過往痛苦經驗的「超驗」步驟。

C.Achenbach的超越方法的方法（The "Beyond-Method" Method）**⓭**: Achenbach 於1981年開始執業從事哲學諮商，並發創正式的協會。其方法強調哲學諮商師不應對所有當事人提出同一方法，應協助當事人了解自己的狀況，同時不應預設立場，以及應協助當事人擴大視野等基本原則。

（2）潘小慧著，〈哲學諮商的意義與價值〉

本文從哲學發展的歷史脈絡中，思惟其與現代哲學諮商間的關聯，包括由Peter B. Raabe 所撰述的哲學諮商發展史中所指出的，從兩千年前的伊比鳩魯所說「哲學的特點在於其為一種『靈魂的療法』」，到二十世紀極具影響力的哲學家維根斯坦所謂，哲學的功用如果只是幫助我們在邏輯等深奧問題上增益，卻對重要日常生活問題上毫無幫助或改善，則學習哲學所為何來？其中一連串的提問與思索，在在皆提示吾人，哲學不應只是學院內用來純粹研讀的學問，更應回溯其最初意義，亦即展現其助人的一面。

另外，潘文從諸多哲學諮商從事者與相關機構所探討的定義中論述哲學諮商的目的，為「一個受過訓練的哲學人藉由哲學的方式，如借助哲學經典／文本、哲學概念、哲學理論、哲學家或哲學方法，幫助個體克服他／她個人所可能面臨的成長障礙，以達到個人能力的最適當發展的過程。」

⓭ 參見註8，頁56-57。

　　而在哲學諮商中，最重要的共通方法，即在於以「對話」做為主要元素，其意義為透過將內在思惟轉入一種互為主體／主體際性的交換（intersubjective exchange），以達到讓案主能擁有較好的「自我理解」。另提出「開放的對話」、「自己與自己的對話」、「文本／書寫治療（諮商）法」等考察角度，討論「對話」的幾種面向與可能性。

　　在哲學諮商的展望部分，則提出當事人「世界觀重建」的面向，包括「討論生活中關於意義和價值的問題、倫理的問題、關於某種特定狀態下做『對』事情的問題、做出滿意的決定及最佳的選擇承認有選擇的自由、判斷性地檢驗當事人支持的信念以及與其生活之間的關係……」等。

　　（3）黃筱慧著，〈文本論述與敘事理論在哲學諮商中的理論與實踐〉

　　本文主要從文本論述與敘事理論檢視哲學諮商方法論之建構，尤其對詮釋學諮商提出理論的基礎與運用的原則，包括「當下性與現場性地解構文本的書寫固定原則」、「重現出如同對方的論述原則」、「敘事與重構脈絡原則」、「延緩與區異原則」及「重回時間之流原則」等面向，是對哲學諮商內涵的深化解析。

　　（4）呂健吉著，〈論語之哲學諮商研究〉

　　本文以影響中國人極重要之思想典籍《論語》為本，試圖建立國內哲學諮商之另一種可能性。此乃對所謂「本土化」哲學諮商尋究不同出路。

　　文中歸結《論語》的諮商哲學為：諮商者必須是智、仁、勇兼具的「君子」，諮商的目標在於讓被諮商者產生不

憂、不惑及不懼的生命型態；方法則著重於「智性諮商」，
歷程則以短期諮商為主。

上述概念對於傳統「師道」之傳道、授業、解惑的意義
有所觸發，尤其在「解惑」一項，對於陷入紛擾惑象之現代
人，似亦具備某種意義上之啟發。

（5）許鶴齡著，〈廿一世紀逍遙遊：莊子之哲學諮商方法〉

該文首先指出哲學諮商能適用許多不同領域，包括婚
姻、生死、生涯顧問、自我尊重發展、自我認定、宗教上或
精神上、生命及存在的、人際關係等課題。再將重心對焦於
莊子哲學，試圖從中呈顯莊子哲學的獨特性，以及如何協助
人面對複雜的人間世與諸多煩惱困頓，莊子所提供者是一灑
脫開放之哲學性情，對於現代人而言，似也如另一種解憂
錠，對於破除慣性思惟、敞開閉鎖的門窗、生命問題的轉彎
與生命品質的提昇等面向提供不同於西方哲學的進路。

2-1-3　國外專文解譯

（1）Peter B. Raabe 著，陳曉郁譯〈一名男子殺死他的六
個孩子：哲學諮商與自由意志的「難題」〉（*The Man Who
Killed His Children: Philosophical Counseling and the 'Problem'
of Free Will*）

本文為 Raabe 針對加拿大一名勒死、射殺自己六個孩
子，並強迫已分居妻子看著六個孩子所在之處的屋子焚燒之
後，所造成的檢警對峙，而論述有關哲學諮商與精神疾病、
自由意志的課題。

由於該案件發生後，檢方提出精神醫師證明，作證該名
男子處於精神疾病狀態，而無法對自己行為負責。控方卻也

透過精神醫師作證，指陳其精神疾病並不構成導致該名男子犯下謀殺罪的行為。

作者以此論述有關精神疾病、行為因果論、意志自由以及哲學諮商對類似行為者可以進行的諮商與協助為何。其中主要辨析「將受諮商者疾病化」或「遭逢問題」二者之間的理論論證，以及對於一般人而言，遭逢日常生活的困境，是否一定就是陷入所謂的「病患狀態」，而強調喚醒人的理性思惟與選擇解脫的可能性，而非如行為論者或物質論者的因果機制條件般，僅能被動或誤以為只有毀滅是唯一的選擇。

此個案的討論，提供了哲學理論的關鍵辯證，對許多錯誤假設進行解析，此些假設混淆了下述概念，視其為等同之概念，如大腦與心靈、生物學與心理學、物質因果關係與動機、身體運動產生的原因與人類思想產生的原因、病原體與錯誤的理念、決定論與影響、物質責任與道德責任等。透過對這些錯誤假設與信念之剖析，作者希望吾人在面臨抉擇時，可以更開放的打破慣性思惟造成的單一思考與唯一選擇方向的迷思。

（2）Shlomit C. Schuster 著，錢仁琳譯〈哲學諮商、哲學心理分析、急救、以及哲學咖啡館〉（*Philosophical Counseling, Psychoanalysis, First-aid, and the Philosophical Café*）

本文從「什麼是哲學實務或哲學諮商？」啟問，對哲學諮商進行歷史的回溯，包括第一位開設哲學診所的 Dr. Gerd B. Achenbach 開始，對一連串後續的發展以及各式各樣觀點與實踐方法的介紹與分析。

其次從「哲學心理分析」、「哲學諮商熱線」、「個人

福祉與哲學咖啡館」，乃至「哲學的慈善」進行實際活動的
省思與探討。

2-1-4　國外專書書評

（1）陳曉郁評析：彼得・B・羅伯（Peter B. Raabe）
《哲學諮商：理論與實踐》（*Philosophical Counseling：
Theory and Practice*）

如評析者所言，如欲從著名的網路書店亞馬遜（www.
amazon.com）查找有關哲學諮商類的圖書，將發現有八千多
本相關書籍，然被列入前三本重要書籍中，就有兩本為加拿
大哲學諮商師 Dr. Peter B. Raabe 所著，其中又以本書最具代
表價值，儼然為此領域之基本教材。

本書分為三大部分：1.「哲學諮商的哲學」（第一至第三
章），主要為文獻回顧與檢視哲學諮商的各項原則；2.「一種
新的模式」（第四至第五章），結合前述各項原則與作者本
人之實務經驗，以期為哲學諮商呈現出新的模式；3.「實踐」
（第六至第九章），透過諸多案例研究，說明前述之模式所
展現的原則如何應用與實踐。

該書涵蓋哲學諮商發展以來之諸多理論與概念、運用原
則，併作者所展開之獨特方法與模式，最後以案例做實務分
析，對所有欲從事此活動，以及欲透過此活動運用於其他學習
型組織或課堂規畫研究者而言，極具理論與實務之參考價值。

（2）張紹乾評析：舒密特・舒斯特（Shlomit C.
Schuster）《哲學診治：諮商和心理治療的另類途徑》
（*Philosophy Practice：An Alternative to Counseling and
Psychotherapy*）❶

　　如謂前書為哲學諮商的基礎架構與實踐驗證，則本書便是一本透過與心理治療、精神治療詳盡異同解析之重要參照。

　　書中首先釐清「哲學實踐」（philosophy practice）之定義，指其應涵蓋「哲學諮商」（philosophical counseling）、哲學諮詢（philosophical consulation）、哲學心理分析（philosophical psychoanalysis）等，讓吾人對此領域及其作用、效用有一定義上之澄清。

　　本書以「哲學診治就是一場自由的對話」開場，讓吾人對哲學診治活動有一明確的認知，此亦與蘇格拉底、《論語》以及佛典中佛陀與弟子之對話產生意義與作用上之連結。

　　另一重要討論乃在於為哲學診治做一歷史定位，強調其為「非醫療」的哲學諮商，處理日常問題而非醫療化症狀。

　　內容分上下兩篇，上篇為相關理論之討論，分述哲學做為一種另類的診治、哲學做為診治的典例、哲學的關懷；以及哲學敘事的生活，著重於古典與當代的哲學實踐中，哲學診治的歷史定位，並證成此一「非醫療」的哲學諮商。上述章節以論述方式將哲學的診治與心理治療、諮商的診治內涵做出本質性的區隔，亦即日常的問題而非醫療化的症狀。下篇則如前書，以作者個人的開業案例，對哲學診治做實質的素描，做為理論的應用。

---

❶ *Philosophy Practice : An Alternative to Counseling and Psychotherapy*, by Shlomit C. Schuster，張紹乾譯《哲學診治：諮商和心理治療的另類途徑》，五南出版，台北，2007。 Shlomit C. Schuster為第一位在中東的耶路撒冷以哲學診治開業，並開設哲學諮商課程者，亦為以色列哲學診治和諮商學會主席。

該文並歸納出該書的思想進路為：1.哲學診治非心理分析、醫療科學；2.哲學診治對人生困境的作用；3.哲學做為實務之學等三個面向。

（3）尤淑如評析：馬瑞諾夫《柏拉圖靈丹：日常問題的哲學指南》（*Plato Not Prozac ! Applying Philosophy to Everyday Problems*）

該書原書名《要柏拉圖，不要百憂解》，就已明確將哲學諮商所能提供的意義，以及與心理治療、精神治療做出區隔，藥物誠然提供一快速解憂之道，然吾人之理性亦可能在對藥物的依賴中逐漸消褪，因此對於認同從生命問題之省思，或認知日常生活問題非疾病者而言，該書具有重要之提醒作用。

其中對哲學諮商之基本認知，如何運用哲學家的智慧面對生活中的困境或難題，提出許多參考指標，也讓當代人對哲學的學院化有不同的體會與親切的對應。

在實踐方法上，該書提出PEACE法，以為具體進行自我治療、對話、諮商之思路與方法。然亦如作者所強調，哲學不是用以治療，而在於提供指南與啟發，故而運用此法則之際，亦需思考其範圍與限制。然做為基本之自我認知與分析，此法亦具參考價值。

（4）黃鼎元評析：葛瑞林（A. C. Grayling）《生命的哲思》（*The Meaning of Things : Applying Philosophy to Life*）❷⓪

---

❷⓪ *The Meaning of Things : Applying Philosophy to Life,* by A. C. Grayling （葛瑞林），李淑珺譯《生命的哲思》，心靈工坊出版，台北，2003。作者為英國倫敦大學柏貝克學院（Birkbeck College）哲學講師。

（5）施玫芳、洪廷芳撰稿，尤淑如整理：艾倫‧狄波頓（Alain de Botton）《哲學的慰藉》（*The Consolations of Philosophy*）❹

（6）沈佳靜評析：艾柳薩‧史瓦茲（Aljoscha A. Schwarz）、隆納德‧史威普（Ronald P. Schweppe）《家用哲學藥箱》（*Die Philosophische Hausapotheke : Rezepte und Strategien von Konfuzius bis Schopenhauer*）❹

上述三書中譯本出版以來，似乎有將哲學智慧與內容進入「生活化」、「應用化」，乃至「大眾化」之趨向，其中將生活中諸多困境或難題分門別類，讓讀者可從中找到需要解答或參考之「智慧庫」，對於將哲學內涵輕簡地向讀者提供可能性思考有其作用，然此亦只提供些生命智慧或片段思惟靈光一現之參考，對自我的覺察、省思，乃至建構深刻或清晰的世界觀，則尚缺更周全的討論。唯其對哲學興發探觸之心者，頗具入門之效。

2-2　哲學實踐對課程規畫之啟發與提醒

（1）關於「對話」的意義與重要性：以研究者在輔導工作及成人教育團體心靈課程中之經驗，便發現「對話」在其

❹ *The Consolations of Philosophy*, by Alain de Botton （艾倫‧狄波頓），林郁馨、蔡淑雯譯《哲學的慰藉》，究竟出版社，台北，2001。著本書後，在英國電視頻道上主持系列哲學節目。

❹ *Die Philosophische Hausapotheke : Rezepte und Strategien von Konfuzius bis Schopenhauer*, by Aljoscha A. Schwarz （艾柳薩‧史瓦茲）、Ronald P. Schweppe（隆納德‧史威普），洪清怡譯《家用哲學藥箱》，究竟出版社，台北，2003。兩位作者共同出版過多種書籍，遍及心理學、東方哲學與另類療法。

中扮演極重要之角色,如何誘發出有效的、真正互動式的對話,是能否確當長養案主自我了解的重要關鍵。

(2)關於「哲學觀」的建立:哲學諮商強調透過對話過程,引導個案進行自我世界觀、價值觀,思惟倫理觀等的內在發掘、釐清與建立,同時不輕易拋出解答與標準答案,而是提供各種可能性,甚或指出意向,此皆提供研究者在課程進行中面對學員提問之自我提醒。

(3)哲學諮商是一種「創造性的思考」:並非將固定、完備的理論合拍應用到個別具體的狀況上,而是一種創造性的思考,是建立或誘發獨立思考能力之方法。在學員面對問題,且拘泥於慣性思惟時,此一原則能提醒其面對真實自我的狀態。

(4)哲學諮商不以「心理疾病」看待多數人的困境,而是強調「面對兩難抉擇的省思」或「日常生活的困境」:此一思惟對於易陷入「我是不是出了什麼問題」的傳統女性而言,提供一種轉向式的思考。

(5)哲學診治可進行意義的追尋:此亦為哲學之本質,為當代人對生活動機省思之重要課題。以研究者對學員的觀察,也發現在傳統文化中兢兢業業奉獻自己的傳統婦女,往往習於為他人而活,一旦思考到自己的存在意義與價值,便陷入對自己的負面評價中,因此透過此概念之強化,可於課程中提供其以開放態度對待自己的生命歷程。

3.具治療意義之佛法

本研究中所述及之佛法治療,主要指陳「具治療意義之佛法」,與一般「宗教治療」之概念有別,目的在於探討將佛

法之觀念或方法應用於生命困境之覺察、問題解決之觀點，乃至於遭逢兩難抉擇之際，如何找到可能的出口等課題。此一治療之概念，較接近上述有關「哲學諮商」之意義。

3-1　與相關研究文獻之對話

目前有關此一領域的研究，主要概分為兩大方向，其一強調佛教中的實踐方法，尤其指將禪坐（或謂靜坐，即meditation）運用於提昇生理健康上，諸多研究循西方心理學實證模式，透過參與靜坐者前後之生理反應，探討其對健康產生之效益，如腦波的變化、生理系統的調整、疾病苦痛的緩和等。

其次，則強調透過佛法中的觀念，對陷入煩惱、痛苦中的人們，達到「轉念」的效果，以促使人們從中產生新的思惟模式，對治煩惱、沮喪等苦的覺受。

而在研究者之課程設計中，主要將此一領域以「內容」導入，而非「方法」的帶入，因此對於研究文獻部分，重點置於佛法的「觀念應用」，而有關「禪修」、「靜坐冥想」或其他屬於佛教修持方法對治療效益等研究，則未列入。

如以觀念為切入點，相關之研究可概分兩大類，其一以所欲導入之觀念做為研究主題，其中又以南傳佛教、藏傳佛教或原始佛教之經典與觀念，乃至就佛法之基礎觀念，如四聖諦、八正道、中道觀、因緣法等導入佛法治療之目的、意義、效益等予以分析。其二則就佛法中重要觀念與西方心理學關懷之主題相應或矛盾處予以對照分析，如佛法中的「無我觀」如何與心理學的「我的價值主體挺立」等看似對反的觀點進行對話。因研究數量龐大而模式相近，唯各自的效益

結論有別，因此本研究中僅列兩篇從綜合論述觀點探討之文獻，其餘研究論著暫不詳述，待未來以上述兩類觀察為主之研究，再予探討。

（1）by Alfred Bloom：*Buddhism and Healing*

夏威夷大學榮譽教授 Alfred Bloom[23]所撰述的〈佛教與治療〉一文中，提出有關佛教的教理如何可以達到治療效益的論點，其重要分析如下：

A.從緣起言，佛陀修行的目的便在於嘗試解決存在的問題。

B.從作用言，佛陀被視為醫者或治療者，其對人類狀態之分析，如醫生般，透過診治（狀態觀察）、尋究原因，最後開出治療和應用的處方，此即四聖諦（感知苦－苦、知苦因－集、尋思道－道、苦得滅－滅）。

C.從治療基礎言，以東西方對「苦」的對照分析，西方人視苦為負面、消極、悲觀者；佛法則從深刻處觀察，視苦為真實情態。

D.從治療內容言，主要可分為下列幾個觀察對照

（A）有關「負面情緒」或「須診治之困境」

心理學與佛法對所謂「負面情緒」或「負面狀態」之思惟有極大之差異，心理學視此為不安、焦慮、挫敗，而試圖緩解或化解，以回復身心健康；佛法從究竟觀點看，視苦、樂為分別心所產生，核心來自無明，化解方法是理解、面對真

---

[23] Alfred Bloom 為世界上研究日本淨土真宗的權威，且被該宗任命為神職人員。

實，以徹底解消因分別而生起之苦感。由是而論，佛法治療之切入點，當從當事者苦感來源分析，以徹底處理無處不在的「苦感」。

（B）有關「不安」來源之對照

心理學視「不安」為人失去與周遭重要他人或環境的連結，以致產生「不安全感」，因此產生諸多處理親密關係的觀點。而佛法視此種渴求連結的心態為痛苦之來源，因此以尋因究果方式面對，當從「因緣」與「無常」之真實性如實觀察，袪除「以我為本位、為中心」的觀點，方能徹底處理「不安感」。

E.從治療目的言，佛法除究竟解脫的根本意義外，亦提供整全生活模式。

從此一觀點而言，佛法對心智的健康有所貢獻。把基於對自我擁有正確而真實的理解當作一種能動力，我們就能在面對生命的各種狀態時變得更有適應力與彈性。亦即接受生命與事物的無常與暫時性，我們可以變得更安寧與穩定。

（2）*Buddhism and counseling*, British Journal of Guidance & Counselling（Vol. 21 No.1 Jan.1993 pp.30-34）

此論文主要針對將佛法的理念與實踐方法導入諮商領域的合宜性的探討，並指出在日本及斯里蘭卡，專業助人工作者運用佛法後，確實得到效益以為驗證。此外，也針對佛教的特質與心理諮商的目的做出對照。

A.佛法引入諮商領域的合宜性，包括下列面向：

（A）心理諮商領域已不再強調單一的觀念與方法。

近代許多研究者視輔導的場域為一開放性的場域，認為

從宗教和傳統精神文明尋求實用而具價值的觀點和技術，可提高治療和輔導的效用（Mikulas, 1983）。

　　此外，由於現代人所遭逢的生活困境較過往複雜，過去視為解決問題的心理學觀念與方法，似乎有所不足，開放更多可能性成為必要。而佛法被視為其中一種可能，為當代心理學界所接納。

　　（B）對非西方背景之個案，佛法治療有其文化上之意義。

　　心理學為西方工業時代之產物，對異文化個案容易產生隔閡與難以接受的問題（d'Ardenne and Mahtani, 1989；Ward, 1983），因此對具佛教文化背景者，佛法治療有其作用。

　　至於佛法治療是否亦適用於更廣泛的對象，本論文亦提出檢證的必要。

　　（C）強調尊重諮商對象的獨特性，使佛法治療具備成功療癒的價值。

　　幾十年前普遍流行於臨床治療和輔導專業工作者間的想法，是認為良好的技術對任何對象永遠有效，但此觀點已不再被廣泛認同。為讓個案完全遵照治療指示，以達致成功的治療，真正有用的方法或技術，必須尊重個案的感受，且必須符合他們的整體生命觀。因此用對方法對個案而言是必要的，如 Singh and Oberhummer（1980）便曾描述治療一位印度女性時，因採用印度有關業瑜伽的概念，而獲致成效的案例。

　　（D）佛教主張的觀念與方法，能處理生活中的問題，亦能增進心理上的幸福感，因此納入輔導諮商是可行的出路之一。

B.就佛法本質而言，佛法治療是奠基於歷史傳統的諮商輔導系統。

在佛教社群中，佛法向來便具備輔導和治療的功能，僧侶更被佛教徒視為提供建議、支援及輔導者的角色。此些現象在泰國、緬甸、斯里蘭卡和其他地方皆相當普遍（Gombrich, 1988）。

佛教僧侶被視為能對某些問題指出超脫和客觀觀點者，同時能提供合理的解決方案，或至少是支持和慰藉，佛陀一生中便以此方式扮演輔導者的角色（Kalupahana, 1982; Saddhatissa, 1970）

C.就佛法特質中的社會倫理特質而言，能提供當代人不同的思惟模式。

佛法具明確務實的社會倫理意義，特別適合提供協助於受日常生活問題折磨而感到苦惱的狀態，如悲傷、失望、憤怒、恐懼和嫉妒。

D.佛教文獻中提供大量改變認知模式與行為模式的方法。

這些修正行為、認知的方法，可在人們行為與認知上出現疑惑時做為調控之用，這些方法甚且提供了極為細膩的步驟（de Silva, 1984；Mikulas, 1981），這些技巧，預示了許多認知和行為上的技術，已於晚近幾十年中在西方的心理學和精神病學治療領域中被大量運用並發展。

包括井然有序而系統化的獎懲法則、透過漸次地揭露而產生的恐懼降低、自我型塑、自我誡止，對刺激緊張的控制、明顯或隱性的轉變、利用家庭成員實施行為改變方案，以及明確有效的技巧，包括注意分散與過度揭露、無法控制

的強迫認知等。

E.將佛法導入諮商領域，經實際運作已有正面成果。

如日本人 Kishimoto（1985）的研究中指出，日本已有臨床工作者運用禪宗的方法治療精神症患者。亦有研究報告指出，在斯里蘭卡（Kandy, Sri Lanka），有治療團體運用原始佛教的技術於酗酒和吸毒成癮者（de Silva and Samarasinghe, 1985）

F.佛法對於痛苦的認知，具備痛苦的預防效用。

另一個有關佛教的深層觀點，是提供諮商輔導專業更寬廣的智慧，佛教提供人們預防痛苦的意義，包括心理上的混亂、騷動或憂傷。

此源自佛教的基礎觀點，指出生命中與成功、歡愉和快樂並存的，還包含失敗、悲傷、憂鬱陰暗與絕望。情感和其他關係也伴隨著種種問題，我們所附屬的標的會離開或死亡，人們會失去事業、財富和子女。而對物質上的成就與人際間強烈的附屬感，正是當代人的主要追尋，也因之為人帶來煩惱與痛苦。

佛教的態度則強調降低附屬與連結，提供人們降低憂傷和混亂的可能性。作者並強調，此一預防性面向，可能是佛教在諮商與輔導的實踐面向上一最有價值的潛在貢獻。

G.從心理學的角度而言，佛法治療是否能被納入諮商輔導的脈絡，關鍵在於其是否能滿足有效性的檢驗。

論文最後仍回到心理學效益檢證的角度，指出佛教概念與技巧的運用對個案和問題的適用度而言，可能只是強化諮商的實施。是否能被使用在諮商輔導的脈絡中，需要面對的

是滿足或達到有效性的檢驗,亦即評估其實證性能否與心理治療上的效益評價符合。如果這樣的評估證明能產生所期待的效果,就能將此併入當今諮商輔導的實行中。

3-2　佛法治療對課程規畫之啟發

（1）佛法提供的作用:不是把痛苦當「心病」以為療治,而是提供轉念的知見。因此課程中導入聖嚴法師的禪學思想,便在於提供轉念的知見。

（2）對苦與諸種煩惱的思惟:以負面觀點看待生命中的真實樣貌,勢必讓人陷入更無解的痛苦,因此,如能從苦與樂的分別心、相對性檢視,當能提供真實生命的徹底對應之道。

（3）對困境的思考:許多學員在面臨生活中的困境之際,總是期待來自他人或某些專家式的答案,且往往將問題投射於外境,卻無法從根本處看到「執著於自我」、「攀附於外在依靠對象」所造成的問題,因此上述文獻中所指陳的觀點,可提供學員看待問題的不同角度與面向。

4. 聖嚴法師的禪學思想

由於研究者的博士論文以「釋聖嚴禪學思想」為題,進行有關聖嚴法師禪學思想之爬梳與整理,因此本課程對於此部分之對話,即自該論文相關內容予以擷取與省思,透過法師思想中對生命課題給予提點之內容,整理為課程之核心思考與對照。

以下即就此部分歸納如下:　❷

---

❷ 此部分之歸納取材自論文出書後的內容,辜琮瑜著《聖嚴法師的禪學思想》,法鼓文化,2002.7,台北。

　　有關法師禪學思想中生活化、現代化之理念，主要透過
兩部分呈現，其一為法師禪法於日常實踐之傳承與理念，從
要義言，重視祖師「飢來喫飯睏來眠」之生活實踐；方法則
透過心與身的鍛鍊，從放鬆身心、體驗身心、統一身心到放
下身心❷，涵括了自我肯定、自我認知（放鬆與體驗身心），
自我反省、自我成長（體驗與統一身心）到自我完成、自我
消融（統一與放下身心）。❷

　　其中又以心的鍛鍊為要，包括四階段，從散亂心、集中
心、統一心到無心，將「無相」與「真空妙有」的理念化為
生命經驗，而將禪法融入生活，面對種種現實人生的境界，
藉境練心、處處下手。

　　其次就法師禪法於日常實踐之重要觀念擷取，包括諸如
由因緣觀自我與念頭的存在，體驗無常與放下對自我的執著
等。

　　因為本研究乃以課程設計為主軸，向外輻射出各個不同
方法、理念之參照，因此在法師思想的部分，未作系統性的論
述，而是採取將其他重要觀念與方法的啟發，於後文中詳列課
程內容與禪法對應的表格及敍述中呈現，對應部分為研究者之
整理，所擷取的法師禪法觀念，則以註腳的方式註明。

---

❷　「我到處指導的禪修方法是：放鬆身心，集中、統一、放下身心世界、
　　超越於有無的兩邊。能夠徹底超越，便是大悟徹底。」《禪門》，法鼓
　　全集光碟版（04-11，頁4，15）。
❷　「我經常介紹的禪修觀念是：認識自我、肯定自我、成長自我、消融自
　　我。以『有』為入手方便，以『無』為禪修方向，以努力修行的過程為
　　永久的目標。」《禪門》，法鼓全集光碟版（04-11，頁4，14）。

4-2　聖嚴法師禪學思想對課程之啟發

（1）透過法師教禪中所運用之觀念，應用至課程中相關主題。

（2）主要應用之觀念為法師對下列佛法名詞的現代化詮釋與生活化融通，包括「直心」、「平常心」、「分別心」及相對概念如有關「順境逆境、抗拒、對抗、障礙、擺脫、厭惡」等生活狀態的解析，以及如何透過方法體現「活在當下」、「不為所動」及「無所求」等情境。

五、研究結果

本研究之目的在於透過前述研究歷程，呈現所規畫之課程，因此將課程內容置於研究結果中說明。

1. 課程之規畫與設計

1-1　課程設計理念與目標

透過前述之與學員書寫文本與相關研究領域之「對話」，課程設計理念與目標，在於如何建立一完整之佛法治療課程，其中涵蓋工具（書寫治療）、原則（哲學實踐）與內容（聖嚴法師的禪學思想）。

1-2　課程設計歷程

1-2-1　取材與基礎：

來自一本為女性書寫而撰述的著作《寫作人生的況味》❷，原先是為承接前一期的課程「女性的閱讀與書寫」，希

---

❷ Susan Wittig Albert 原著，林亞君譯，圓智文化，1998.6，台北。

望透過更有系統的規畫，讓學員書寫生命故事，只是在書寫前，加入心靈探索的過程。

1-2-2　基本規畫之後的調整：

基礎綱要規畫好後，發現內在的設計需另外添加。因該書立基於西方女性思惟，如以此為主軸，雖能帶出西方式的模式或觀點，但對學員而言，畢竟有文化上的隔閡。此外，如只提供主題與素材觸發書寫敘事，似乎無法對應於學員需求，亦即對生命中真實碰觸課題的關懷。

1-2-3　區隔與深刻的內在延展：

為將此次課程與前兩次課程作出區隔，同時也希望課程內容進一步深化，因此需增加更內在、更深化的討論，而有將「書寫治療」、「哲學實踐」與「佛法治療」帶入課程之緣起。

1-2-4　書寫方法與實際練習的設計：

如何將內在心靈的思惟或生命故事透過文字表達，亦牽涉到導引的問題，尤其對不習慣書寫的社區學習婦女而言，經常掛在嘴邊的一句話是：「拿筆比拿菜刀沉重」，何況要在導引過程中加入禪法的思惟。因此在書寫練習的設計上，選擇一位自1974年開始靜坐、修禪的美國巡迴寫作課程指導人娜姐莉·高柏（Natalie Goldberg）所撰述的《心靈寫作：創造你的異想世界》（*Writing Down the Bones: Freeing the Writer Within*）一書，做為設計書寫課程的參考。❷書中分述

---

❷ 《心靈寫作：創造你的異想世界》，娜姐莉·高柏（Natalie Goldberg）著，韓良憶譯，心靈工坊，2002.10，台北。

了66項心靈書寫的觀念與做法，除了書寫的原則與指導如何進行之外，更多的是作者個人在禪修上的體會與如何運用於寫作的建議，對於後續書寫作業的設計頗有參考價值。

但由於作者強調的是寫作的自我訓練，與設計課程的初衷上仍有差異，因此課程仍偏重透過書寫設計提醒學員面對生命的獨特經驗與課題，而非探討或練習如何寫出所謂「好的文學作品」。

2. 課程單元的設計與思考

以下針對課程單元進行設計理念之說明，交代研究者思考歷程，其中禪法對應部分，即指聖嚴法師之禪學思想。

第一單元為本課程的重要導引，因此聖嚴法師禪法之應用亦主要透過此單元作基礎與基本理念之導入，故而此一單元中關於法師禪法之闡釋與介紹最為詳盡。

2-1 第一單元

課程主題為「從探索到書寫」，單元之意義在於課程主軸與意義的釐清，內容包括三個主要面向：心靈的探索、書寫的意義，以及書寫vs心靈。

（1）「心靈的探索」：

A.核心精神：時刻保持心靈探索的狀態。

B.對應禪法：時刻保持清醒覺照的心念。

C.課程綱要與內在精神則涵括下列五項：

（A）保持警覺：如實觀照。

（B）帶著整個自己：理解構築自我的元素。

（C）專注：每一次的探索都專注於一個主題，才能深刻。

（D）無時間的限制：時刻保持。

（E）緩慢、更慢：不受時間的限制，提供最大的舒緩狀態。

（2）「書寫的意義」：

A.核心精神：書寫是為了清楚觀看自己，不是為了其他目的。

B.對應禪法：如下表「課程綱要與內在精神」中所述

表中註記予以編號，以禪Chan之C為字首，後編號碼，範例如C-1、C-2，後文中與禪法對應部分皆以此模式編號，表格中禪法之對應思考，皆以編號取代之。此部分對應的內容，為研究者就聖嚴法師之禪法整理而出者。

C-1 調心的過程

C-2 透過生命的展現、念頭的流動觀照「自我」

C-3 禪修不是為了達到某些目的

C-4 禪修不刻意以某種方式呈現，行住坐臥皆是禪的表現。

C-5 禪修不帶著期待與想像

C-6 禪修不是與他人比賽，也沒有誰比誰能有成就。

C-7 禪修是人人可以進行的活動，就如同佛性存在每一個人的生命中。

C-8 精進不是為他人而精進

C-9 有時需勉強自己，因修行的狀態與日常習氣模式不同，對習於讓慣性帶著跑的我們，需帶一點勉強以擺脫習氣的慣性模式。

◆ 表：課程綱要與內在精神

A. 為什麼而寫？

書寫的目的	禪法的對應
調自己的心	C-1
如實觀照自我的歷程並真實共存	C-2
理解與承認自我的體驗	C-2

B. 不為什麼而寫？

問題點	對治思惟	禪法的對應
拒世界於千里之外	不是為了逃躲於自我的想像世界	C-3 C-5
淘汰不想面對的事	不是為了寫出美好的門面	
控制	不為誰或為了任何特定的目標而寫	

C. 這樣寫不下去：刻意的造作與期待

問題點	思惟與對治	禪法的對應
一定要想清楚才寫	讓生命自然流動	C-3 C-5
邊寫邊修	順任而非造作	
想像讀者是誰而寫	不期待獎勵或回饋	C-8
等靈感上門	隨時都可以書寫，書寫就如同探索的過程，時刻保持。	C-4
寫不出來，認為自己沒有天分	書寫是生命的自然呈現，任何人只要願意面對，就可以書寫。	C-6 C-7
半途而廢，反正不會如何	書寫不是為了成就成績，是自己的體會與經營。	C-8 C-9

D. 這樣想這樣寫

提　　　醒	思考「為什麼」	禪法的對應
想到就寫	自然如實呈現當下的狀態	
先寫先累積	所有內容都可先積存，不必事先架構。	
不論對象，不管讀者是誰	面對自我，面對每一種可能。	C-3 C-5 C-8
誘騙自己寫	找到動機、犒賞自己	
知道寫不出來是正常，休息再上路	長久的歷程，總有起落。	C-9
堅持下去	不受阻力干擾	

（3）「書寫vs心靈」

此單元的禪法對應，取材自聖嚴法師思想中的內蘊，因此非以編號方式舉列，而在表中列註。

A.如何在書寫中捕捉心靈感受

書寫與心靈的關係		禪法的對應思考
拋下什麼	1. 撇開社會文化的制約	透過禪法無分別的心書寫，方得在其中得到自由與釋放。❷❾ 以是如何就如何的觀照態度，放下「應該」如何的分別心，不要刻意去調控。
	2. 撇開自我設限	
	3. 撇開內在的壓抑與阻撓	
	4. 撇開被合理化、邏輯化訓練過的思惟與用語	
	5. 撇開所有的設定與挑揀，不去想什麼是好的或壞的題材。	
	6. 撇開好的作品的原則與規範	

	7. 不要預想會寫出什麼，或想抓住、控制主題。	
可以如何	1. 寫出實際所感、所見，是什麼就寫什麼。	
	2. 寫出心靈中對某些事物的靈光一閃，而非「應該」見到或「應該」有的感受。	
	3. 寫下所有流動的思緒，全然的釋放。	

B.書寫的困難與對治

困難		對治的思惟	禪法的對應思考
抗拒	面對真實的自己	什麼樣的人事物是自己無法面對者？	不以諂曲、遮掩的心，方能坦然觀照、面對真實自我。❸
	寫出心裡真實的聲音	思惟：真實的聲音出現後，會產生什麼樣的傷害或後遺症？	
恐懼	寫不出來心中的想法	害怕永遠無法導出想要的結果，不斷練習、不斷對話。	

---

❷ 「人之所以不自由是因為有所揀擇、取捨，因而覺得有欠有餘。無取無捨則一切現成、圓滿。因此，修行時不要貪求好現象，也不要討厭壞境界，只有不拒不求，才能無欠無餘。」《信心銘講錄》，法鼓全集光碟版（04-07，頁24，09）。

❸ 「只要還有一些期待，無論期待世間的任何東西，就會產生不安全感，就會有懷疑、憂慮、恐懼等煩惱心出現，就會怕人家看不起，就會怕失去自己的名聲地位，因此需要用諂曲的態度來保持、穩固自己的傲慢，這些都是煩惱，所以是與離欲的涅槃背道而馳。」《佛遺教經》，法鼓全集光碟版（07-13-2，頁55，06）。

	寫出來會怎樣？未知的後果不可收拾	可能的後果評估	
狂野的心難駕馭	心的奔馳自己無法掌握	沉靜、冥想、安定、專注，從散亂紛雜到清楚觀察心念的覺知與變化。	透過鍊心，讓無法作主、無法駕馭的執著與分別心穩定。❸

C. 書寫的迷思：被愛、被支持（書寫不是為了換得什麼）

綱要與內在精神		禪法的對應思考
迷思之一：寫作給我們活著的理由？	活著就是活著，沒有條件，也不能交換條件。	追求是執著，也是捆綁，因而成了煩惱與障礙。❸
	書寫如有目的，會影響其純度與真誠度。	
迷思之二：書寫可以博取注目、關心、愛？	即使沒有書寫，人也都值得被愛。	生命的價值不假外求，生命的存在本身本自具足其意義與支持。❸
	作品被讚美、被愛，與人的被愛無關。	
	需要被愛的人，遇到逆境的人，即使因書寫而得到肯定，也不表示能從現實困境跳脫而出。	
	當我們踩踏著大地，呼吸著空氣，我們的生命就已經被支持著了，毋須時刻向外求。	

---

❸ 「常人的我，是分別、執著、散心的我，無法自我作主，無能自我駕馭。所謂心不由己的原因無他，只因煩惱重，業力重，提不起又放不下。欲由散亂心進入專一心，首先要放鬆身心，放鬆頭腦，然後提起所

D.探索與書寫的共通性原則

綱要與內在精神	禪法的對應思考
1.充分探索、書寫，然後放下。	面對、接受、處理、放下
2.專注的關心生命歷程，會帶來深刻、豐富的回饋。	專注❸
3.不要等最好的時機與最合適的地點。	不刻意捕捉、造作，隨時隨地、每個當下都是好因緣。❸
4. 不要「促使」自己去做什麼，只要擺開成見，清楚觀察心念。	
5.軟化理性、感性二分的世界，保持彈性。	去除習慣的對世界價值的分別心。❸
6.不帶成見，如實觀察世界的狀態，讓心即興、自然的與一切互動。	不帶成見、如實觀照、如實互動。❸

用的方法。」《禪的世界》，法鼓全集光碟版（04-08，頁102，10）。

❷「我們去追逐一件事，這個你所追求的，就成了你所執著的。當然，你是被它綁住了，它就是你的障礙，也就是使你得到解脫的障礙。」《禪與悟》，法鼓全集光碟版（04-06，頁270，04）。

❸「都是因為不能自我肯定，才會處處需要別人肯定自己。佛法教我們應該做到心不隨『境風』所動，也就是『八風吹不動』，所謂『八風』是指：利、衰、毀、譽、稱、譏、苦、樂。」《平安的人間》，法鼓全集光碟版（08-05-2，頁10，04）。

❹「心如能夠集中，便可減少打妄想的時間，心力專注、頭腦清楚，揆之日常生活，應付裕如。做起事來條理井然，效率增進，不致了無頭緒，慌張顛倒、虎頭蛇尾。」《禪的生活》，法鼓全集光碟版（04-04，頁173，13）。

❺「雲門文偃云：『日日是好日。』也就是道在平常日用中。」《禪的生活》，法鼓全集光碟版（04-04，頁279，06）。

❻「一切的思想、觀念、分別、執著，均是從心相、身相、物相產生的印象及符號。」《禪的世界》，法鼓全集光碟版（04-08，頁33，05）。

7.不為探索與書寫而與外在隔絕，保持與周遭的交流與互動。	不把一切擋在門外，而是在境中體會、境中修持。㊳

2-2 第二單元至第九單元之規畫與調整

自第二單元起至第九單元，原則上以上述《寫作人生的況味》一書為參考結構，再加以調整，兩者之結構與對照如下表：

原書之綱要與設計	課程之調整
第一章：心靈啟蒙——誕生的起跑點	第二單元：誕生的奇蹟
第二章：榮耀、禮讚以及上天與幸運之神的眷顧	第三單元：榮耀的自己
第三章：肢體語言	第四單元：記錄生命點滴的身體
第四章：心靈摯友	第五單元：我的感情生活與情感世界
第五章：心靈旅程	第六單元：我的生命冒險（關於旅程）
第六章：關於自己的安樂窩	第七單元：家
第七章：影之谷	第八單元：探索、面對生命中的幽暗地帶
第八章：相互的興趣與共同的目的	第九單元：我與他者與此世界的互動

㊲ 「對於一個開了悟、有智慧的人而言，並無主見成見的自我立場，內心世界只是環境的如實反映，都是來去自然，隱現無痕。是各種因緣促成環境的變化，也是各種因緣促成內心的活動。」《公案一○○》，法鼓全集光碟版（07-08，頁38，06）。

㊳ 「應當時時對境觀心，不染萬境，便是一直心，便是清淨心。」《神會禪師的悟境》，法鼓全集光碟版（04-16，頁115，13）。

關於原題材與課程綱要之別,以及實際課程進行中,如何透過禪法的思惟對應之,則先以兩者初始之企圖比較之,再以下表作一概略性的整理。

採用本書進行心靈的探索與生命的書寫,主要即因書中所選定之主題,與當代女性所遭逢之生命課題有密切之連結,為日常生活中必然面對的困境與抉擇,因此認為學員可透過此進行較深刻的內在省思。

2-2-1　原書之企圖與目標:

作者在西方女性關懷之根柢下,一方面想透過該些主題讓女性從女性的觀點發聲,而非透過男性為主導之文化考量理解女性;同時亦帶有敍事治療之意圖,希望女性可經由自我故事之書寫,面對生命的課題進行療治。

書中並指出有八項簡單又不會過時的基本主題架構,即:

（1）我們的故事起點與誕生的陳述

（2）我們的成就、才華與榮耀

（3）我們女人的身體

（4）我們的愛、愛人與愛情故事

（5）我們的人生之旅與其過程

（6）關於我們的家

（7）造訪我們內在心靈的影之谷

（8）我們與團體的互動與貢獻㊴

2-2-2　課程設計之企圖與目標:

㊴《寫作人生的況味》,頁42。

由於前兩期課程中，發現學員具備某些共同性，即來自傳統而典型的「重男輕女」文化背景，然其一方面具備傳統女性所強調之「婦德」，一方面卻在求知的強烈動機下，希望更清楚自我的定位，並希望透過學習成長以探索轉化生命質地的可能。因此，在她們以「宜蘭阿信」、「圓仔花」❹相互調侃與自我定義中，思惟如何透過禪法之精神對應之，即如何在女性自我的卑微角色中，先建立並予以肯定，再進而思惟如何化解或療治其生命困局。

此一理念，即為聖嚴法師對「自我課題」之闡釋與啟發，即面對自我的四個路徑與思惟：認識、肯定、成長與消融。

因此書中的書寫、敍事治療之方法，即為課程設計所運用的實踐方法。而這樣的動機，如何可以透過禪法精神的貫穿，進行所謂「佛法治療」，即為後續課程經營所考量的主軸思考。

2-2-3　課程之轉化與禪法思惟之應用：

以下透過表格形式，將課程單元之轉化與精神，對照禪法思惟與應用，以呈現課程進行之主要內容與方式。其中有關禪法思惟部分，為研究者透過對聖嚴法師禪法之理解，將之轉化為與課程相應之概念。

---

❹ 阿信為日本連續劇女主角的名稱，在學員心中的象徵意義為吃苦耐勞、無怨無悔為家族與其中成員（無論是原生家族或婚後的婆家）付出的精神。「圓仔花」之象徵意義可以學員作業中的書寫理解之：「俗語說：『圓仔花，不知醜。』用來反諷長相醜陋而又不自覺的女人。可見一般

　　由於此部分之轉化，牽涉法師禪法之整體觀點與應用，因此如將引用章節列入，恐過於繁瑣，未來進行具治療意義之法師禪法研究，將對此課題進行更完整之探討與論述。

單元主題	課程之轉化	禪法思惟與應用
溯源	1. 進行前述家族、時代環境背景之理解 2. 找到自己的歸屬與認同 3. 重新定義自己的生命意義	從自己的歸屬與認同中，觀照自己一向如此卻不一定清楚的思考、行為模式（或習氣來源）。
自我肯定	1. 從生命中的幸運之神思考因緣，即生命歷程中的人事物連結。 2. 從成就思考成敗的觀點與對生命的深刻作用。 3. 我們是否被世間的成就觀束縛、捆綁？ 4. 討論什麼才是完整的榮耀自我？	在進入無我的自我消融之前，須先明確知悉自我的價值，亦即自我肯定的立基點。
身體與心靈	1. 討論身體與自我的關係，以及如何解除制約，坦然面對身體的真實相。 2. 回溯記憶中的身體經驗 3. 面對時間中的身體與回應逐漸衰老的困境 4. 回應世間對健美身體的迷思	1. 從五蘊的角度思惟身體的意義 2. 如實觀照自己的身體（是如何就是如何，不必羞赧以對） 3. 從無常的觀點，看時間中的身體與回應衰老的困境。

　　人眼中，圓仔花是極不上選的花。……然而年紀愈長，愈發覺自在的可貴，生命力旺盛的可喜，像『圓仔花』那樣好養易活，不在乎別人的評價，兀自歡天喜地的散播青春、散播活力，多可愛，多令人感動啊！……那種奼紫嫣紅、神氣活現的喜感，讓研究者覺得這種粗賤的花也有無可替代的時刻，也有最適合它們展現的場合，不會永遠埋沒在鄉野間。」

	5. 身心如何連貫照看	4. 觀察體會身心的連貫
情感世界	1. 感情模式的觀察反思 2. 自治與依賴的對照 3. 觀察情感世界中的對象與我們的關係，對我們的影響。 4. 親密關係的檢視 5. 找出心靈摯友（打破關係的限制，從心靈摯友的角度重新看待） 6. 模擬與假設：我們從情感關係中要學習的是什麼？	1. 觀察並省視情感困境與課題，找出習氣與模式。 2. 禪法如何討論親密關係：親密與自由 3. 如何從情感關係中學習，無論感受到的是痛苦或歡愉。
出走與走出	1. 旅行的迷思 2. 重探旅行的意義 3. 從旅行的種類思索、回顧旅行的經驗 4. 陌生與熟悉：嘗試在自家附近迷路	1. 旅行如果象徵一種出走，是不是就真正能走出困境？ 2. 一定要走遠才能解除現實困境嗎？ 3. 重新檢視熟悉的情境，找出新鮮的意義：每一次的經驗都是全新而不帶成見的。
生活安立 （家）	1. 對家的意義、可能性、自我看待等問題重新思考 2. 家的陰暗與光明 3. 面對陰暗面的不同思考角度（轉換與自療的可能性在哪裡？） 4. 家在哪裡？思鄉與想家。 5. 期待或理想中的家為何？為什麼？	1. 為什麼家會帶來痛苦與負擔？我們如何期待家對我們的意義？ 2. 為什麼會視家的某些面貌為陰暗者？ 3. 家的陰暗面是否有其特殊的作用與意義？ 4. 轉念的思惟

生命陰影	1. 為何要探索生命幽谷？ 2. 陰影中黑白天使是否並存？ 3. 陰影（心中不安）從何而來？ 4. 如何面對、處理無法安頓的生命？	1. 黑白的分別從哪裡來？ 2. 生命問題如何面對、處理、安頓？
人際脈絡	1. 我們與他者、所處的世間的相互依存性。 2. 從「我是誰？」檢視生命的網絡。 3. 人際關係的同心圓 4. 打開封閉的圓，拓寬到社會、組織、活動。	1. 因緣觀我、他者、世界之間的連動 2. 我是誰？ 3. 解除自我的痛苦從利益他者而來

2-3　書寫作業的設計與所蘊含的意義

學員的書寫作業，為本課程的重要工具，包括「書寫治療」中以書寫為工具，以及「哲學諮商」之原則，即「對話」，做為課程進行之方式，皆以學員書寫內容為中介。所以，作業的設計是否達到與課程的密切連結，以及能否從中找到禪法導入的作用，書寫作業的設計可謂其中重要環節，因此在本段特就作業的設計予以說明。

單元名稱	作業設計與目的	禪法的導入
誕生的奇蹟	「我的第一次」：每一次的最初體會總是充滿新奇、震撼與新鮮、活潑的生命力，但我們總在熟悉之後遺忘了最初的感動。透過第一次的回顧與書寫，找出對日後的影響與模式的如何建立，為自我了解的契機。	把每一次的生命經驗、與人事物的互動都當作第一次，用不帶標籤的當下感受去體驗生命。**④**

榮耀的自己	「寫一則關於自己成功的報導」： 1. 打破世間對能力與成就的觀點，從自己的生命經驗中看到能力與美好的質素。 2. 對羞於表現自我的卑微性格挑戰，以第三者客觀報導的模式觀看自我。	每個人內在都有佛性，佛性的展現可以不拘形式與世間限制。❷ 重建觀看自我的方式。
記錄生命點滴的身體	練習：透過靜坐或安靜躺著感受身體，以及身體想對自己發出的訊息。不用理解的方式，而是開放感受，不加以評價。 書寫： 1. 寫出五個身體感官想對自己說的話 2. 寫出五種最常出現的肢體動作，觀察其中的意涵與表現。	重新感受身體，放鬆，不評價、不貼標籤。❸

---

❶ 「禪七的修行，每一天的經驗，也不是停留在同一位置、同一狀況；我們的每一秒、每一次呼吸、每一個念頭，都是新鮮的，身心都在不斷地享受新的變化。若能時時保持新鮮的感覺，你的禪修經驗就非常豐富了。」《禪鑰》，法鼓全集光碟版（04-10，頁92，07）。

❷ 「佛教之要倡導一切眾生皆有佛性，就是還給各自的一個本來面目，教人各自以其獨立的精神，建立起必可成佛的信心，再去向自我的心性之中，尋求各自的本來面目。」《評介・勵行》，法鼓全集光碟版（03-06，頁264，07）。

❸ 「練習著對見到、聽到、感觸到的任何狀況，都不要給它名字、形容、比較，這主要是為了達到不和它產生對立的目的。因為有名字、有比較、有形容，就是對立。凡是大的、小的；長的、短的；好的、壞的，或是什麼顏色等等的分別，就已經把環境裡的東西拆得一個一個散散的，不是成片的。」《聖嚴法師教默照禪》，法鼓全集光碟版（04-14，頁173，06）。

我的感情生活與情感世界	（一）心靈摯友 1.定義自己的心靈摯友 2.列出名單 3.描述其中一個與自己的關係，並說明何以被列入你定義中的心靈摯友。 （二）模擬 1.出生前的會議：生命中重要他人對你的意義 2.以漫畫腳本寫出此重要他人在你生命中的時間歷程	打破一貫認知的情感關係與角色。 體會時間歷程中情感關係與角色的變化。❹
我的生命冒險（關於旅行）	1.模擬：我是一位專業的導遊，介紹一個你想推薦的地方（遠方、近處皆可） 2.相片或紀念品的回顧：觀察心境的變化	1.重新看待周邊環境。 2.觀察旅行與回家之後對同一情境或物品的心念變化，思惟心念的無常。❹
家	你期待或理想中的家。 外觀、環境、裡面的東西、裡面的人、我在裡面的感覺、一個紀念品。	觀察自我的理想與期待，與現實生活的差別。 內在的心與外在的家有落差時的思惟。❹

❹ 「然而這些有你、有我、有環境的存在，都是『虛妄相』，因為這些都是經常在變異變動的。因此，『凡所有相，皆是虛妄』，虛妄的意思，是暫時的、臨時的，跟演戲一樣，演什麼戲就扮什麼角色，這角色不是永恆不變的。」《福慧自在》，法鼓全集光碟版（07-02-2，頁18，04）。

❹ 「只要願意留心，便見心念的生住異滅，是無常；肉體生命的生老病死，是無常；自然現象的風雲雷雨，是無常；時間的古往今來，是無常；空間的滄海桑田，是無常；乃至花開花謝、月圓月缺、榮華富貴與潦倒落魄等，都是無聲而說的無常法。」《學術論考II》，法鼓全集光碟版（03-09，頁56，13）。

	寫下黑暗天使的故事：	
探索、面對生命中的幽暗地帶	黑暗天使是什麼？（不安、恐懼、焦慮、哭泣、苦惱、悲傷、絕望、壓抑⋯⋯種種負面情緒反應） 1. 黑暗天使的名字 2. 他何時出現？如何現身？曾改變過嗎？他帶著面具嗎？有哪些？ 3. 他的好惡、習慣、需要是什麼？達不到目的會採取什麼手段？ 4. 黑暗天使帶來什麼樣的生命經驗？ 5. 黑暗天使出現時，你在哪裡？身心反應如何？什麼情況下會離開？	面對生命中隱藏的負面情緒，打開那個部分，觀察看看是哪些？最常出現的是哪些？為何出現？出現的意義是什麼？❹ 面對、接受、處理、放下的歷程與作用。❹ 觀心念無常。

---

❹「我們經常感受到外界種種的壓迫和束縛，例如：空間太小、活動範圍狹窄、時間老是不夠用、責任沒完沒了⋯⋯，總之，既不自由，也不自在；要想擺脫這些障礙並非不可能，只要深入開發自己的內心世界，讓自身臻於禪境，就能達成目標。」《動靜皆自在》，法鼓全集光碟版（04-15，頁65，14）。

❹「須以安定心面對事件，了知種種現象皆有如夢幻泡影。夢幻泡影不能說沒有——做夢時有；幻象、幻覺是有，水泡是有，投影也宛然存在。類似的種種生命現象、社會現象、自然現象⋯⋯，我們須當下便能覺知、提醒自身：這些是臨時的有、暫時的有、因緣的有，本質皆空！沒有不變的存在。現在出現了，只要面對它，很快便將過去。此際是壞現象，然而壞現象過去了，好現象即會出現。僅要依著智慧尋找因緣、促成因緣，好因緣自然會於時空中翩然綻開。」《聖嚴法師教觀音法門》，法鼓全集光碟版（04-13，頁101，05）。

❹「以客觀的角度來反省，找出問題形成的因素及思考因應的辦法，進一步運用一己的所有及所能來處理它；處理之後就可以放下它了，讓一切都成為過去，不必沾沾自喜，不用耿耿於懷；這就是我常講的『四它』

我與他者與世界的互動	1. 書寫「我是誰？」 2. 製作人際關係的同心圓：第一圈是自己，第二圈是視同家人的對象（朋友或家人皆可），第三圈為曾經或現在的知心好友，第四圈為參與的社團、組織或活動，最外圈是自己投入心力的公益活動。	1. 我與外在的互動，來自自我的認定，我與世間的一切都具備依附性，因緣法的提醒。㊾ 2. 同心圓的思考帶著什麼意義？㊿ 3. 在依附的因緣中，如何在同心圓的共生中不變成依賴與依附。

六、結論與反思

本研究透過課程規畫之概念而進行，目的在於探討應用聖嚴法師禪學思想導入社區大學成人教育領域中之可能性，

哲學。」《人間世》，法鼓全集光碟版（08-09，頁52，04）。

㊾「不論是眾生的生命本身或生命所依附的環境，都在周而復始地不斷變化之中，沒有一樣東西是永恆不變，所以稱為緣起和合；緣聚則生，緣散則滅。」《禪與悟》，法鼓全集光碟版（04-06，頁250，04）。

㊿「如果我們通過修行的經驗，就可以體會到所有的有情、無情，不管是動物、植物或礦物，外在世界和內心世界並沒有分開。我們個人的身心，和所有的人以及一切眾生，都是連在一起，而非孤獨的存在。所以，當我們能用佛法的觀念和修行的方法，來做為生活的指導以及生活的體驗之後，會使得我們感覺到這個世界是很大的，對世界上所有的人、所有的眾生，會感覺到非常的親密而不是那麼疏遠的。」《禪的世界》，法鼓全集光碟版（04-08，頁290， 06）。

以及此應用是否可能具備佛法治療之意義。

　　透過對課程設計之相關理論研究，發現以「書寫治療」之成果分析與提醒、建議，暨實際書寫作業之進行，以書寫為工具之運用，確實具備相當成效。學員確於書寫過程中出現研究文獻中所述及之反應與變化，包括初期之悲傷反應，以及逐漸產生之客觀對待與清明澄靜之思慮。

　　至於以「哲學實踐」之理念做為課程進行之原則，包括「對話」的方法與態度，進行之際須關注之焦點，如轉化威權式之指導為平等之對話與討論，提供意向性與超越性之建議以引導學員從慣性思惟模式中走出等，亦於學員與授課者間建立獨特之信任關係，同時對於導入佛法概念，具有前導性之作用。

　　而以「佛法治療」之精神，導入聖嚴法師之禪學思想做為內涵，對學員而言，此種非直接涉入宗教活動，而以佛法觀念提供轉念之方式[51]，亦為學員所接受[52]，且於書寫文本中展現其應用於日常思惟之變化與調整。

---

[51] 此即如聖嚴法師所言：「禪的本身不是宗教，也不是哲學，而是一種生活理念、方式、內涵。」見《禪與悟・擔水與砍柴》，收於《法鼓全集》第四輯第六冊，頁170，法鼓文化，台北。

[52] 於「心靈探索與生命書寫」（92學年上學期，下學期則開設延續課程「生命之旅的閱讀與書寫」）系列心靈課程後，應學員要求，研究者開始於宜蘭社大開設系列佛法課程，包括「福慧雙修的《金剛經》」（93學年上學期）、「開心學佛」（93學年下學期）、「大家來念經」（94學年上學期）、「不可思議的《維摩經》（一）」（94學年下學期上午）、「根本沒煩惱」（94學年下學期下午）、「不可思議的《維摩經》（二）」（95學年上學期）等。

　　經由上述有關本課程之實踐歷程，並透過學員書寫文本及課程進行中之互動與對話，研究者認為此一課程模式可成為心靈類課程設計之基礎，而依不同之需求再進行調整與修正。

　　至於學員書寫文本之進一步詮釋與分析，以探索此課程導入聖嚴法師禪學思想之於「佛法治療」之作用與效益，則為研究者下一階段之研究主軸。

The application research about Therapeutic Buddhism for the Chan theory of Master Sheng Yen

Focuses on the adult education about I-Lan Community University

Ku, Chung-Yu

Assistant Professor of Life and Living School,
Dharm Drum University Preparatory Office

❙ Abstract

This essay focuses on the adult education field, especially on how the therapeutic theory to practice, including the expressing writing cure, philosophical counseling and the Chan theory of Master Sheng Yen, introducing:

1. Central Matters: from the spiritual curriculums in the community university which I designed, when I met the special needs of my students that inspired me and what I responses in the process of curriculum.

I taught the spiritual curriculums in I-Lan community university for many years, and been aware of that the students always desire to know more about how to handle with the problems that occur in their life even everyday. In response to their needs, I started to design the third curriculum: "How to deep touch our mind and how to write our life".

This essay is to introduce the method of teaching, the content of the curriculum and the interpretation of the assignments from the students.

2. How to Respond in my course: through the theory and practice from "The writing cure" (or "The expressing writing

therapy"), and "Philosophical counseling" , and applications of the Chan theory of Master Sheng Yen, I present the content and the teaching method of this curriculum.

This essay explains the idea of this curriculum. First, the method of this curriculum includes two dimensions: student's assignments and conversations between the teacher and the students. Secondly, as the core of the curriculum, I introduce the Chan theory of Master Sheng Yen which plays a great role in helping students solving their problems, while the purpose of this curriculum is aiming how to introduce the "intentional guidance" and "the thinking style beyond they used to", which inspired from the concepts of the philosophical consults.

After getting along with the students and observing them, I found that the students usually have two expectations concerning: 1. The religion Needs for help but not the classical religion, I think it's mean "the resembling-religion" or "the non-religion". 2. Needs for psychological consults in the class in order to apply them in their life, but not the formal consulting.

And I think the Chan theory of Master Sheng Yen have characteristics both religious and philosophical, and qualities both theoretical and practical. Therefore, his teachings become the core of the course.

3. Feed-backs: The student's assignments show the practical effects which present the therapeutic benefits and advantages of the Buddhism. Besides the above explanations, this essay also attempts to analyze the works of the students' assignments and to discuss if the methods really contribute to achieve the goal of the therapeutic effect of the Buddhism.

4. Conclusion: to analyze the possibilities of the future development of the therapeutic Buddhism.

The Buddhism theory that this essay proposes principally focuses on "the Application of Buddhism into the Therapy Process". This start-point, if precisely defined, still leaves room to debates. To explain why I dedicate myself to introduce the Buddhism into the therapy process, it is necessary to mention that I have been inspired by the late European philosophical practices which highlight "the philosophical counseling" or "the philosophical therapy" with the philosophical practices, and found, in my opinion, that this highlight contributes largely to the adult education.

If observed from the viewpoint of its possible development, a more delicately structured spiritual curriculum based on the Buddhism.

Keywords: Writing cure, Philosophical counseling, Text interpretation, Therapeutic Buddhism

聖嚴法師四它教法研究

高毓婷
原慈濟技術學院通識教育中心兼任助理教授

▌提要

　　四它，為法鼓山心五四運動中用來面對問題的方法，多年來成為大眾耳熟能詳的教法。四它的適用面廣及禪修與日常生活中的順逆境，可做為禪修與日用間一貫的修行方法。

　　從四它教法的探討，可以推證聖嚴法師的思想基礎，秉承自世尊的精神，並以觀照緣起的方式，做為面對現實的態度，其方法蘊含正知見與正念的合用，將四念處、七覺支轉化為現代社會可實踐的方便道，並強化捨覺分的修習，具有簡易、生活化的特色。

　　此外，四它為處理心與外境所觸生的種種情緒與煩惱，屬於心法。對於種種處理心念情緒的方法，法師本著融合、整體的佛法精神，收攝各家方法，應用無方。

關鍵詞：聖嚴法師、四它、心五四、四念處、默照、內觀、
　　　　　七覺支

一、前言

　　四它——面對它、接受它、處理它、放下它，原是聖嚴法師於1999年提倡的「心五四運動」之一，延續四環的主題而綜合為五類的心法運用。❶

　　聖嚴法師（以下簡稱為法師）所提倡五類四種的觀念與方法，做為法鼓山的理念，目的在使玄深的佛學生活化、人性化，而能讓佛法進入每一個家庭中。這樣的理念，也正在法鼓人的日常生活中逐漸深化，並廣被於佛教徒與社會大眾。然而，法師為了佛法推廣而提倡的主張，不容易引起學界之關注，而忽略了在這些文字背後，所蘊藏的藏經心要，以及其中可能蘊含新禪法的開創。

　　就「四它」而言，是以解決人生困境與煩惱而開設出來的方法，這樣的方法，本身即蘊含心法，例如「面對它」已經預設了自我觀照與可觀之對象物，做為對象物的「它」既可指涉身心五蘊，亦囊括了器世間之種種現象，就此來說，「四它」本身或可做為禪法，並能廣泛地運用在日常生活與禪修上。

---

❶ 「四環」即是心靈環保、禮儀環保、生活環保、自然環保。法師於1989年創建法鼓山，提出「提昇人的品質，建設人間淨土」，即以心靈環保為主軸，陸續提出其他三種環保。至於心五四的主張，其實是法師多年所宣講的內容，早年的推廣以「四環」和「四安」為主，例如1995年的四安運動，1996年的「知福、惜福、培福」清潔日活動。到了1998年3月，法師在台北國父紀念館的演講，提出四要、四感、四福的觀念，可說是心五四運動的肇基。1999年7月25日在台南主持祈福皈依典禮法會時，正式提出「心五四運動」，即四環、四安、四要、四福、四它。

因此，本文以「四它」做為研究的主題，開展為兩個面向，其一釐析四它的觀念以及實際的方法運用；此外，這些方法融攝了哪些佛法的精神，以及其具有的特色與意義。

二、四它理念形成背景

四它雖然是於1999年方才以心五四的面貌呈現，但是四它理念與方法的提出，是個逐步發展的過程，以下先對四它的形成背景做一個初步的勾勒。

四它為法師面對大眾身心的痛苦煩惱，所提出安頓情緒、處理事情的理念，即面對它、接受它、處理它、放下它。這樣一個「完整、連貫」的說明始於1990年，法師在紐約市立大學的演講以及在東初禪寺的禪坐會開示，可以說是四它最早的原貌：

> 如何面對問題？即是告訴自己：任何事物、現象的發生，都有它一定的原因。我們不須追究原因，也無暇追究原因，唯有面對它、改善它，才是最直接、最要緊的。如果面對它亦無法解決，或不可能設法解決的話，則乾脆不去管它。那就會不了了之，不了即了。❷
>
> 在日常生活中，遇到種種讓你煩惱的情況，不論是起自內心或來自身外，均宜視作理所當然，本來如此，即有而空，即空而有。不用恐懼討厭，不用逃避躲藏，應當面對它、接受它、處理它，然後不論其結果好壞，都得從心中

❷〈禪──人類意識〉，《禪與悟》。台北：東初，1995.5，頁161。

把它放下。❸

法師在〈「心」五四運動──21世紀生活主張〉自言四它方法為1995年所提出，❹若就上引文的內容，四它方法的提出實際上應該更早，因此，法師雖在1999年將四它納入心五四運動中，做為法鼓山的理念，但四它的概念與方法不斷出現於法師的演講與著作中。

自目前可見的文獻爬梳，1986年法師在美國教禪時，便已經運用「以面對困難、接受困難，便是『對治困難』」❺的方法；而四它當中不憂慮未來，事情該怎麼處理就怎麼處理的態度，更早在1980年就已經提出。❻從諸多文本中可知，法師提出「坦然面對」、逆境「不討厭」、順境「不歡喜」以及「不管它」態度的背景，大多是從禪修的指導產生，主要目的在幫助學人於禪坐時調伏煩惱與妄念，這在1981年的〈放下萬緣〉、1982年的〈狹路相逢〉、1983年的〈無有恐怖〉、1986年的〈在家與出家〉、1987年的〈非有非空〉與〈任性合道〉等文章中得以窺見。❼

---

❸〈心經禪解〉，《心的經典──心經新釋》。台北：法鼓文化，1997.11，頁85-86。

❹《心五四運動》。台北：法鼓山文教基金會，2000.6，頁74。

❺《拈花微笑》。台北：東初，1994.1，頁253。

❻〈無得失心〉，《禪的體驗‧禪的開示》。台北：東初，1994.1，頁132。

❼1981、1983年篇章收錄於《禪的生活》；1982、1986年篇章收錄於《拈花微笑》，為法師在農禪寺禪坐會的開示。1987年篇章收錄於《心的詩偈──信心銘講錄》，為法師在美國禪中心主持禪七的開示。

　　隨著法師在東西方的弘法與講演，一般信眾、出家眾都增加不少，法師時常遇到向他求救的人們，無論是得癌症、開刀、憂鬱、失戀、離婚、破產，乃至九二一大地震、九一一事件，法師都揭示四它來開導，實際上就連法師自己，也是在許多身心挫折中，學會了四它的態度與方法：

　　　　以我的例子來講，我這一生都是從挫折、困頓之中走過來的，不是環境給我困頓，就是我的身體狀況使我困頓。例如我到日本留學，過程非常的辛苦，而在完成學位回到台灣之後，即便我已經擔任大學副教授，但是我的學位卻無法獲得教育部的承認，經過長期的折騰，最後教育部才給了我教師證。又比如法鼓山的建設，看起來似乎一帆風順，事實上波浪很多、挫折連連，而我就是學會了面對它、接受它、處理它、放下它。❽

　　四它，也可說是法師自身的體驗，是法師面對身心煩惱的最佳方針。那麼，四它的方法實際上來自於法師對佛法深刻的體悟與實踐，並以之因應現代社會，形成一種觀念與方法。那麼，法師融攝了哪些佛教法義，如何吸納、轉化，是個值得探討的議題。

　　四它的提出，來自現實人生中的苦難，為了人心的不安，問題的處理，而有的離苦的方針。為了因應生活中所遭逢的困擾煩憂，法師將禪的精神延伸至日常生活中的修行，

---

❽〈心可以打太極拳〉，《康健》雜誌第86期，頁75。

在面對、接受之外，強調面對問題、處理問題的重要性：

> 　在修行時，當問題生起時，不去理它，那就是奢摩他，
> 這很不容易做到。但是，在日常生活中，我們卻不應該對
> 問題不理不睬。❾

　　法師認為佛法本身的目的就是在使人面對現實的種種苦
樂，不怨天尤人，積極地在人世間生活，禪修中以「不管
它」做為面對、處理的方法，放至現實生活中則必須有所轉
變，這部分的轉變隱藏了法師弘化應機的善巧，亦可以窺見
法師對各宗佛法的融攝信念，此部分容後細述。
　　綜觀四它發展的歷程，四它本是法師在禪修的指導，以
為面對就是接受，面對就是處理，察覺（煩惱、妄想）之後
就可以放下不理它，較缺乏世間法的處理；後來因應現實生
活中的困頓痛苦，法師強化了處理它、解決它的過程，凸顯
佛法在世間的運用。
　　此外，就煩惱的歸向層面來說，禪修中的煩惱妄想與現
實中的困頓，都是四它對治之對象，有鑑於此，本文亦依著
此一脈絡，分別探討四它在禪修以及日常生活中遭逢苦難煩
惱的運用，並逐一分析蘊含的思想精神所在。以下分述之。

---

❾《完全證悟——聖嚴法師說〈圓覺經〉生活觀》第七章，台北：法鼓文
　化，2006.11，頁218。

三、四它在禪修中的運用

（一）禪修中的運用

1.精進禪修

（1）面對它、接受它

禪修中的煩惱，當指修行時不斷生起的妄念與身體的不適，尤其是腿痛，乃至環境的適應問題，皆不出身、心、環境的範疇。但無論哪一種範疇，仍然屬於妄想一類，如因腿痛而生起之心念，或因環境引生的情緒，都算是煩惱雜念。關於對治雜念，法師教授的方法大多雷同。但首要的方法便是知道自己有雜念有煩惱，一般沒有修行的人不知道自己雜念紛飛、心不由己，修行的初步便是發現妄想的生起，法師云：

> 在打坐時，心理所產生的問題只不過是念頭，所以不必理會它們，但是不理會念頭並不等於封堵念頭，而是覺察它們，然後放下它們。不要讓妄想持續不斷。❿

在「不理會」念頭之前，禪修者已經經歷過面對妄念，進一步處理妄念的工夫。因此，所謂「面對」的意義，更細緻地說，應是「覺察」的能力，缺乏這層覺察的能力，妄想便不斷生起，更遑論處理它、放下它的運用。

但有時覺察妄念之後，反而生起自責的念頭或想驅逐妄

❿《完全證悟——聖嚴法師說〈圓覺經〉證悟觀》，頁219。

想，這樣便又再生起一個妄想了，法師以為要將「驅逐妄念的妄念也放下」⓫，不必再生一層煩惱。在禪修中無論方法得利，或昏沉掉舉，都必須坦然地接受它。

　　四它在禪修的運用，有時只須運用前面兩者，不必再提起心念來放下。就利根之人而言，面對之後，就已經回到正念，無須再經過處理它的過程，法師的英國弟子就用這個方法，面對打坐時的腿痛——當他面對、接受自己的腿痛時，疼痛就會自己消失，而生起清涼的感覺。這是直截面對而問題當下消失的例子。儘管法師以為這樣的方法並不是對每個人都適用，也不是每個人都可達到的，但其間的原則是：當一個人心中沒有起心分別時，一切外在的問題都不存在了。⓬換言之，腿痛之所以妨礙禪修，是因為將「自己」與腿「痛」連在一起，只有知道腿痛，卻沒有面對與覺察的力道，真正的「面對」，已經將腿痛當成「它物」，而當腿的「痛」並不成為「自己的」感受，腿的感覺與自己無關，自己單純地知道腿的感覺，卻不再受它影響時，問題就會消失。

　　依此處論，修行深的人，面對、接受就是處理了；修行淺的人，尚需要對治或轉移的方法，使自己回到正念上。

　　（2）處理它

　　覺察之後，便是接受與處理，法師在禪修中的處理方式，

⓫〈放下萬緣〉，《禪的生活》。台北：東初，1994.1，頁199。
⓬《禪門第一課》第三章「苦」，台北：法鼓文化，2007.5，頁50-51。此處運用到《華嚴經》「一切唯心造」的思想，法師云：「就問題本身，沒有問題是客觀存在的，問題都存在你的心中以及觀念中。一旦你的心中沒有問題，外界那些客觀的問題也就不存在了。」

約略分成三種，依時間先後，將篇章與方法表列如下：❸

時　　間	文章出處	方　　法		
		1.自它切割 （隔絕）	2.不管它 回到方法	3.注意妄 想內容、 分類標記
1981.10.11	〈放下萬緣〉		◎	
1983.10.30	〈無有恐怖〉		◎	
1986.5.30	〈禪與新心理療法〉		◎	
1986.8.4	〈在家與出家〉			◎
1987	〈任性合道〉		◎	
1989-1994	《完全證悟——聖嚴法師說〈圓覺經〉生活觀》第七章		◎	
1990.4.19	〈禪修方法的演變〉		◎	
1992.7.30	〈妄念‧雜念與正念〉		◎	
1992.12.26 -12.31	〈東初禪寺第五十九期禪七〉		◎	
1993.9.1	〈禪修方法指導〉			◎
1993.11.28 -12.4	〈東初禪寺第五十八期禪七〉		◎	
1994.2.14	〈維摩經與心靈環保〉		◎	
1994.6.26 -7.1	〈禪修的要領（一）〉			◎
1998.11.18	〈動靜不二皆是禪〉			◎

❸ 此表格除了參照法師在禪堂中的開示，亦包含法師在講述禪修方法時的內容。表格所錄只是文字記錄，只能窺見法師所用的方法之一隅。文章出處除了表格中的書籍外，可參見《禪的生活》、《拈花微笑》、《心的詩偈——信心銘講錄》、《禪的世界》、《禪的體驗‧禪的開示》、《聖嚴法師教禪坐》、《禪鑰》、《維摩經六講》、《人行道》、《聖嚴法師教默照禪》等書。

1999	《禪門第一課》第三章			
2001.5.19 -6.2	〈默照禪法〉參、步上修行之道		◎	
2002.6.27 -7.7	〈放鬆放下，準備用功〉		◎	
2002.8.18	〈面對生命的轉彎處〉	◎		
2004	《禪無所求——聖嚴法師的〈心銘〉十二講》第三次禪七、第五次禪七		◎	
2004	同上，第九次禪七	◎		

　　方法（1）是在觀念上先將「境」與自己切割，如果腿痛，就「認為」那不是自己的腿，這個方法實際上與（2）是相同的，因不認為那是自己的腿，任它去痛，隨它去痛，不拒絕它。方法（3）是學人妄想太多，無法安心在方法上時，用來對治的方法，這個方法屬於特定的人使用，用來處理心念過於雜亂的狀態。一般來說，四它的使用通則為方法（2）：即不管它，回到方法。法師對這一部分的說明為：

　　　　雜念生起時，怎麼辦？若你已經知道那是雜念，就接受它、面對它，不必難過，不要管它舒不舒服，還是回到方法上，你的心便會慢慢安定下來。❶

　　　　對妄想心，不是壓制它和排斥它，而是警覺它，然後不管它。惡念出現，不討厭；淨念出現，不歡喜。❶

---

❶ 《動靜皆自在》，台北：法鼓文化，2000.7，頁103。
❶ 〈無有恐怖〉，《禪的生活》。台北：東初，1994.1，頁185。

綜合上述引文，四它在禪修時生起雜念、妄想的運用，其順序為：

覺察→不與之俱去（不思善惡）→放下→回到方法，下次妄念生起時，再覺察之。

法師強調不必因為生起善念而欣喜，或起了惡念而難過，只要警覺它的出現，然後放下它。在此處四它的運用是清清楚楚地覺察，並且立刻捨善、捨惡，不作任何思惟，使自己回到正在用的方法。如法師云：

> 在精進的禪修期間，在禪堂用方法之時，遇到身心上的任何狀況，都要用柔軟心來面對它、接受它、處理它、<u>不去管它，便是適應它了</u>。對於逆境的狀況，要適應它，對於順境的狀況，也用同樣的柔軟忍辱心來應對它，那才能夠默而常照，照而常默，默照同時，超越了好壞得失的情執之心。❻

法師在禪修時所用的方法，較為簡略，大約只有覺照、不管它的工夫，以「回到方法」做為「處理它」、「放下它」的步驟，使自己清清楚楚知道正在打坐、或正在用方法，將心繫念於一。

（3）放下它

法師十分強調「超越了好壞得失的情執」的工夫，也就是「不去管它」的棄捨。法師以為在禪修時，心念不正或正知

---

❻ 《聖嚴法師教默照禪》參、步上修行之道，台北：法鼓文化，2004.1，頁68。

見不穩固，便容易患得患失，遇順境起貪心、逢逆境起瞋心。瞋心重的人打坐時會對一切事物都看不順眼，貪心重的人更麻煩，因為可貪的對象物非常的多，像這一類的人，打坐容易生起心魔，那是因為沒有正知見而導致愚癡的緣故。**⓱**

例如有人會因身體輕安而沾沾自喜，坐了一炷好香而起貪心，若坐得不好便自責，或被所見之幻影糾纏不放，或在休息時被他人干擾，心生怨懟，凡此種種境，法師以達摩的「四行」來對治：任何的逆境都當作自己的果報，毫無怨尤的接受（報冤行）；遇到順逆境都視為因緣和合而成的結果，於是可以不喜不憂（隨緣行）；既不喜不憂，所見之境都與己無涉，不主動接受它，也不打算趕走它，繼續用心在方法上（無所求行）；於一切處不攀緣，便是無相的稱法行。**⓲**

法師用達摩的二入四行來對治心魔，即貪瞋癡等煩惱，若對應前文所說的「不管它」──惡念出現，不討厭；淨念出現，不歡喜，那麼法師所說的「不管它」，實蘊含有因果業報與因緣和合的知見，藉由正知見才能真正有效地不管它、放下它。

南宗禪師較少提到業報與因果，大多直契無相、無念的無功用行，但法師以為業障重的人，無相法門不容易修成，**⓳**因此法師沿用了達摩的四行，做為放下它的思想基礎。在方

⓱ 參見〈魔境〉，《拈花微笑》，頁193。

⓲ 同上註，頁194-198。

⓳ 同上註，頁195。

法上，法師也將「放下」的修行設立層次：

　　第一步就是把過去和未來放下，只專注在現在。……
第二步就是放下當下，當下是由兩個部分組成的──
「外」，或是環境，以及「內」，「內」又能更進一步分
為身體與心。……在你把注意力完全放在身與心，而不是
環境上之前，你會體驗到因外在所引起的一切知覺，但不
要讓它們打擾你，而是要在它們生起的時候，放下它們。
放下環境之後，第三步就是放下你自己。首先，放下你的
身體。❷⓪

　　這三步歸納起來仍屬於覺察、不管它（環境、身、心）
的步驟，可以視為四它更詳細的說明。
　　放下之後，回到自己所用的方法，牢牢守住所用的方
法，就是正念，方法持續不斷便是正念相繼。　❷①正念相續的
工夫，奠定於前述正知見的運用，兩者缺一不可，唯有如此
才能使心安定，趨向身心統一、內外統一，最後才能超越統
一心到達無心的智慧。因此，四它在精進禪修的運用，是正
念、正知的合用，使心趨向正定的功能。

---

❷⓪ 《禪門第一課》第五章禪修的方法與層次，頁87-89。
❷① 〈捨棄幻覺〉：「其實，數息本身就是妄念，但是如果綿綿不斷守住
它，就成了正念，成了修行的方法。」《心的詩偈──信心銘講錄》，台
北：法鼓文化，1997.4，頁63。〈提起與放下〉：「不斷地把注意放在
方法上，便是正念相繼，時時不離所用的方法，便是時時不離正念。」
《禪的世界》，台北：東初，1995.4，頁257。

2.日常生活中的禪修

至於日常生活中的修行，法師強調的，亦是以正知見搭配正行，專注於面對自己身心的活動，法師說：

> 先用正知見，再用正念、正定、正精進，來作修正。日復一日，時時檢點，念念覺照，念頭起處，念頭滅處，正或不正，均當知道，若起時疏忽，滅後亦當警覺，剛才想的什麼？如此持之以恆，便能經常保持正念分明了。守心之法很多，若在平常生活中，應當練習：身在哪兒心亦在哪兒，手在做什麼心亦知道在做什麼，口在說什麼心亦知道在說什麼。身口意三業不相離，正是禪修的要領。❷❷
>
> 開車時不要打坐，而是練習正念，也就是安住在當下，把心放在動作上，開車時就專心開車。❷❸

四它在生活中強調念念覺察，時時觀照自己的起心動念，運用正知見反省是否屬於正道正念，並且落實到生活中的一切行動，在行動之時清清楚楚地了知，而又不偏離正道，法師又說：

> 在任何時間任何地方，不要東看西看；眼睛只有在做事、走路、待人接物的時候使用，「看」看你正在做的什

---

❷❷ 〈東初禪寺第五十九期禪七〉，《禪的體驗·禪的開示》，頁283-284；第一天開示。
❷❸ 〈每日打坐之道〉，《拈花微笑》，頁253。

麼，面對什麼。㉔

　　說一句話就是這一句話，說什麼事，就是什麼事，很清楚地知道自己在說什麼；講完一句，下一句話自然出來，不過在講話以前，先考慮要說些什麼，不是想講什麼就隨便脫口而出，那就變成胡說八道，根本不知道自己在講什麼。㉕

　　「知道說話」屬於正念，而「清楚地知道自己在說什麼」、「先考慮要說什麼」則是正知，㉖正念正知在日常生活的運用，是時時刻刻的覺察，也是禪宗活在當下的真實寫照。因此，於說話、勞動、散步、旅行、開車乃至上廁所，都是修行的用功處，都應隨時隨地保持正念正知。㉗如實地面對自身的身心狀況，世尊本身已有說明：

㉔〈禪修的要領（一）〉，《禪鑰》。台北：法鼓文化，1999.4，頁60。
㉕〈禪坐的基礎方法〉，《禪的世界》。台北：東初，1995.5，頁7。
㉖此處根據向智長老的說明：「『正知』意指在單純正念的『清晰』上增加對於目的與事實、內在與外在的完全『了知』。」《正念之道》，台北：橡樹林文化，2006.8，頁49。阿姜念以為正念與正知不同，正念是觀照了知，正知則理解知道其因，但正念正知搭配時，稱為覺照力（awareness）。參見阿姜念・孫倫・訓戒法師，《內觀禪修》，汐止：大千，2002.2，頁58-59。越建東以為正念是客觀性、中性的覺察力，正知是主動、主觀的認知能力，並詳細地分析巴利經論有關正念正知的運用，參見〈南傳上座部對正念正知之解說與應用〉，《法光》雜誌第157期，2002.10。
㉗〈禪與心靈環保〉：「身體在做什麼，心就在做什麼。說話的時候要清清楚楚的知道自己在說些什麼；勞動的時候，心也不離開手和腳，不但散步、旅行、駕車乃至上廁所，都是修行。」《動靜皆自在》，頁69。

行則知行，住則知住，坐則知坐，臥則知臥，眠則知眠，寐則知寐，眠寐則知眠寐，如是比丘隨其身行，便知上如真。❷❽

不論行往歸來，亦由於正智而作；彼觀前、顧後，亦由於正智而作；彼於屈、於伸，亦由正智而作；彼於著僧伽梨衣、缽，亦由於正智而作；彼於食、飲、咀嚼、嘗味，亦由於正智而作；彼於大、小便，亦由於正智而作；彼於行、住、坐、臥、醒、語、默，亦由於正智而作。❷❾

於行住坐臥均知身體的動作，以及觀照到做這些行為的色身，這是法師所說的：「看」看你正在做的什麼，與世尊的教法同也。

因此我們可以說，清楚地覺知自己目前正在做什麼，便是徹底地面對它、接受它。四它方法所重視的覺知覺照，不僅在禪修時使用，更積極於日常生活中都覺觀於當下的所緣。

四它在日常生活的禪修與四念處有密切的關係，不過稍有轉變，法師1984年在紐約東初禪寺講述四念處，認為世尊四念處的次第修法必須要有定的基礎，再出定修觀，從觀發慧。到了1993年則撰文〈日常生活中的四念處觀〉❸⓿，法師認

---

❷❽ 《中阿含81經》，《念身經》，《大正藏》一冊，頁555a。《大念處經》：「比丘於行者，知：我在行；又於住者，知：我在住；於坐者，知：我在坐；於臥者，知：我在臥。」《漢譯南傳大藏經》（元亨寺），頁277。

❷❾ 《大念處經》，《漢譯南傳大藏經》（元亨寺），頁277。

❸⓿ 收於《禪的世界》，頁19-22。

為一般人很難有因緣可以修成四念處觀，因此開始將次第禪觀的四念處運用到行住坐臥間，轉化為日用之道。2004年起法師提出中華禪法鼓宗時，便說：

> 《阿含經》所代表的素樸性、人間性、實用性，是無可置疑的，然其涉及安心法的次第禪定，則非一般人在日常生活中所能體驗的；所以禪宗將禪修的工夫，運用到擔水砍材、飲茶喫飯等平常生活中，乃是佛教傳到漢地之後不得不然的發展，這也是《阿含經》所未能見到的特色。㉛

可以說，四它是法師為了適應現代人的生活，所採取的方便教說，但在原則上，法師仍不悖離世尊的精神，《阿含經》中四念處雖然連接至四禪八定的修行，一面加深定力，一面回到生活中修觀，止觀展轉增上，但四念處的精神正是於一切處保持正念正知，這部分法師十分重視。在不強調止觀俱修的四念處思想背景下，法師強調覺知，這樣的覺察力，若能運用在日常生活的一切事物，可以輕易地還原事相的本質，心中清楚知道自己面臨了什麼，在處理上也不帶有個人主觀的想法，能夠有智慧地處理事。

3.正念正知的運用

綜合上述精進禪修與日常生活中的禪修，四它的步驟可以圖示如下：

㉛〈中華禪法鼓宗〉，《承先啟後的中華禪法鼓宗》。台北：法鼓山文化中心，2007.3，頁60。

A、精進禪修

方法 ──→ 覺知身心 ──→ 不管它 ──→ 放下 ──────→ 回到方法

┌─────────┐　　　　　　　　（不思善惡、隨緣任運）　　　　　正念
│數息、默照│
│話頭、念佛等│　　　　　　　正知見
└─────────┘

B、日常生活禪修

行住坐臥 ──→ 覺知身心 ──────────────→ 專注當下之行動

　　　　　　　正知　　　　　　　　　　　　　　　　正念

　　四它在禪修中的運用，是念念覺察，輔以正知見，使自己安住在禪修方法或當下的活動。法師將正知正念搭配起來，在行住坐臥間觀照自己的身心，這不僅可以培養定止的工夫，亦有觀慧的作用。

　　但是，這樣正知正念的修法，既然不傾向四禪八定的修法，那麼是在哪一個層次上修？法師以為將方法運用得很好，做到內外統一、身心統一，仍屬於入定之前的淺定，只有到前念後念都統一時才算是深定。❸❷換言之，專注於正在做的事，或數息數得很順、沒有中斷，這是運用四它，將身心安住的基本工夫，但仍止於淺定的層次。因為對一般人來說，念念統一的境界是很難達到的，因此法師以為如果能夠做到身心統一、內外統一，就足以收攝散亂的心，能夠不被外在環境影響自己的情緒，如此就能夠有穩定的身心，安住於世間，這對於人世間的安定是十分重要的。

────────────────────

❸❷〈一般佛法開示〉（十三）戒定慧三學，《聖嚴法師教禪坐》。台北：法鼓文化，1996.8，頁92。

（二）思想溯源

四它在禪修的運用，多出自法師在禪七、禪十等的指導開示，論其思想淵源，亦受禪宗影響頗深，法師所說對一切順逆境不歡喜、不討厭，以及對幻覺不拒不迎的態度，都可以在禪門找到思想傳承的痕跡，法師文中常引《六祖壇經》「不思善、不思惡」來作說明，㉝在〈坐禪儀講要〉一文中，法師也曾列舉禪師語句說明，㉞爬梳禪宗文獻，禪宗祖師的確有不少相關的論述，引述如下：

1. 僧璨〈信心銘〉：「至道無難，唯嫌揀擇，但莫憎愛，洞然明白。」㉟

2. 弘忍《最上乘論》：「夜坐禪時，或見一切善惡境界……或見種種變化，但知攝心莫著，並皆是空。」㊱

3. 惠能《六祖壇經》的〈行由品〉中教授惠明上座的調心方法有云：「不思善，不思惡，正與麼時，那個是明上座本來面目？」〈坐禪品〉：「外於一切善惡境界，心念不起。」〈懺悔品〉：「睹諸善惡境界，自心不亂。」〈宣詔品〉對薛簡云：「但一切善惡都莫思量，自然得入清淨心體，湛然常寂，妙用恆沙。」㊲

㉝ 〈禪修方法的演變〉、〈提起與放下〉，《禪的世界》，頁33、260；〈超越對立，有無雙泯〉，《聖嚴法師教默照禪》，頁96-97。

㉞ 法師列舉了四祖道信到六祖惠能的語句，參見《聖嚴法師教默照禪》，頁215-216。

㉟ 《大正藏》四十八冊，頁376b。

㊱ 《大正藏》四十八冊，頁378b。

㊲ 為《六祖大師法寶壇經》之語，〈行由品〉、〈坐禪品〉、〈懺悔品〉、〈宣詔品〉之引文分別見於《大正藏》四十八冊，頁349b、353b、353c、360a。

4. 永嘉〈證道歌〉：「不除妄想不求真。」❸

禪宗以為只要停止分別善惡，就能夠見到本來面目，因此主張不生起排斥妄念之心，只要不理會妄念，妄念自會消失，如百丈所說：「善與不善，世出世間。一切諸法，莫記憶、莫緣念。」❸；馬祖亦云：「但於善惡事上不滯，喚作修道人。」❹從此處說，禪宗側重的是覺照與捨的能力，覺照之後使自己不再隨境而生好惡，捨去思善思惡的分別，那麼煩惱便不再是煩惱了。是故修行不必要丟掉外境與妄念，而是保持一個靈明的空性力。神會的弟子宗密曾說：「念起即覺，覺之即無，修行妙門，唯在此也。」❹就已經明白指出「覺照」與「無」在禪宗工夫實踐的重要性。

六祖「不思善，不思惡」的思想，運用到現代人遭遇事端的處理原則上，就是「應該怎麼做就怎麼做，能夠怎麼做就怎麼做」❷的稱法行。更進一步說，如果能夠在面對時不起一念，不生善惡分別，那必須是如實地體認因緣與因果，而這也是達摩所說的報冤行、隨緣行的體現。

四它的原則，除了以唐代禪宗祖師的思想為基礎之外，在方法論述上，筆者以為法師深受宋代長蘆宗賾、明代憨山大師及清代虛雲老和尚影響，法師曾節錄歷代禪宗祖師法

---

❸ 《大正藏》四十八冊，頁395c。
❸ 《景德傳燈錄》卷6，《大正藏》五十一冊，頁250a。
❹ 《天聖廣燈錄》卷8，《卍續藏》一三五冊，頁652a。
❹ 《禪源諸詮集都序》卷上之二，《大正藏》四十八冊，頁402b-403a。
❷ 〈禪修方法的演變〉，《禪的世界》，頁24。為法師對達摩初祖「稱法行」的解說。

語，編成《禪門修證指要》，其中所引錄的開示，可以抉發出法師思想的淵源，如引虛雲老和尚法語：

> 大家怕妄想，以降伏妄想為極難。我告訴諸位，不要怕妄想，亦不要費力去降伏他，你只要認得妄想，不執著他，不隨逐他，也不要排遣他。只不相續，則妄想自離。❹

虛雲老和尚所說，實就是長蘆宗賾「一切善惡都莫思量，念起即覺，覺之即失」❹的引申，而這也是宗密「念起即覺，覺之即無」的要門，法師又引憨山大師開示如下：

> 念起即覺，覺即照破。境來便掃，掃即放過。❹
>
> 又有一等怕妄想的，恨不得一把捉了，拋向一邊。此如捕風捉影，終日與之打交涉，費盡力氣，再無一念休歇時。纏綿日久，信心日疲，只說參禪無靈驗，便生毀謗之心，或生怕怖之心，或生退墮之心。此乃初心之通病也。此無他，蓋由不達常住真心，不生滅性，只將妄想認作實法耳。者裏切須透過，若要透得此關，自有向上一路。只

---

❹〈參禪法要〉，《禪門修證指要》。台北：東初，1995.3，頁218。錄自中華大典本的《虛雲和尚法彙》，頁152-159。

❹〈坐禪儀〉，《禪門修證指要》，頁132。法師另有一篇〈坐禪儀講要〉，詳見《聖嚴法師教默照禪》，頁207-221。

❹〈觀心銘‧初心修悟法要〉，《禪門修證指要》，頁154。錄自《憨山大師夢遊集》卷36，《卍續藏》一二七冊。

須離心意識參，離妄想境界求。但有一念起處，不管是善
是惡，當下撇過，切莫與之作對。締信自心中本無此事，
但將本參話頭，著力提起，如金剛寶劍，魔佛皆揮。❹

　　法師在《明末佛教研究》中，認為明代的唯識學者，均
有禪宗的背景，其中最突出的便是憨山大師，更引大師《百
法明門論論義》的「行捨」條來證明，強調「參禪做工夫，
但妄想起時，莫與作對，亦不要斷，亦不可隨，但撇去不
顧，自然心安。蓋撇即行捨耳。」❹這與法師在教默照禪時，
說法相同：

　　凡跟當下所用的方法不相應者，全是閒事，必須隨
時放下，這就是「休息萬事」了。發現心中有事，就是
「照」；不討厭它，不去管它，休息心中所有的事，則是
「默」。當你清清楚楚沒有雜念妄想而只有方法，便是正
在修行默照。
　　默照禪不落次第，面對身、受、心、法的任何現象，都
採取不要管它的態度，只是清楚知道自己是在打坐。❹

　　從上述引文可知，法師受憨山與虛雲和尚的影響極深，

---

❹ 同上註，頁162-163。錄自《憨山大師夢遊集》卷2，《卍續藏》一二七冊。
❹ 《明末佛教研究》第三章「明末的唯識學者及其思想」，台北：法鼓
　文化，2000.8，頁252。憨山大師的方法，以「捨」做為指導，可參見
　〈捨〉，《禪的體驗・禪的開示》，頁105。
❹ 《聖嚴法師教默照禪》，頁33、35。

這或許啟發了法師默照禪法的發明。從禪修擴展到日常生活中修行，法師的說明是：

> 雖然講「不除妄想不求真」、「不思善，不思惡」，可是默照的方法還是要用。打坐時，體驗呼吸在鼻孔出入的感覺；經行時，體驗自己腳步在走的感覺；吃飯時，體驗每一口飯咀嚼的感覺；出坡時，體驗你的手、身體，以及工作的狀況。甚至洗澡、喝水、上廁所，都很清楚自己是在做什麼，這就是照；有雜念不管它，則是默；很清楚現在用的方法，有雜念起，不管它，這是默照同時。 ㊾

　　這實際上就是四它的方法，心中了了清楚身心狀態，以自己身心做為覺照的對象，這也是四念處在日常生活上的使用。因此我們可以說，四它在禪修時的運用，導源於唐代禪宗的思想與方法，結合宋代默照禪的精神，以及明清以來禪宗祖師的開示，在法鼓山開展出一條有層次的修行之路。

四、四它在遭逢苦難時的運用

　　此部分主要討論的是，四它落實到現實中遭遇到的苦難與困境，如何應用與處理的方法，相較於禪修中的使用，法師對這部分的說明顯得十分龐雜，無論是方法上或是思想上，都呈現兼蓄並容的特性。

㊾〈超越對立，有無雙泯〉，《聖嚴法師教默照禪》，頁101-102。

（一）四它運用的觀念與方法

1.面對它

佛法的弘化，普及於社會大眾，社會大眾的困境比起禪堂中還要複雜得多，有時牽涉到錯綜複雜的人事問題，乃至無可抗懼的天災禍變，使得安心之道更加地困難。法師仍以四它做為面對困難的方針。為什麼面對它、接受它如此重要？法師常說：

> 當問題發生、狀況出現時，<u>不能逃避</u>，不能視而不見。❺⓿
>
> 對於任何情況，如果能夠改善它，當即予以改善；若不能改善，便面對它、接受它，<u>絕不逃避</u>，但是要盡力改善。逃避責任，逃避果報，是不合算的，改善情況才是最聰明的。❺❶

不逃避問題的理由為何？法師以「果報」來勸導人們以

---

❺⓿ 《人間世》，台北：法鼓文化，2005.6，頁114-115。

❺❶ 〈禪與悟──無常無我、理入行入〉，《禪鑰》，頁53。《完全證悟──聖嚴法師說〈圓覺經〉證悟觀》：「許多人在問題出現時會想逃避，他們寧願把自己灌醉、尋找刺激的事來做，或者封堵自己的心，不去思考這些問題。這種處理只能有短暫的效果，這不是奢摩他的『不理會』。」頁218-219。〈宗教・禪・佛法與邪魔〉：「我們要面對現實，但不要逃避現實，逃避是違背因果的；要接受現實，但不是別人打你就讓他打，還是要處理它。事情已經處理好之後，不論在過程中曾經飽受委屈，或是曾經威風八面，都要放下它，心中不要留下痕跡，不要再有牽掛，這就是用佛法面對現實的態度。」《動靜皆自在》，頁81-82。

無比的承擔力，面對個人的業果，改善自己所遭遇的一切事：

> 此一生命，也是由於過去世的造作惡業而感得的苦報，
> ……故對生命過程中的苦與樂、逆與順、成與敗、得與
> 失、壽與夭、健康平安與多災多難，都應面對現實接受
> 它，同時也面對現實來改善它。❺❷

　　在遭逢自己的身心痛苦之時，因緣果報「自作自受」，
是深明佛教義理的仁者，最深刻的體悟。《阿含經》裡世尊
對於自己乃及眾生的果報，採取不迴避的承擔態度，目犍連
尊者同樣也為後世眾生做了不畏業果的最佳示範。
　　四它理念的立意，實在「果報還自受」上，正因為一般
大眾不明現生所遭逢的苦樂，都有它的前因與緣起，所以
容易陷入煩惱漩渦中，不斷增強情緒的造作，而無法以智慧
處理事，因此法師提出「四它」的方法，調整處理人事的心
態，減少無明愚癡的怨尤。❺❸

---

❺❷ 〈生命與死亡、學問與生活〉，《禪門》。台北：法鼓文化，1996.7，頁
　　120。
❺❸ 法師以「四要」對治貪毒，以「四感」對治瞋毒，以「四它」對治癡
　　毒，法師說：「愚癡心，是不信因果、倒因為果、倒果為因，希望不勞
　　而獲，希望不負責任；愚癡也是不明因緣，不知隨順因緣的順勢而為、
　　因勢利導，不知促成因緣、創造機會，並且不知化危機為轉機。只知自
　　高自大，一味地堅持己見，死命地不肯適應環境狀況；使得自己覺得，
　　又似非常渺小，經常坐困愁城，總是處處有鬼打牆，時時有人扯腿，自
　　哀自嘆，生不逢辰，命途多舛！因此我提出『四它』的方法，來幫助大
　　家對治癡毒。」《自家寶藏──如來藏經語體譯釋》，頁64。

　　法師以四它對治三毒中的「癡」毒，是因為很多人並不知道自己有問題，或是發現有問題時卻不知道如何解決，或者質疑「我是好人，為什麼我還要遭受這麼多的苦難？」❺❹更或者因為錯誤的觀念而一錯再錯。法師說：

> 遇到任何問題，逃避是沒有用的，難過只會讓情況更加雪上加霜，這個時候，只有面對它、接受它、處理它、放下它，這就是「面對現實，當下看破」。佛經中也有一則比喻告訴我們：當身體已經挨了一箭時，不要再讓心靈中箭，否則，就會受到雙重傷害。❺❺

　　因此，法師四它強調的面對、處理，並不只是事件本身，而是心與外境相對時，心中產生的貪瞋癡等無明之心，即因外境而有的排斥、恐懼、擔憂、生氣、貪愛種種情緒，《阿含經》裡稱為「取著攝受心住」的無明觸，❺❻而產生無明的原因在於不明因果，於是採取逃避卸責的方式，結果造成更多痛苦的根源，因此在發生問題時，若能了解苦的根源，平穩自己的心境，便能找出一個最恰當的解決方法。

　　2.接受它

---

❺❹ 〈「心」五四運動的時代意義〉，《「心」五四運動——觀念篇》。台北：法鼓文化，2000，頁47；此外，並可參見〈禪的知與行（二）〉，《禪的世界》，頁181。

❺❺ 〈罹難者是全台灣的老師〉，《台灣，加油》。台北：法鼓文化，1999.11，頁66-67。

❺❻ 《雜阿含43經》，《大正藏》二冊，頁10c。

　　既然現在所遭遇的一切都是過往果報的呈現，那麼便應該「平心靜氣地接受這樣的事實」❼。業力與果報雖然形成當前的煩惱困頓，卻不是要人宿命地接受，而是在因緣無常的法則上，有著盡力改善現況的積極力，法師云：

　　佛教的教義是要解除眾生的煩惱，不要讓大家怨天尤人，既已得到這樣的結果，就應當面對它，不要怨恨，與其怨恨生煩惱，不如樂觀奮鬥，這不是很好嗎？……雖然前世的事我們並不知道，但是一定要相信它「有」，不要相信它「無」，否則會產生忿忿不平之心。相信它「有」，至少可以解釋我們為什麼會變成目前的這個樣子，佛法的作用，就是要我們心平氣和、面對現象、繼續努力。❽
　　因果的意思，並非叫我們不要改變環境、不須解決問題；而是要加上因緣來促成環境的改變和問題的解決，這才是智慧的態度。❾

　　法師用因緣無常的觀念，勉人創造好的因緣，來改善自己的環境與問題。面對現實、改善現況，正可以凸顯出法師強調以「人」為中心的、現生此刻的努力，而非以往生超度

為尚的經懺佛事，或是講究神通改運的靈異效用。⑥佛法的宗旨，是要我們「永遠不放棄生命的希望」⑥，只有不斷地改善與進步，人心才會安定，社會才能愈來愈祥和，「四它」正是在這樣的思想基礎上，成為提昇人品、建設人間淨土的實際運用方法。

3.處理它

面對它、接受它，是觀念的調整，對於一般大眾，除了觀念之外，還需要方法的練習。世間事務森羅萬象，人的根器與習性也有所不同，針對不同的對象，以及事件的嚴重與否，法師所用的方法也具有層次性，以下將法師所用的方法，依照年代羅列如下：

針對對象區分：⑥② ✓一般信眾 ◎禪修者 ※出家眾

運用各種資源	寫日記、其他	散步看風景、唱歌聽歌	注意腳底	注意丹田	注意呼吸、觀身	合掌看指尖	空觀	四念處	五停心觀	持咒數萬遍	慚愧懺悔、忍辱感恩	拜佛	念佛菩薩名號	持《心經》八字、觀無常	自他切割、標記	向內看、向外看	觀災難是什麼	看誰在煩惱	看起心動念	不喜不厭、不理

---

⑥ 《長阿含經》的〈梵動經〉，以及《中阿含》的〈多界經〉裡，都明載著世尊不以咒術來離苦的說法，以符咒力達到驅邪、避凶、趨吉，並不被世尊所允許。雖然《雜阿含經》中世尊曾向舍利弗說毒蛇護身咒，但法師以為照佛陀的本懷而言，咒術應是較晚出現的。參見《印度佛教史》第十二章，台北：法鼓文化，2002.11，頁282-283。法師對於某些人遇到困難，就去找異能之士看前世，來推論因果，是不必要的作法，而應是「憑實力度過難關最重要」。〈不必看前世因果〉，《愈挫愈勇健》。台北：法鼓文化，2003.10，頁47-48。

年代														
1981		◎												
1982	◎													
1983	◎													
1986		◎		◎										
1987	◎													
1989		※				※/✓	※	※				✓	✓	
1990	✓	✓/◎	※/◎			✓		✓				✓		
1991						✓		✓						
1992	◎		✓			※/✓	※	※	※	※	※	✓	✓	✓
1993	✓			◎		✓		※	✓					
1994	✓			✓		✓		✓	✓					
1995	✓	✓				✓		✓				✓		
1996	✓	✓		✓	✓							✓		✓
1997	✓			✓	✓									
1998				✓				✓						
1999				✓		✓		✓	✓			✓		
2000						✓		✓						
2001		✓		✓		✓	✓			✓	✓		✓	✓
2002				✓	✓	✓	✓			✓	✓			

---

61 〈尊重生命，迎向未來〉：「永遠不放棄生命的希望，這就是面對它、接受它，然後處理它。」《如何超越人生困境》智慧隨身書，台北：法鼓山文化中心，2007.1，頁21。

62 表格中區分法師所開示對象，是為了比較方法的適應性，但這只是參考值，因為文字性的表述不能涵蓋法師所有的開示。而為了對象的完整性，也將禪修者納入表格中。此外，表格中未列示書名出處，實因法師著作繁多，無法在表格中詳盡明示，筆者將法師著作中提及四它理念及方法的文字，依年代製成一表格，由於表格內容龐大，故未收入此書，若讀者對於聖嚴法師四它的開示內容想深入了解者，可與筆者聯絡。

2003									✓	
2004	◎									✓
2005										✓
2006								✓		
2008						✓				

　　法師用的方法眾多，包羅萬象，應有盡有，像個專賣的雜貨店，歸納起來，有：

　　（1）通於大小乘的四念處、五停心觀；

　　（2）般若的空觀；

　　（3）禪宗方法：不喜不厭、不理它、向內外看（曹洞默照）、看誰在煩惱（臨濟話頭）；

　　（4）佛教一般修持：念佛、拜佛、懺悔；

　　（5）持咒：準提神咒等。

　　（6）其他：寫日記、散步等。

　　四念處的數息、不淨觀，本是法師用來教人攝心的方法，❻但在《真正的快樂》書中的「什麼是苦」單元裡，法師用了許多篇幅以四念處教人體會一切現象都是因緣所生，均是無常變幻，因此不會追求好的狀況，也不會討厭壞的現

---

❻〈附錄 禪修疑難解〉：「四念處是三十七菩提分法的一科，雖云小乘觀法，然於《大智度論》卷一九也有介紹，是觀身、受、心、法的不淨、苦、無常、無我，而破凡夫的我執我見，乃是通用於大小乘的基礎佛法。……我本人亦常以數息法教人，偶爾教人不淨觀，此乃四念處觀的流類或基礎，觀行攝心，散心已攝，則繼之以大乘禪法。」《禪的體驗・禪的開示》，《法鼓全集光碟版》第四輯第三冊，頁351。（此篇文字為法師1987年6月於紐約禪中心回信給一位居士的信，未收於東初1994年的紙本中）

象，如此就能遠離煩惱，並能運用無常的觀念，生起積極的心念。一切身心現象皆無常的觀念，法師也曾用《心經》「照見五蘊皆空」、《大智度論‧緣起論》「無常見有常，是名為顛倒；空中無無常，何處見有常」來說明，將一切皆空的觀念用於勇於觀察、改善現實的環境，無論順、逆境都能不喜不悲的態度。❻法師運用佛法無常觀、般若的空，來說明離苦的方法與觀念，並凸顯了四它的積極精神。綜合來看就是緣起性空的思想，這也與禪宗的不喜不厭之禪法相貫通。

因此，這些方法運用的目的，主要還是緣起性空的體認，藉由方法的運用使無常的「觀念」成為「實證」，進而使心得以離苦。當自心能對一切順逆狀況都能泰然處之的時候，就能夠運用智慧、資源，積極地處理事。因此，法師在「處理它」的講述，大部分都是心法，尤以方法1～3，都是此類的運用。

但方法之間也有層次深淺之別，法師說：

> 遇到這種狀況（案：煩惱、困擾、誘惑、威脅）時，如果觀身不淨、觀受是苦、觀心無常、觀法無我都不成；只有先觀自己的呼吸，向內觀照心的反應。❻
>
> 如果沒有辦法降伏煩惱，怎麼辦？……平常自己的心

---

❻〈不落兩端〉，《智慧一〇〇》。台北：法鼓文化，1998.2，頁289。〈在家居士的修持之道〉，《聖嚴法師教觀音法門》。台北：法鼓文化，2003.5，頁100。〈不眷戀，也不逃避〉，《真正的快樂》。台北：法鼓文化，2008.1，頁44。
❻〈七覺支的意義〉，《七覺支講記》。台北：法鼓文化，2004.9，頁43-44。

上要有工夫，當狀況出現時，平日用功的工夫就要拿出來。譬如念佛的人，心中就要有佛號；參禪的人，心中隨時都要提話頭；默照的人，就用默照的方法。如果上述這些方法都用不上，可以拜佛懺悔。但拜佛時不要身體在拜，心裡卻在那邊又怨、又恨、又罵，嘀咕著，拜了這麼久也沒用、菩薩又不靈，結果愈拜愈煩惱……。拜佛，要留心身體的動作、心裡的感受，這是與四念處──身、受、心、法，有關的基礎修學法。心不能調伏時就觀身，身比較調伏了以後再試著觀心，用這樣的方法來拜佛、懺悔就有用了。❻

　　對於一般人，如果無法用1～3類的方法，就用轉移注意力的方法，是最快速最易有效的，轉移方法的使用，法師有許多不同的說明，除了注意自己的呼吸之外，還有合掌看指尖、注意丹田、注意身體的狀態（觀身）、注意腳底，2001年以後還提出散步、看風景、唱歌、聽歌等更生活化、簡易化的方式。

　　轉移方法的目的是暫時先平穩自己的情緒，不因為人事的煩擾而讓自己生氣、不安，只有當心裡平靜時，才能對事情做客觀、恰當的處理。這仍是屬於心法，不過，若能在平常就能練習方法，如觀無常、話頭、默照、四念處，能在煩惱來時用得上力。

<hr />

❻〈法鼓山僧伽大學的創校精神〉，《法鼓家風》。台北：法鼓文化，2005.2，頁50-51。

　　值得注意的是，法師運用了屬於自力的空觀，視煩惱、事件為無常幻有，一切消歸自心；❻❼也開示一條由自力祈求他力的方便道，法師勸人持誦〈準提咒〉、觀音菩薩聖號、禮拜，藉由自心誦持、禮拜產生力量，與咒語、聖號的力量相應，並「祈求佛菩薩的護佑」以求解決問題。❻❽例如害了癌症、家庭有問題，則持誦〈準提咒〉（Cundi Mantra）二十萬、四十萬遍，❻❾遇到災難就念觀世音菩薩一百萬遍，❼❿小孩被綁票、懷孕不順利也念觀世音菩薩，❼①大都能夠有好的結果，圓滿地處理。

　　法師勸人念觀世音菩薩、〈準提咒〉，以期仰賴諸佛智慧，解決問題。綜觀法師對於念佛的使用，約有兩種功能，一是藉由佛號，轉移注意力的方法，為對治妄想的手段，與

❻❼〈在家居士的修持之道〉，《聖嚴法師教觀音法門》，頁100。
❻❽〈26.為什麼要讀經？〉：「咒語是象徵，代表某位佛菩薩的力量，因此咒語本身就有力量。就這個意義而言，力量來自咒語的聲音。再者，專心一意持咒也會從內在產生力量，即使原先無意於此。」《禪的智慧──與聖嚴法師心靈對話》，台北：法鼓文化，2003.7，頁263-264。〈安身・安心・安家・安業〉：「當遇到重大困難，光是著急、痛苦，是沒有用的，應該提起心念，持誦阿彌陀佛、觀音菩薩聖號，祈求佛菩薩的護佑，給你信心和力量。」《平安的人間》，台北：法鼓文化，1999.6，頁20。
❻❾〈提昇人品的佛教〉，《禪的世界》，頁272。〈心經實踐〉，《心經新釋》，頁181-182。〈何謂修行〉，《人行道》，台北：法鼓文化，2001.8，頁32-33。
❼❿〈維摩經與慈悲喜捨〉，《修行在紅塵──維摩經六講》。台北：法鼓文化，1997.1，頁122。
❼①〈為何名為觀世音菩薩〉，《觀世音菩薩普門品》，頁45-48。〈墮胎罪同殺人〉，《方外看紅塵》。台北：法鼓文化，2007.12，頁304-305。

前述觀呼吸的用意相同；另一是仰賴諸佛菩薩的智慧與功德願力，而有不可思議的感應事蹟，此屬於宗教信仰的層次，準提菩薩亦是觀音菩薩的化身，具有滿願的悲願。一般人向準提菩薩發願持咒以求救護，法師以為「只要是為了善修心、發菩提心的目的，大多可以達成」。 ❼❷

有一位居士，因為事業、家庭上都不順利，便聽從法師的建議，持咒二十萬遍，但是持了四十萬遍後，問題還是沒有解決，原因是無法用無相、無求的心態誦持，他一邊誦持，一邊記掛著解決問題，把咒語當作問題在念，咒語就不靈了。咒語的效用，在於「無求而念」，若能無所求而用功，那麼一切問題都可以迎刃而解了。 ❼❸

是故法師雖然勸人念佛菩薩名號、持咒，但是持咒念佛的目的，還是在改變原本的觀念，修正習氣，體驗空性，才能以佛的智慧，導引出自心的力量，換句話說，真正能夠解決問題的力量，存在於每位眾生心中。又如另一位居士，因為先生時常喝酒、玩女人，回到家又藉著酒醉而鬧事，心中痛苦不已，當她持誦〈準提咒〉二十萬遍之後，先生行為依然如故，可是她的觀念卻改變了，她發現先生的所作所為與她沒有關係，心安定之後，便不再整天埋怨先生，也不怨嘆自己命運不好、遇人不淑。她全心全意照顧三個孩子，還教導孩子要同情爸爸的不知悔改、愚癡可憐。當先生回來的時候，也不再與他吵架，反而對他噓寒問暖，久而久之，先生

❼❷ 《法鼓山的方向》第二篇「法鼓山的鼓手」，頁266。
❼❸ 〈念念無求〉，《神會禪師的悟境》。台北：法鼓文化，2000.8，頁69。

也不好意思吵鬧，改善了家中的氣氛。❼這是一種因持咒而改變自己心態的感應。

因此，一方面藉由持咒、念佛的功德力量，使自己的心安定下來，一方面持誦名號、經典之時，也要體認事物皆只是暫時的有，幻化的有，覺知無常的本質，而能好好處理事情。法師本身由拜觀音、念觀音，得到許多不可思議的感應，因此也勸人念觀音，法鼓山更是個觀音道場。但原則上，佛法的宗旨仍舊以改變自心、承擔面對為目的，法師本身傾向於此，❼然而對於一般大眾，又開設了以信仰入手的方便法門。

這兩種法門（自力、自力引生他力）法師都採用，事實上，連法師自己，也同樣是並行不悖的。法師到日本念書，經濟拮据、指導教授去世時，都念觀音菩薩而有了好的轉機，❼爾後尋覓地點創建法鼓山時，也是持誦〈大悲咒〉而有的感應。❼當法師遇到重大事情必須解決時，都是用拜佛懺悔的方式，讓心平靜，並且能有佛菩薩的力量與護法神的協

---

❼ 法師在兩本著作中提到這位居士的故事，詳略稍有不同，可參見〈禪——解脫自在〉，《禪與悟》，頁128；以及〈何謂修行〉，《人行道》，頁32。

❼ 法師說：「雖然我有時也祈求觀世音菩薩，基本上我是傾向原始教義；但對於一般大眾，若是遇上大難關，真是熬不過去、撐不住，我也會請他們祈求觀世音菩薩，讓內心有個依靠。」《歡喜看生死》第四章「命理的正思維」，台北：天下，2002.3，頁117。

❼ 〈聖嚴法師在佛法的光輝裡廣植綠色的福田〉，《聖嚴法師心靈環保》。台北：正中，1994.8，頁33-34；原刊於1992.3.23《自立晚報》。

❼ 〈現成的一塊地等著我們〉，《法鼓山故事》（台北：法鼓文化，2007.3），頁21-22。

助。⑱有時，在痛苦無法解決，不知何去何從的時候，法師也
持念《心經》「觀自在菩薩，行深般若波羅蜜多時，照見五
蘊皆空，度一切苦厄」，把它當成咒語來念，可以使煩惱初
步減輕。⑲凡此種種，皆是藉由外力而度過難關的。

　　以最貼近世尊教法的《阿含經》，也存有許多佛力加被
的事蹟，⑳持誦佛菩薩名號以求救度，一般以為是大乘佛教才
有的特色，事實上，世尊並沒有完全否定，六念中的「念如
來」就具有使人恐怖即除的功效，㉑《中阿含‧持齋經》也說
若持齋憶念如來，可以滅除所有惡伺、穢污惡不善法。㉒但相
較於《阿含經》所彰顯趨向解脫道的精神，世尊說念如來之
名可以獲得心靈的依靠，實偏向宗教信仰的層面。印順導師
以為六念中的念佛、念佛法僧，可度過心驚毛豎的恐懼，安
定內心，是真實而有的情形，但這一類的行法，適合於隨信
行人，是在家弟子的方便道。㉓以信為導向的法門開設，的

---

⑱ 〈默照的基礎觀念與方法〉：「拜佛會有感應，這是由於外在佛菩薩的
　力量，以及護法神的協助；護法神是跟著修行人的心境而走的，心安
　定，他就會來保護我們。」《聖嚴法師教默照禪》，頁149。
⑲ 〈在家居士的修持之道〉，《聖嚴法師教觀音法門》，頁100。亦可簡化
　為「五蘊皆空，離一切苦」。
⑳ 可參見法師《基督教之研究》，法師舉了許多例子。《法鼓全集光碟
　版》第一輯第五冊，2006.12，頁38。
㉑ 世尊舉過去世時，帝釋與阿修羅鬥戰，帝釋語三十三天，若生恐怖毛豎
　者，念帝釋之名可免除。帝釋猶有三毒不能解脫，仍能勉勵諸天，那麼
　正等正覺的世尊，亦以此語告諸比丘。《雜阿含981經》，《大正藏》二
　冊，頁255a-b。有關六念的說明，在《別譯雜阿含經》卷8，也更詳細的
　敘述。《大正藏》二冊，頁432c-433b。
㉒ 原文為：「若有惡伺，彼便得滅，所有穢污惡不善法，彼亦得滅。」
　《大正藏》一冊，頁771b。

確易被世俗大眾接受，也與中國本有的神教以及密宗密咒相
應。由自力的念佛、持咒而獲得感應之方便法，這部分法師
並沒有捨棄。

　　仰仗諸佛菩薩的加被，卻不能過分地祈求感應，以求感
應之心來拜佛，那就變成神道教了，法師不用神通解決事
情，也不建議去算命、問神。❷特別的是，法師以為煩惱來
時，打坐求靈感是沒有用的，因為事情發生必有前因，必須
用拜佛懺悔的方式，來安定自己的心。

　　安定心念之後，就要依著智慧尋找因緣、創造因緣，積
極努力，「運用我們的各種資源，包括智慧、經驗、技術、
體能、時間、財物及社會關係等，盡力處理」。❸例如一位
女弟子在禪中心打坐、聽經後，在轉角被搶了皮包，法師要
她冷靜地面對自己被搶劫的事，接受這樣的事已經發生了，
而當下要做的事就是「報警」。❹這是運用世間法來處理的例
子，法師並沒有要那位信徒觀皮包是無我的，或觀搶劫的事
實是無常，或是去散散步、看風景，而是事件當下應該怎麼
處理就怎麼處理，才是智慧的方式。

　　因此，法師的處理方法，是以佛教的觀念與修行方式來
安定心念，進而產生智慧，並且依著智慧判斷事件，來決定
處理的模式。

---

❸ 印順導師：《華雨集》第二冊，第二章第二節「六念法門」，《印順法
　師佛學著作集》光碟版，頁52-54。
❷ 〈心可以打太極拳〉，《康健》雜誌第86期，頁75。
❸ 〈紓解壓力的法寶〉，《人間世》，頁142。
❹ 〈懂得放下，才能自在〉，《方外看紅塵》，頁28-29。

4.放下它

上述那位女弟子被搶之後,有一兩年不敢再到禪中心共
修,法師認為事情處理完之後,就不要再牽掛、擔心、恐
懼、害怕,要將它放下。就算自己資源有限,在處理之後還
是解決不了,但至少還留著一條命,還有呼吸,就應該先放
下。法師說:

> 真的沒有辦法時就不管它,也沒有什麼好怕的了。❽

> 可能有人會誤解「放下」的意思,我們現在講的「放
> 下」,是指眼前沒有辦法處理,只有以時間來爭取空間,
> 等待因緣成熟再來處理。 ❽

此處的放下並不代表不再努力,而是等待因緣,等一
會說不定就有新的契機,峰迴路轉了。❽但若因緣促成,事
情能夠順利處理好,那麼處理完之後,不僅要放下這一件
「事」,也放下自己在處理過程中的種種心念,法師說:

> 事情已經處理好之後,不論在過程中曾經飽受委屈,或
> 是曾經威風八面,都要放下它,心中不要留下痕跡,不要
> 再有牽掛,這就是用佛法面對現實的態度。❿

❽ 〈布施波羅蜜〉,《六波羅蜜講記》。台北:法鼓文化,2001.1,頁26。
❽ 〈面對問題的法寶〉,《不一樣的身心安定》,頁62。
❽ 〈不放棄自己〉,《方外看紅塵》,頁135-136。
❿ 〈宗教・禪・佛法與邪魔〉,《動靜皆自在》,頁81;第十七次法鼓山
  社會菁英禪修營聯誼會開示。

此處的放下它，即如同禪修時放下過去與未來，將心安於現在當下的事，該喝茶的喝茶，該睡覺的睡覺，過去的一切榮與辱、順與逆都與已無關，這也正是憨山大師「捨」的修行。

（二）思想淵源

1.承繼世尊的理念

經由上述的剖析，可以初步勾勒出四它方法的輪廓，亦即：四它雖以解決人生困境為主張，卻是不折不扣的心法，除了強調日常生活中的覺知訓練，更在面臨煩惱困瑣時，運用緣起無常的正知見，使自身能夠安心面對及智慧地處理。

將心法落實到器世間苦、樂事相與因緣的面對，其目的在建設自心的淨土，並擴及到人間世，法師說：

> 釋迦牟尼佛在三界中，希望把佛法普及之後，人們不論遇到任何順逆因緣，都能不憂慮、不恐懼、不驕狂、不氣餒、不失意、不沮喪，讓每一個人心中顯現出清涼淨土。這也正是法鼓山的理念。❾❶

四它，便是以緣起無常的正知見，轉化我們的心智，藉由日常生活的訓練，加深我們對因緣的體認，進而修正自己的行為，自利利他，自助助人，在火宅般的娑婆成就蓮花清涼。

就此來說，無論四它或法鼓山的理念，都是延續世尊的

---

❾❶〈「心」五四運動的時代意義〉，《「心」五四運動──觀念篇》，頁9。

教法，在現代的社會落實。法師本身也不斷地強調法鼓山的理念就是釋迦牟尼佛的理念，❷而釋迦牟尼佛所開示的解脫之道，就是面對現實、改善所處的環境，法師云：

> 釋迦牟尼佛所發現的解脫之道，就是教我們如何面對現實、接受現實、體驗現實、對現實感恩；用自己的心，就能轉變對環境以及各種遭遇的看法和感受了，這在佛法中，叫作境隨心轉。❸

回溯《阿含經》中，世尊教導弟子們面對妄想煩惱，都採取「面對」妄想的態度，並很迅速地找到對治與處理的方法，於焉而有止觀法門的開展。可以說，藉由修止、修觀，以調伏、對治內心的貪瞋無明，生起智慧。

若就基本方法、與所緣對象來說，四它亦是世尊教法「如理作意」的一環，世尊時代的「理」架構於苦集滅道之聖諦，除了無常、無我的正知見外，還有許多修止觀的方法得以離苦；而四它之「理」亦在於運用各種方法，在境起心生之時，妥善地處理自心與外境的關係。法師所說的「平心

---

❷ 〈選舉面面觀〉：「這個理念並不是我的，而是釋迦牟尼佛的理念，我只是推廣釋迦牟尼佛的想法和做法。」《不一樣的社會關懷》，台北：法鼓文化，2006.8，頁228。〈回歸佛陀本懷〉：「我們的團體是以宣揚釋迦牟尼佛的遺教為立足點，是正統的佛教。如果偏離世尊的本懷，佛法會被扭曲，佛教將會衰亡。」《法鼓晨音》，台北：法鼓文化，2001.1，頁218。

❸ 〈在歐洲之家的演講〉，《空花水月》。台北：法鼓文化，1999.9，頁115。

靜氣地接受這樣的事實」，也是如理作意，以業報、因緣的觀念落實到人間，如理思惟。

　　當然，以漢傳佛教為主軸立場下，不可避免地有著空性與如來藏的思想，這在四它教法裡可以找到思想的軌跡，然而如果就妄念的當下面對，聖嚴法師四它的方法與原則，實上承世尊的精神。佛教滅苦的方式，依法師的歸納可以分為兩類，一是觀念的改變，即了解因果、因緣，培養慈悲心；二是打坐、誦經、拜佛等修行。第二類的修行，其目的是幫助人們更了解因緣、因果的概念，使慈悲心更穩固。❾❹那麼，佛教滅苦的方式，其主要還是在洞見緣起，洞見緣起而能發現世間無常的本質，進而體證空性。從面對它到放下它的過程，也正是緣起觀的洞見。四它，應是法師以緣起性空精神而創設的方法，其目的在使佛教的緣起思想生活化、普遍化，並達到滅苦、離苦的實際效用。

2.兼容並蓄的禪

　　上一節討論四它在禪修中的運用時，法師吸取了唐宋明清等禪師的思想與方法，四它在日常生活的使用也正是法師默照禪法的特色。然而，四它並不只是禪宗的方法，就「處理它」所蘊含的方法來看，法師決不是只以禪宗風貌接引眾生。

　　事實上，法師也不承認他所弘揚的佛法就是禪宗，而是研究了藏傳、南傳佛教的內涵，比較其優劣，經由個人的實踐經驗加以取捨，整合成法鼓山佛教的特色，法師說：

---

❾❹〈禪──心理健康〉，《禪與悟》，頁107-172；以及《禪門第一課》，頁57-59。

　　很多人說我弘揚的佛法屬於禪宗，但我不承認。……事
　實上，我不僅是中國禪宗的禪師，所以稱呼為中國禪宗範
　圍就變得狹窄了，應該更開放些。我所弘傳的禪法以及觀
　念，和中國大陸一九四〇年代以前的禪宗不一樣，我所宣
　揚的是台灣本土化的佛教。我們現在要從本土推展到國際
　去，再把國際的潮流接收到台灣來。我不僅接收了藏傳、
　南傳佛教的內涵，也接收了西方宗教的內涵，再整合變成
　台灣佛教的特色。**⑤**

　　法師兼容並蓄的佛法見解，應受到明末佛教的影響，明
末禪師都主張禪教合一，也兼攝密咒的修持，因此法師以
為「佛法是一味的、不分家的，各宗各派都當含有禪、教、
律、密、淨的成分」**⑥**，在這樣的立場下，法師的教法亦具
有「一味」的風格，法師稱作「禪門」，將密宗持咒、拜
佛、念佛都回歸為禪門，都視為禪法。**⑦**那麼，法師如何吸收
藏傳、南傳的方法？以下試以四它的脈絡來討論。以藏傳為
例，法師說：

　　我有幾十年漢傳佛教研究和修行的基礎，然後參考藏密
　的東西，轉換其一部分為漢傳佛教能用的材料。　**⑧**

---

⑤ 〈台灣本土文化的全球化〉，《不一樣的文化藝術》。台北：法鼓文
　化，2006.8，頁159。
⑥ 〈宗通與說通（禪與教）〉，《禪的生活》頁69；講於農禪寺。
⑦ 〈一師一門，同心同願〉，《法鼓山的方向II》，頁111-112。
⑧ 同上註。

　　在教理、教史上，法師很早便留意到西藏佛教，他在1961年起開始研究各地之佛教史，所撰寫的《西藏佛教史》於1969年出版，❾時值法師赴日求學當年。而法師對藏傳佛法的吸收，吸收了哪些部分，值得另文專究。與四它有關的部分，為密咒的吸收，以〈準提咒〉為例，法師所研究的明代佛教，〈準提咒〉的誦念風氣十分盛行，明末的居士十分重視持咒，最流行的便是〈準提咒〉，這是由於宋遼以來的密教依據善無畏譯出的《七俱胝獨部法》，鼓吹〈準提咒〉的風氣使然，至明代則有專持誦念的結社，宣揚〈準提咒〉。❿

　　除居士之外，明末的蕅益大師，亦特重持咒，所重視的八種咒語中，其中一樣便是〈準提咒〉。⓫而近代佛教新興領袖之一，一位十分愛護法師，是法師的沙彌戒和尚的智公老人，也常書寫、誦念〈準提咒〉，⓬聖嚴法師後來教人持誦〈準提咒〉，或許受此影響。

⓳ 原與《印度佛教史》、《日韓佛教史》合訂，為《世界佛教通史》（上），1969年9月中華書局出版。參見林其賢：《聖嚴法師七十年譜》上冊，台北：法鼓文化，2000.3，頁222。

⓾ 《明末佛教研究》第四章「明末的居士佛教」中說：「最值得注意的是，當時的居士之中，除了誦經、念佛、參禪之外，也重視持咒，最流行的咒文是〈準提咒〉，且有結社持誦它的風氣。」台北：法鼓文化，2000.8，頁264；另可參見《密教史》第二章中國密教中的第六節「宋、遼時代的密教」。

⓫ 蕅益大師共持有〈楞嚴咒〉、〈大悲咒〉、〈地藏咒〉、〈觀音咒〉、〈藥師咒〉、〈往生咒〉、〈準提咒〉、〈七佛滅罪真言〉等八種神咒。〈密教之考察〉，《學術論考》。《法鼓全集光碟版》第三輯第七冊，2006.12，頁32。

⓬ 〈敬悼智光老人──痛失庇蔭〉，《悼念・遊化》。《法鼓全集光碟版》第三輯第七冊，2006.12，頁43。

　　當然，持咒並不等於修密法，密法須有上師傳承，有著一定的修持儀軌。若依照法師一味的禪門風格，咒語與持名念佛的功能是相同的，❿法師勸人持密咒，轉變了原有的修法，收歸於禪門所用，因此儘管〈準提咒〉原屬於密咒，但法師卻非一成不變地接受，這也正是法師所謂的「參考」與「轉換」。

　　法師勸人持誦〈準提咒〉二十萬遍，以期能解決問題，這或多或少偏向於信仰的層面，但對於一般大眾，這樣的方法可能更方便有用。那麼，除了〈準提咒〉之外，法鼓山放燄口、蒙山施食、密壇等密宗儀軌的施設，也應是這一原則下的融攝，將來還可以吸收何種儀軌，而不失去法鼓山的宗旨，是要加以深思的。

　　至於南傳佛法，1990年法師就曾以泰國僧侶的禪法介紹給法鼓山僧團，並結合「看誰在煩惱」的向內觀看來作說明。❿同年起，法師曾先後派遣果醒法師、果稠法師、果暉法師、果元法師至泰國參學，見聞南傳佛教的修行法門。❿1991年注意到緬甸禪師運用「觀身、觀受、觀心」以發明「動中禪」的修行方法。❿

　　當代南傳上座佛教的內觀法門，從《念處經》四念住與七覺支的修法發展，以向內觀照自心，讓自身不受外相的影

❿〈佛化家庭的生活指南〉，《法鼓山的方向》，頁376。
❿〈煩惱消歸自心〉，《法鼓晨音》，頁68。
❿與泰國締結交流之誼始自1990年，中華佛學研究所與泰國法身基金會之緣起，1991年果醒、果稠法師至泰國參學一年，1992年則是果暉、果元法師。參見林其賢：《聖嚴法師七十年譜》下冊，頁684。
❿〈禪與生活〉，《禪的世界》，頁148。

響。《阿含經》的念處精神，在南傳佛教發展成內觀（四念住）。四它的覺知練習，與南傳的內觀有相近之處，但未發展成以身內四大、強烈的出入息、身體不淨來做為禪修的所緣境，或是以之訓練專注，[107]而強調清楚地了知，更具有生活化的特色，保有日常實踐的可能性，而使得修行基礎深、淺之人，都能從中獲得利益。

四它的運用法則，逐步深化則成為寂默與鏡照的功能，改變阿含次第修止觀的步驟，而有遍時觀照了悟的特色，形成默照禪。法師在講述默照的方法時，也曾配合南傳內觀四念住的方法，使參禪者受用。[108]由此可知，初期佛教在各地的發展，形成不同的佛法宗派，但無論是南傳內觀，或是漢傳禪法，均有相通之處，而不是那麼排異而無法相容的。

正因為如此，相信南傳佛教的修行方法，也能透過吸收、學習、轉化而融入法鼓山的理念與禪法。有關此一部分的研究，已有學者發現法鼓山八式動禪以及校園推廣的禪修，與南傳的內觀法門可相印照。[109]事實上，南傳佛教的內觀的確與四它教法有極相似之處，茲引阿姜查（1918—1992）

---

[107] 有關南傳內觀禪的修行方法，可以參見傑克・康菲爾德（Jack Komfield）著，新雨編譯群譯，《當代南傳佛教大師》。新店：圓明，2000；林崇安〈內觀禪修的探討〉，《中華佛學學報》第13期，2000，頁53-67；班迪達尊者《念處觀》第四、五章，賴隆彥譯，台北：橡實文化，2007.5；阿姜查《無常》，賴隆彥譯，台北：橡實文化，2007.3。

[108]《兩千年行腳》，台北：法鼓文化，2000.3，頁91。

[109] 參見黃健原：〈南傳佛教之「四念處、內觀和動中禪」初探──兼論法鼓山體系禪修對其之應用〉，《2004佛學論文獎學金得獎論文集》。台中：正覺堂，2004，頁139-172；〈生活化的動態禪修之研究與應用〉，《2005佛學論文獎學金得獎論文集》，2006，頁33-51。

回答學人的一段話，便可知立足於四念住修行的南傳佛法，
對於心念的處理與四它教法有異曲同工之處：

> 　　無論什麼念頭生起，祇須看著它，隨它去，不要想袪除
> 妄念，這時心自然會回復它原本的狀態。不要分別好壞、
> 冷熱和快慢。無人亦無我，根本沒有一個能主宰的我。讓
> 一切自然展現。托缽時，毋需特別造作，祇是安詳地走
> 著，看著心。毋需執著閉關或隱遁。無論身處何地，保持
> 自然，警醒觀照，藉此認識自己。疑心若生起，看著它的
> 來去。就是這麼簡單，一切無所執。……當你遇到煩惱，
> 祇須看著它、放下它，就超越過去了。別留戀已經經歷過
> 的煩惱，也別預期尚未出現的困難。專注於現在，一切皆
> 在變化當中，無論遇到什麼境界都不要執著它。　❿

　　當代南傳佛教以四念處為基礎的修法，所開展出來的禪
法風貌，與四它教法十分相應。有關此一部分的相關資料與
引述，留待另文專究。

　　總地說來，我們可於四它教法中窺見法師運用法門的豐
富性，並不是單一的佛教方法，而是應機應時的處理原則，
從此處可與其他佛教修行方法接軌，亦使得法師的教法具有
兼容博雜的特性，只要對眾生有益，那麼禪、淨、密、天
台、華嚴乃至南傳佛法均可為其所用。

---

❿ 傑克・康菲爾德：《當代南傳佛教大師》，頁106。

（三）四它為七覺支的日用化

回顧法師四它的處事原則，可歸結至「心」與「境」的關係，法師開示了面對、接受、處理、放下，來說明心遇外境時，需要的工夫與次第。其過程為：

1.六根對境時，若生「取著攝受心住」⓫之無明觸，起種種情緒、執著，則應察覺觀照；

2.觀照之後，生起處理的念頭，已生之惡念煩惱當令止息，此時可運用的方法甚多，已如前述；

3.運用所選擇的方法，正心實踐，使心安定；

4.依著智慧尋找因緣、創造因緣，以及能力範圍內的資源來處理，處理之後，也不必記著先前的委屈或沾沾自喜；如果不能處理的，也就放下了。⓬

這樣的過程，比起禪修中的四它，多了選擇方法，安定心念的步驟，以及尋找因緣、創造因緣的過程。試以圖示之：

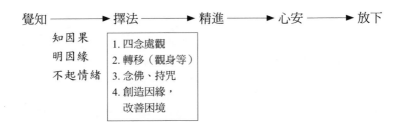

覺知 ──→ 擇法 ──→ 精進 ──→ 心安 ──→ 放下

知因果
明因緣
不起情緒

1. 四念處觀
2. 轉移（觀身等）
3. 念佛、持咒
4. 創造因緣，
　 改善困境

⓫《雜阿含43經》，《大正藏》二冊，頁10c。

⓬ 參見〈宗教・禪・佛法與邪魔〉，《動靜皆自在》，頁81。《〈五根五力〉講記》，台北：法鼓文化，2004.4，頁86-87。〈開放的心境〉、〈紓解壓力的法寶〉，《人間世》，頁57、142。

　　這些過程細究起來，應是七覺支的日用化，⓲當然，《阿含經》裡七覺支的修習是嚴謹、漸次修習滿足而層層增上的，阿含學者楊郁文亦將四念處、七覺支歸類為增上定學，⓳主要是因為七覺分是先觀四念住，之後依次修擇法直至捨覺分，必須「專心繫念不忘」⓵；未如四它，運用在觸事遇境之時，做為事件的處理過程。

　　四它與七覺支相近之處，在於強調念念分明，對自己的起心動念十分清楚，以業報觀念接受當下所遭遇的事，並且慚愧、忍辱，再選擇方法來使心安定，練習熟練便能體認無常，最後能捨棄使自己貪、厭的情緒與事件，不再追想回憶。因此，較相近的是念覺支、擇法覺支、精進覺支、捨覺支。

　　《阿含經》的擇法覺支，是說對法具有直覺辨別的智慧，⓶但擇法覺支也蘊含有選擇正確的修行方法來實踐之意味。⓷楊郁文〈生活中的七覺支〉對於擇法覺支的運用，也近於法師所述，如其云：

⓲ 七覺支依次是：念覺支、擇法覺支、精進覺支、猗覺支、喜覺支、定覺支、捨覺支，為不退法。《雜阿含705經》，《大正藏》二冊，頁189b。
⓳ 參見《雜阿含711經》，《大正藏》二冊，頁190c；《雜阿含737經》，頁196c-197a。又楊郁文：〈阿含道次第表〉中，四念處之後所修的七覺支，工夫可涵蓋四禪，為解脫的要道。《阿含要略》，台北：法鼓文化，2003.3，頁34。
⓵ 《雜阿含733經》，《大正藏》二冊，頁196b。
⓶ 此處依據班迪達尊者：〈以七覺支，成覺悟者〉的詮釋，《香光莊嚴》第75期，2003.9，頁22。帕奧禪師：《正念之道：大念處經析解與問答》，高雄：淨心文教基金會，2007.2，頁271-272。
⓷ 法師：《七覺支講記》，頁35-36。

「念覺支」在生活當下，在獨處、待人、接物、處事時，第一步，提供具念、正知，無妄念、無不正知；第二步，要求擇法覺支鑑別如此身、心的動作屬善、屬惡；第三步，發起慚愧心，追求存正念、去除妄念，作三妙行、不作三惡行；第四步，回憶種種去惡行善的方案；第五步，選擇正確有效的方法改過、行善；第六步，發動精進覺支有效地操作四正勤。……⑱

選擇有效的方法，努力實踐，讓自己平穩心念，這正是念覺支、擇法覺支、精進覺支的運用。

至於捨覺支，在《阿含經》的用法是不斷地捨棄禪定相，才能一層一層地修上去，因此屬於次第禪定，這與法師的「放下它」用法不同。就法師於《七覺支講記》引錄大乘經論七覺支之原文，筆者以為法師較接近智者大師的說法，智者大師《法界次第初門》對於捨覺分的解釋為：

　　若捨所見念著之境時，善能覺了所捨之境，虛偽不實，永不追憶。

「永不追憶」實就是惠能「無念、無憶、無著」⑲的智慧力，放下一切得失榮辱的感受與外境，這是四它的完成，

<hr>

⑱ 《佛教與二十一世紀：第四屆中華國際佛學會議中文論文集》，台北：法鼓文化，2005.6，頁55。其所依據的經證是《雜阿含610經》，《大正藏》二冊，頁171b。
⑲ 宗寶本《壇經》，《大正藏》四十八冊，頁350c。

也是般若的智慧。儘管法師所說的七覺支，不全然依據《阿
含經》原意，而融入了大乘佛法的精神，⓬但是若就「捨棄境
相」的「態度」，法師的放下它並未悖離《阿含經》七覺支
的原意，只是不放在禪定中使用罷了。

七覺支在次第禪定之外的使用，如班迪達尊者、證嚴法
師都將捨覺支作日用化的詮釋，這是適應於現代生活開展的
必然結果。⓬捨覺支運用到日常生活中，也具有使自己遠離
貪、瞋執著情緒的功能。因此，「捨」除了在禪修運用之
外，也能活用在日常生活中處理事物的態度上。

法師曾說：「心五四不是現在才有，早在釋迦牟尼佛時
代就有了。」⓬又說：「法鼓山的禪法是結合了《阿含經》，
並且運用中國禪宗的特色，而貼切、適應著今天的時代環
境。」⓬綜合上一節討論禪修時，四它方法中正念、正知的運

⓬ 法師云：「我是大乘禪法的傳承者與修行者，所以在講《阿含經》的七覺
支時，已將大乘的精神涵融於其中。」《七覺支講記》，頁91。

⓬ 班迪達尊者：「持續地讓心向於捨的培養。當你的心有這種傾向，就不會
妄想家中的貓、狗或所愛的人，只會愈來愈平衡與和諧。在禪修與日常生
活中，捨都極具重要性。一般而言，我們不是被欲樂或迷人的所緣給沖
走，就是在對抗不愉悅、討厭的所緣時，使自己極度地煩亂。」〈以七覺
支，成覺悟者〉，頁92。證嚴法師：「所謂『捨』覺支的『捨』，是說不
論在人間付出多少心血、多麼辛苦，都不要把心念停留在過去，也不必時
常討人情。」《三十七道品講義》，台北：慈濟文化，1999，頁299。證
嚴法師所依據的經論是智者大師對七覺支的詮釋。

⓬〈「心」五四運動的時代意義〉，《「心」五四運動──觀念篇》，頁4。

⓬〈中華禪法鼓宗〉，《承先啟後的中華禪法鼓宗》，頁51。《兩千年行
腳》：「法鼓山如同是一個專業的專賣店……我們的修行，是中國的禪和
淨土；我們的生活，是依據戒律的倫理；而我們根本佛教思想的源頭，是
《阿含經》的緣起性空。」頁250-251。

用；以及本節面對生活中喜樂煩憂之事，有關七覺支的日用
化，均可為法師之語做更清楚的註腳。

斯里蘭卡高僧向智長老（Nyanaponika Thera, 1901—1994）
曾以為亞洲的大乘佛教中，以中國禪和日本禪最接近佛陀所
述的念處精神，儘管兩者「在方法、目標與基本哲學概念上
不同，但與念處的連結卻是緊密而強大的，遺憾的是它們卻
很少被強調或注意到。」❷向智尊者所說佐證了本文的研究結
果，也使得法師將四它乃至法鼓山理念追溯到初期佛法❸的
源頭，有其義理與實證的深刻意義。

五、結語

本文初步考察法師四它教法的思想與方法，所獲得的結
論如下：

（一）四它的原則與方法，秉承自世尊的精神，並以觀
照緣起的方式，做為面對現實的態度，這部分以世尊的教
法為始，承繼了四念處、七覺支的方法，並強化捨的修習，
並以之連接、貼近於中國禪宗不思善惡的修行方法，具有簡
易、生活化的特色。

聖嚴法師是國際間著名的禪師，傳承曹洞與臨濟宗的法

---

❷ 向智尊者：《正念之道》，台北：橡樹林文化，2006.8，頁14。
❸ 有關原始佛教、根本佛教、初期佛教的用法，學者們的分類並不一致，此
處的初期佛法，即法師中文著作中的「原始佛教」，在英文著作所用的
「early Buddhism」，是以《阿含經》為依據，指尚未區分大乘、小乘的
時代。本文依據英文之用法，稱為初期佛教。參照《印度佛教史》第三章
「原始佛教與三藏聖典」，台北：法鼓文化，2002.11，頁60-61、80-83。

脈，一般的印象多將法鼓山定位為大乘佛教或禪宗道場，然而法鼓山的精神並非迥然獨立於東亞佛教，而是根植於初期佛法，同樣秉持著緣起思想與無常無我的要義。

（二）法師針對現代人的需要，在四它的使用上，也引用了屬於對治的觀法、自力引生他力的念佛法門，以及〈準提咒〉的持誦。應用之方，隨著大眾的需要而含藏蘊藉。但嚴格說來，四它的主軸仍以《阿含經》與中國禪宗的修行方法為主，這部分是法師始終不變的原理原則，❿然而佛法的應機隨時代與環境不同，法師並不排斥其他宗派的修行方法，只是使用其他方法之時，也必須要體認：所有的方法只是為了要如實觀察緣起，了解事物的本質，四大幻化的本質，均是無常。體認無常而能無我，那就是空性的呈現。

（三）法師雖以四它做為解決問題的方法，然而四它最主要的目的其實在處理情緒與觀照心念的起伏，這需要長久的練習，方能在觸事遇境的時候用得上力——即體驗無常無我的正知見。四它看來淺顯易懂，但卻具有強烈的實踐性格。

法鼓山近年來推廣默照禪法，事實上也就是四它的方法，四它比默照的說法更簡易淺白，兼顧了修行與日常生活，而其教理更上承世尊的精神，方法上更具有開創性與開放性，足以代表法鼓山「承先啟後」的精神與宗旨。

---

❿ 〈序《李恆鉞長者遺著》〉：「我自己的心願，雖在弘揚漢傳的大乘佛教，源頭還是印度的原始佛教及初期大乘，為了源頭活水，我是引用印度佛學，適應現代人間，來開展中國佛學的。」《書序Ⅱ》，《法鼓全集光碟版》第三輯第十冊，2007.1，頁32。

On Four Steps for Handling a Problem of Master Sheng Yen

Yu-Ting Kao

Formerly Adjunct Assistant Professor

Dept. of General Education Center, Tzu Chi College of Technology

▌ Abstract

This essay aims to explore the teachings on the "Four Steps for Handling a Problem," proposed and advocated by Master Sheng Yen. The "Four Steps for Handling a Problem" is one of the important concepts in the "Fivefold Spiritual Renaissance Campaign", and it attempts to provide a practical and useful method for modern people to resolve the difficulties of life they may encounter.

Although the Four Steps—face it, accept it, deal with it and let it go—are promoted for contemporaries, they can be related to many methods of practices in early Buddhism and Chan. Master Sheng Yen's thoughts and guidelines can be found and rooted particularly in the practices of sati-patthāna and Chan. Based on those early Buddhism and Chan concepts, Master Sheng Yen incorporated Tibetan Buddhism and Therevada Buddhism to develop the method of Four Steps for Handling a Problem, which is a very important essence of Dharma Drum Mountain.

KEYWORDS：Master Sheng Yen, Four Steps for Handling a Problem, Zen, Chan, Fivefold Spiritual Renaissance Campaign, sati-patthāna

聖嚴思想與如來藏說

陳英善
中華佛學研究所專任研究員

▌提要

聖嚴法師的思想，究竟為緣起性空呢？抑或是如來藏說？或是二者之融合？

從聖嚴法師的諸論著中，吾人似乎可以判斷聖嚴法師的學術思想是屬緣起性空，且以此緣起性空為根本究竟，而視如來藏為方便法門。而聖嚴法師此之觀點，可說不離印順法師之三系說。

但從另方面，吾人似乎也可以發現，聖嚴法師的主體信念是如來藏、佛性，及其所指導的禪淨修行，乃至其所弘化推動的人間淨土、心靈環保等，可說皆與如來藏說有極密切之關係。

如此一來，是否形成聖嚴法師學術思想與其主體信念之間的落差？

因此，本論文主要就三部分來切入探討。第一部分「問題之提出」，先將本論文所要處理之問題帶出。第二部分「聖嚴之思想」，則是進一步論述聖嚴法師的思想，此主要分成三方面來進行：首先，就聖嚴法師的學術思想來論述，得知聖嚴法師的學術思想，基本上採用印順三系說；其次，則針對聖嚴法

師之主體信念在如來藏說來論述；於後，則探討聖嚴法師如何處理如來藏說與印順三系的問題。第三部分「因應之方法」，主要就傳統中國佛教及現代學者傅偉勳之論點來作說明。

依本論文之分析，聖嚴法師之學術思想採用了印順三系說，然其主體信念在於如來藏說。而印順法師三系說下的如來藏說卻是被視為已背離了佛教之緣起性空，已近於外道之梵我、神我思想，因而此最為印順法師所詬病，且嚴屬批評的。也因為如此，所以聖嚴法師試著調和如來藏說與緣起性空之問題。依本論文之看法，若聖嚴法師之思想採自於傳統中國佛教之論點，那麼即可避免如來藏說與緣起性空對立性之問題，因為就中國佛教而言，如來藏說與緣起性空乃是一體之兩面，空與有乃是圓融一際的，並非存在對立性之關係，尤其如來藏說更擅長發揮「空、有不二」之道理。

關鍵字：聖嚴法師、印順法師、太虛法師、大乘三宗、大乘三系、如來藏

一、問題之提出

有關本論文之探討，可先由聖嚴法師《自家寶藏——如來藏經語體譯釋》〈自序〉中的一段話來切入思考，如其云：

> 如來藏的思想，是最受漢藏兩系大乘佛教所信受的，雖於近代善知識之中，對於如來藏的信仰，有所批評，認為是跟神我思想接近，與阿含佛法的緣起性空義之間有其差異性，認為那是為了接引神我外道而作的方便說，甚至是為使佛法能生存於神教環境之中而作的迎合之說。我相信善知識的研究，有其資料的客觀性、有其剖析的正確性，但我更相信如來藏思想，並不違背緣起的空義，而具有其寬容性。 ❶

在聖嚴法師的這一段自序中，說明了有善知識學者視如來藏說近於神我思想，而聖嚴法師對此的看法：一方面是認為「有其資料的客觀性、有其剖析的正確性」，換言之，聖嚴法師站在學術的立場，認為如來藏說近於神我思想是有其「客觀性、正確性」的；但另方面則認為如來藏思想並不違背緣起性空，如聖嚴法師所說「但我更相信如來藏思想，並不違背緣起的空義，而具有其寬容性。」如此一來，似乎存在著相互矛盾。既有資料的客觀性與剖析的正確性為佐證，那麼近於神我的如來藏思想是存在的事實，但在更深層上聖

---

❶ 《自家寶藏——如來藏經語體譯釋》，頁5。

嚴法師相信如來藏思想的正當性，並不違背緣起性空，且認為如來藏思想更具有寬容性，為未來世界佛教的主軸，如其接著說：

> 因此我敢相信，適應未來的世界佛教，仍將以如來藏思想為主軸，因為如來藏思想，既可滿足哲學思辨的要求，也可滿足信仰的要求，可以連結緣起性空的源頭，也可貫通究竟實在的諸法實相。❷

此顯示了聖嚴法師對如來藏說之重視，認為如來藏說將成為未來世界佛教之主軸，因為如來藏說可滿足哲學、信仰的要求，且能連結緣起性空的源頭、貫通究竟實在的諸法實相。

也許吾人對於問題之思考，不宜一開始就以對立性的方式來切入，但在近代佛學思潮的衝擊與洗禮之下，吾人又不得不順應著潮流來思考問題。

換言之，緣起性空與如來藏說本是一體兩面的關係（對聖嚴法師而言，應該是如此的），而非絕然對立割裂的。但在當代台灣佛教的泰斗印順法師三系說的分判之下，卻認為唯有「性空唯名系」才真正掌握了佛法真髓，❸且把緣起性空當成了性空唯名系之專利，而認為「虛妄唯識系」是空得不夠徹底，且認為「真常唯心系」（如來藏說）是空過了頭，

---

❷ 《自家寶藏——如來藏經語體譯釋》，頁7。
❸ 如《中觀今論》云：「惟有中觀論者依緣起顯示空，即空而不壞有，始能善巧中道。」台北：正聞，1950，頁192。

違背了佛法緣起性空，甚至認為是種外道梵我之思想。❹如此一來，大乘三系說不僅壁壘對峙、高下旗幟分明，且更透露出了誰代表佛法？誰非佛法？

在印順法師三系說思潮的衝擊下，不少知識分子紛紛走避「真常唯心」，且將中國佛教與印順三系說之「真常唯心」劃上等號，加上台灣特殊政治環境氛圍的影響，諸多學者轉而研究南傳佛教或藏傳佛教，甚至亦有不少法師改學南傳佛教或藏傳佛教。因此，被印順法師視為「真常唯心系」的中國佛教，不僅如印順法師所說的「了無生機」，且簡直可說被宣判了無期徒刑。

同樣地，聖嚴法師也難以避免此佛學思潮之影響，且如同聖嚴法師自己所說的，其在學術思想及治學上深受印順長老之影響。當然聖嚴法師也深知印順三系與太虛三宗有明顯之差別，且也清楚知道其本身所提倡的人間淨土雖是受太虛與印順之影響，但其中亦有所別。

諸如此類，吾人可窺知聖嚴法師的思想是多方面的。雖然如此，但在此多方面的思想中，做為聖嚴法師學術思想的，乃是緣起性空，亦是印順三系說之性空唯名，同樣地，聖嚴法師亦以印順三系說之真常唯心來了解如來藏說，將如來藏、佛性視為方便，而以緣起性空為究竟。雖然聖嚴法師的觀點未必與印順法師完全相同，但其對緣起性空、如來藏說之分判，基

---

❹ 參見拙著《天台緣起中道實相論》第十章第二節〈檢視印順法師所理解的天台學〉，此中對印順法師三系說的分判有詳細充分之論證，頁456-487。

本上可說不離印順三系說之論點。也因為如此，縱使試著對緣起性空、如來藏說加以融會，也難免出現究竟與方便之差別，而非緣起性空、如來藏說是平等一如的。

但聖嚴法師無論在主體信念上或修行體證上，以及所指導的禪淨修行上，乃至其所提倡的人間淨土、心靈環保等，可說皆與如來藏思想有極密切之關係。且若就印順三系說之論點來看，此如來藏說無異於梵我思想，而非如聖嚴法師所說的「不違背緣起的空義」。

對聖嚴法師而言，如來藏、佛性，是空性的異名、假名。但聖嚴法師於論述如來藏說時，往往引用印順三系說下的如來藏作說明，且推崇印順的三系說是正本清源、具備歷史方法資料的客觀性等。如此一來，往往易令人理解聖嚴法師的如來藏思想，就是印順三系說下的「真常唯心系」之如來藏。而實際上，此二者之間仍是有差別的。

對印順法師而言，其基本上是不贊成如來藏說，甚至是否定如來藏說，認為如來藏說已違背了佛法的緣起性空，幾乎等同於外道神我學說，❺尤其是被印順法師判為真常唯心系的中國佛教更是如此。但對聖嚴法師而言，如來藏是空性異

---

❺ 雖然印順法師也說如來藏是種方便，如《印度之佛教·自序》說：「能立本於根本佛教之淳樸，宏闡中期佛教之行解（梵化之機應慎），攝取後期佛教之確當者，庶足以復興佛教而暢佛之本懷也歟！」（《印度之佛教》，1942，頁7。1985年重版，台北：正聞）又如《契理契機的人間佛教》所說：「『攝取後期佛教之確當者』，是指『後期大乘』的如來藏、佛性、我等只要確立它們只是方便而非究竟、只是為了開引外道而非實有、不可將之神化，還是『能契合佛法，不違現代的佛法。』」（參《契理契機的人間佛教》，1989，頁42-43，台北：正聞）但基本上

名，其本身也是緣起無自性的，甚至認為今後的世界佛教還得依靠如來藏思想來整合、消融。

雖然如此，但在聖嚴法師的諸論著中，並未對如來藏與緣起之關係作一充分地論證，且聖嚴法師所說的如來藏往往又沿著印順三系說而來，因此更易讓人理解聖嚴法師之如來藏思想是印順三系說的真常唯心。

到底聖嚴法師與如來藏說之關係如何？實有待進一步之釐清。本論文即是基於此而來，首先探討聖嚴法師的思想，進而探討如何因應之道。

藉由本論文之分析可知，聖嚴法師在學術思想上雖採用印順三系說，但對如來藏之看法並非完全同於印順法師，且認為如來藏思想具包容性，將成為今後世界佛教之主軸。聖嚴法師此論點可能存在的問題，是其學術思想既是依於印順三系說而來，那麼其對於如來藏說所作的釐清能有多少作用？這也是聖嚴法師思想上今後可能將會面對的課題。另外，將緣起性空與如來藏說，以究竟、方便來分之，難免出現兩橛化之情形，如此是否會影響到其所指導的禪淨修行、人間淨土等？諸如此類，皆有待進一步之分析，以及日後之觀察。最後，本論文試著從傳統中國佛教所分判的大乘三教

卻認為真常唯心之如來藏說違背了緣起法，如《中觀今論》云：「『真常者』，……他們所講的不空，是在真如法性上講的，是形而上學的本體論，神祕的實在論。」（頁191）又說：「不空妙有者，本質上是破壞緣起法的」、「真常唯心者從太過派引發出來的，破壞緣起而另覓出路」（頁192）諸如此類，印順法師一再地強調真常唯心之如來藏說本質上是破壞了緣起法，是形而上學的本體論，神祕的實在論。換言之，此所指涉的是種外道梵我、神我思想。

三宗及現代學者傅偉勳的看法,提供因應之道,以供參考。

二、聖嚴之思想

(一)學術思想──印順三系

　　對聖嚴法師而言,❻緣起性空乃佛法之根本,此思想主要根源於《阿含經》之「此生故彼生」、「此滅故彼滅」,而認為到了大乘佛教則是依此提出諸法無自性空,如《華嚴心詮》云:

> 　　若從現代學者們以佛教思想發展史的角度來看,佛教是以緣起論做為宇宙觀及人生觀之基調的。……一直到了初期大乘佛教的龍樹菩薩造《中觀論》,也就是依據《阿含經》緣起觀的「此生故彼生」、「此滅故彼滅」,而提倡諸法無自性空的思想。❼

　　又如《華嚴心詮》云:

---

❻ 有關對聖嚴法師理論系統的探討,辜琮瑜《聖嚴法師的禪學思想》一書中,第四章第一節以「一、起點與歸趣──緣起性空思想」、「二、主體信念──佛性真如思想」、「三、觀念之融通與法門之匯整」來作說明。《聖嚴法師的禪學思想》,頁135-145。

❼ 《華嚴心詮》,頁80。另參聖嚴法師〈明末的唯識學者及其思想〉所說:「印度的大乘佛教,共有三大流,即是中觀(空)、如來藏、唯識的三系。其源頭,當然都與早期的佛經有關。佛教的根本思想是緣生觀或緣起論,緣起與緣滅是分不開的,說到緣起,必也連帶著緣滅。故如《雜阿含經》所說:『此有故彼有,此起故彼起』又說:『此無故彼無,此滅故彼滅。』世間一切現象,無一不在緣生緣滅的軌則之中。凡由因緣生起的,亦必仍由因緣而消失,此一現象的消失,必然引發其他

本來，空的思想，由《阿含經》的無常、無我、空，到《般若經》的十八空、二十空，已經圓熟，再由龍樹的《中觀論》依四諦十二因緣起予以組織次第的強化深化，便很夠明確了的。但是，從瑜伽行派依大眾部的根本識說，發展為阿賴耶緣起的思想談空；從分別論者等主張的心性本淨說，發展為如來藏緣起及華嚴宗的法界緣起思想所談的空，其意涵還是不太相同的。❽

此為聖嚴法師對緣起無自性空的基本看法，亦可說是依印順法師三系說之性空唯名的論點而來，且認為瑜伽行派之阿賴耶緣起所談的空，以及如來藏緣起與華嚴宗法界緣起思想所談的空，和中觀是不太相同的。至於差別何在？對此，聖嚴法師作了進一步說明，指出唯識學派所說的空，是密意方便說，且認為如來藏說可與中觀學派接通。❾

另外，聖嚴法師也深知《阿含經》所詮釋的性空緣起，

現象的生起，所以不論是心理、生理、物理的，不論是抽象或具體的，乃至也不用分別形而下的現象界或形而上的理念界，無不如此。沒有永恆的現象，沒有不變的真理，它的定律，便是緣生無自性，故稱為空。此空乃是不執有也不著空的空，故稱中道或中觀。」《中華佛學學報》第1期，頁1-2。

❽ 《華嚴心詮》，頁214。

❾ 參見《華嚴心詮》，頁215-216。值得注意的，是聖嚴法師在此認為如來藏思想可以與中觀學派相接通，如《華嚴經心詮》云：「可是從如來藏思想的角度來說，眾生皆具佛性，不論如何，等到因緣熟時，必將個個成佛，此與主張自性空的中觀學派是可以接得通的。」（《華嚴心詮》，頁215）由此可知，亦可看出聖嚴法師如來藏思想與印順法師仍是有所別的。

偏重於世間的無常法來說明，❿但也明白《阿含經》的緣起法
實已涉及了法界常住、真如的一面。諸如此類，也顯示了《阿
含經》實已蘊含了真如常住之思想。⓫亦由此可知，此真如常
住之思想，並非如一般所認為的到大乘晚期才發展出來的。⓬

　　聖嚴法師的學術思想，基本上可說是依印順法師的三系
說而來，如聖嚴法師〈明末的唯識學者及其思想〉所說：

　　　印度的大乘佛教，共有三大流，即是中觀（空）、如來
　　　藏、唯識的三系。⓭

---

❿ 如《天台心鑰》云：「《阿含經》的三藏教，只說緣起性空的無常法，
　未說真實不變的常住法。若依《佛地經論》卷七云：常有三種……印順
　法師所判的『真常唯心論』，便是指的這一系統的經論所說。」
⓫ 《華嚴心詮》云：「依據《雜阿含經》卷十二的二九九經所說……這已
　表明了如來自決自證的成佛之法，便是法界常住的緣起法，……。可見
　《阿含經》中，已將真如一詞，代表著如如或如實的緣起法。」頁175。
⓬ 一般學者將如來藏思想視為大乘晚期，如《華嚴心詮》云：「千百年來
　的漢傳佛教圈內，很少有人懷疑如來藏思想的正統性及正當性，然到西
　元十九、二十世紀，即有學者從佛教聖典成立史的角度，從文獻內容考
　察了思想史的演變，便提出了新的看法，認為印度大乘佛教，可分為
　初、後的二期，如來藏的思想及信仰，是屬於印度的後期大乘教。此在
　漢文化圈內，是以印順長老的研究最為卓越，他在1981年出版了一冊
　《如來藏之研究》，資料考證和論證，都是極具學術價值的。在日本，
　也有幾位專攻如來藏研究的學者，其中則以高崎直道教授的成果最為輝
　煌。」《華嚴心詮》，頁265。另又說到：「印順長老在他的自序中說，
　初期大乘的龍樹論中，還沒有明確的說到如來藏與佛性，所以斷定這是
　後期大乘。」《華嚴心詮》，頁266。
⓭ 《中華佛學學報》第1期，頁1。

　　又如其於〈印順長老著述中的真常唯心論——以《大乘起信論講記》為主〉一文所說：

　　聖嚴蒙受印老治理佛學態度的影響很深，我也非常感恩印老的著作，對我一生學佛的啟發，所以我於國內外，不論在口頭上或在文章中，總是鼓勵有心於佛法的研究者及修行者，多讀印老的著作。❹

　　因此之故，聖嚴法師對中國佛教之理解，自然而然地也就沿用印順法師三系說的真常唯心（如來藏說）來了解，將中國佛教分判為真常唯心（如來藏）系。雖然聖嚴法師所理解下的真常唯心（如來藏）之中國佛教，未必與印順法師完全相同，但無可否認的基本上是沿著印順法師三系說而來。如聖嚴法師〈明末的唯識學者及其思想〉說：

　　因此，這三系的大乘佛教之間，雖有究竟法和方便法的諍議，卻均被認為是正統的佛教。❺

又說：

　　當然，這三系的大乘佛教思想，既是同出一源，也必有其相互影響的作用，到了中國，空宗與唯識，未能持久

---

❹《中華佛學學報》第13期，頁2。
❺《中華佛學學報》第1期，頁3。

發展。天台接受空義，畢竟是以禪觀及性具為主。華嚴接
受唯識，畢竟是以淨心的性起為主，故又可稱為淨心緣起
的唯心論。華嚴的唯心是指的真心。如以起信論為主的諸
家，所稱的唯心，是指如來藏緣起的真妄和合心，畢竟不
同於以虛妄心為阿賴耶識緣起的唯識思想。但在中國各宗
之中，均用了空思想及唯識思想，因為空是根本佛法中的
緣起觀，唯識是說明根本佛法中的業感緣起的。❶❻

　　在此，聖嚴法師認為大乘三系說「均被認為是正統的佛
教」，是「同出一源」，其實依印順法師之看法，唯有性
空唯名系掌握了佛法真髓，而唯識是空得不夠徹底，真常唯
心則是空過頭，於空外另立如來藏，並非如聖嚴法師所說的
「均被認為是正統的佛教」、「同出一源」。對於這一點，
其實聖嚴法師本身也知道的。另亦可從聖嚴法師對印順與太
虛之分辨得知，如《天台心鑰》云：

　　　　此師生二人，都是近代中國佛教思想史的巨人，所標
　　　示的兩種大乘三系說，粗看似相近，其實大大的不相同。
　　　太虛是以中國佛學為本位，並且肯定真如如來藏的最高地
　　　位，印順則以印度佛學為本位，並且貶抑真如如來藏，肯
　　　定以緣起性空為佛教的根本思想。❶❼

---

❶❻ 《中華佛學學報》第1期，頁3。
❶❼ 《天台心鑰》，頁26。又如〈印順長老的護教思想與現代社會〉云：
　　「《大乘三大系的商榷》：太虛大師對印度大乘，立三系名稱法界圓覺

　　由此亦可知印順是貶抑真如如來藏思想，而肯定以緣起性空為佛教的根本思想。雖然如此，但聖嚴法師卻有意無意就印順《大乘起信論講記》，來顯示印順肯定如來藏價值，又如《華嚴心詮》云：

　　傾向於印度初期大乘佛教性空思想的印順長老，雖不贊成如來藏思想的真空妙有之說，卻對《起信論》的價值，依舊是肯定的態度。 **⓲**

　　這也可以看出，聖嚴法師似乎想藉此來佐證如來藏之價值。但此中得稍作說明，印順法師雖寫《大乘起信論講記》，但此並不表示其贊同如來藏說，是因為他看不慣呂澂等人一味地否定《起信論》，才寫《大乘起信論講記》以作釐清，若以如來藏和虛妄唯識論讓其選擇，印順法師仍然認為唯識勝過如來藏。 **⓳**

宗、法性空慧宗、法相唯識宗。印順長老則指出，太虛大師著重中國宗派而用印度三系來含攝。印順長老著重印度經論，並認為從全體佛教去看，有的從法相而歸宗唯識，也有不歸宗唯識的。故於民國三十年，創說新三系：性空唯名論、虛妄唯識論、真常唯心論。以對現代中國佛教思想有極大的啟示作用，在現代國際佛教學術界，則將三系名為中觀學、唯識學、如來藏學，其涵蓋面則不若印順長老標示的三系名稱來得深廣。」《中華佛學學報》第4期，頁10。
⓲ 《華嚴心詮》，頁232。
⓳ 如〈《起信論》與扶南大乘〉云：「中國而反對《起信論》最徹底的，是南京支那內學院，這是以唯識宗思想為準繩，而否定《大乘起信論》的。內院學者呂澂，作《起信與禪——對於大乘起信論來歷的探討》，指《起信論》是依魏譯（513年譯）《入楞伽經》而造的。……其實，

（二）主體信念──如來藏說

對聖嚴法師而言，如來藏是緣起性空之異名，且具整合性、適應性、包容性、消融性的，為今後的世界佛教之主軸。❷聖嚴法師此論點，是頗具前瞻性的。

有關聖嚴法師如來藏說，基本上，其認為是緣起性空之異名，如《天台心鑰》云：

> 「真如法性」：真如的梵文是Bhūta-tathatā，有很多的同體異名，例如自性清淨心、佛性、法身、如來藏、實相、法界、法性、圓成實性等。又被譯為真如性，它是真實如常的一切諸法之體性；離虛妄故為真實，常住而不改

即使《起信論》是依譯文正確的《楞伽經》而作，論義又正確，也未必能為呂澂等所認同，呂澂不是曾說『楞伽……於體用染淨之判， 猶未瞭然』嗎？站在一宗一派的觀點來衡量方便多門的佛法，是不太適當的！《起信論》非馬鳴造，非真諦譯，這是文獻考證問題，而義理又當別論。我覺得《起信論》的作者，是依據參照不少經論，而不只是魏譯《楞伽經》的。《起信論》的思想，主要是依從海道而來，特別與扶南（Funan）弘傳的大乘有關。以下，要略的介紹幾點。」（《中華佛學學報》第8期，頁3）又說：「在中國佛教中，這部論起著深遠的影響，也不妨說是中國人的偉大了！ 我從扶南（Funan）大乘說到《起信論》，只是不能同意偏執的宗派意識，所以從思想演化的觀點，作少分的論究。在本人對一切佛法的理解，還是比較贊同虛妄唯識論的。」（《中華佛學學報》第8期，頁15）

❷ 如《華嚴心詮》云：「今後的世界教，應該要具整合性、適應性、包容性、消融性的，能夠擔任並扮好這份使命及角色的，相信還得要靠如來藏思想。」（頁273）又如《自家寶藏──如來藏經語體譯釋》云：「因此我敢相信，適應未來的世界佛教，仍將以如來藏思想為其主軸，因為如來藏思想，既可滿足哲學思辨的要求，也可滿足信仰的要求，可以連接緣起性空的源頭，也可以貫通究竟實在的諸法實相。」（頁7）

變故為如實。故名之為真如。❷

又說：

　主要有《起信論》與《唯識論》的兩種真如觀，《起
信論》主張真如隨緣不變、不變隨緣；《唯識論》主張
真如不隨緣。天台家及華嚴家採用《起信論》的觀點，
所謂隨緣真如，便是真如隨無明之緣，起九法界之妄
法，雖有隨緣之妄法而真性不變。依隨緣真如，故真如
即萬法；依不變真如，故萬法即真如。這是如來藏系的
思想特色之一。❷

又如《華嚴心詮》云：

　如來藏的梵文是Tathāgata-garbha，意為在一切眾生心
中，藏有如來的覺性，若能除去一切的無明煩惱，即是清
淨的佛心，即見本具的如來覺性（佛性），是故如來藏與
佛性，是異名同義。❷

　此說明了如來藏Tathāgata-garbha或真如Bhūta-tathatā，
本身具有諸多名稱，所謂：自性清淨心、佛性、法身、如來

---

❷ 《天台心鑰》，頁262。
❷ 《天台心鑰》，頁262-263。
❷ 《華嚴心詮》，頁265。

藏、實相、法界、法性、圓成實性等。且具備「隨緣不變、
不變隨緣」之特色。

另外，聖嚴法師於《自家寶藏——如來藏經語體譯釋》
中，對如來藏內涵加以進一步明之，如其云：

> 實相無相而無不相，法身無身而遍在身，便是無漏智
> 慧所見的空性。佛性、如來藏、常住涅槃等，其實就是空
> 性的異名。佛為某些人說緣起空性，又為某些人說眾生悉
> 有佛性，常住不變，但是因緣法無有不變的，唯有自性空
> 的真理是常住不變的。有了無我的智慧，便見佛性，見了
> 佛性的真常自我，是向凡夫表達的假名我，並不是在成佛
> 之後，尚有一個煩惱執著的自我；那也就是《金剛經》所
> 說的：「無住生心」的一切智心，絕對不是神教的梵我神
> 我。❷

此不僅說明了實相、法身、佛性、如來藏、常住涅槃
等，是空性的異名，且說明是由無漏智慧所見的空性，佛陀
隨順眾生種種不同因緣，而有種種不同名稱之施設。至於佛
性常住不變，乃是一種假名施設，而非真正有實體。所以，
不能以一般凡夫的知見來了解此常住不變，其實如來藏乃無
常之常。也因此可確定，如來藏絕對不是神教的梵我神我。

聖嚴法師雖然強調如來藏絕對不是神教的梵我神我，但
其如來藏觀念，基本上，可說沿自於印順之看法，視如來藏

---

❷《自家寶藏——如來藏經語體譯釋》，頁7。

是種方便，以性空為究竟。其與印順法師之差別，雖然印順法師認為是為了攝化外道之方便，但是印順法師認為中國佛教之如來藏已是梵化之神我，而聖嚴法師並未有積極充分之回應，也只是從如來藏是「開引外道」及消融性來作說明。

（三）調和之道──究竟方便

若是就傳統中國佛教來說，如來藏說其本身即已具備了空、有融合之特質。但在印順三系說之下，其與緣起性空是對立的。而聖嚴法師之學術思想是採用印順三系說，故才有所謂調和之說。

由前述對聖嚴法師如來藏說之探討，略可得知聖嚴法師有意無意在為如來藏作澄清，視佛性、如來藏只是空性的異名，如《華嚴心詮》云：

佛性如來藏，只是空性的異名、假名，乃是為了適應、順應、投合執我外道之所好而設立的。所以《楞伽經》已說，如來藏不即是印度神學的梵我、神我。但它的確是一切法的根本，的確是一切眾生生死及涅槃的主體。所以要說是「佛了義實教」、是「一乘顯性教」，此在各種有神論、尤其是各種一神論的宗教文化圈中，是非常實用的，是可普遍應用的。由此可知，中觀見及唯識見的思想，為什麼在漢文化社會中，只被少數人當做學問來研究討論，而未能成為被廣大社會運用在生活信仰及實際修行中的原因了。相反地，如來藏思想的華嚴哲學、天台思想，在與禪宗及淨土信仰結合之後，便形成了漢傳佛教普及信仰的

主流。㉕

　　在此引文中，聖嚴法師一方面說明如來藏不即是印度神學的梵我、神我；另方面則顯示如來藏為一切法的根本，也是一切眾生生死及涅槃的主體，視佛性、如來藏，是為了適應、投合執我外道之所立的。進而認為佛教之所以流傳於中國是基於此，且認為如來藏說可普遍應用到各種有神論，尤其是各種一神論的宗教文化圈中。甚至認為今後的世界佛教還得要靠如來藏思想，如《華嚴心詮》云：

　　　　今後的世界佛教，應該是要具整合性、適應性、包容性、消融性的，能夠擔任並扮演好這份使命及角色的，相信還得要靠如來藏思想。㉖

　　此顯示了聖嚴法師對如來藏思想所具之整合性、適應性、包容性、消融性的重視。

　　但對聖嚴法師而言，基本上，認為緣起性空才是佛法之根本究竟，且認為空性是真常不變易的，《自家寶藏——如來藏經語體譯釋》云：

　　　　但是因緣法無有不變的，唯有自性空的真理是常住不變的。㉗

㉕ 《華嚴心詮》，頁272-273。
㉖ 《華嚴心詮》，頁273。
㉗ 《自家寶藏——如來藏經語體譯釋》，頁7。

又如《華嚴心詮》云：

其實，唯有空性，才是真常不變易的……。 ❷❽

此在在顯示了聖嚴法師視緣起性空為佛法之根本究竟，而認為如來藏說是種方便法門。

接著，聖嚴法師對如來藏說與緣起性空之關係，加以進一步調和，如《華嚴心詮》云：

其實，《中論》卷四〈四諦品〉，先說：「以有空義故，一切法得成；若無空義者，一切則不成。」又說：「眾因緣生法，我說即是無（空）。」（大正三十，三三上及中）……這已明確地告訴了我們，唯有空是能夠促成一切法的，青目論師對此的解釋是：「以有空義故，一切世間出世間法，皆悉成就，若無空義，則皆不成就。」（大正三十，三三上）可知空性是眾生的主體，也是成佛的正因。〈四諦品〉又說：「若先非佛性，不應得成佛。」（大正三十，三四上）空性即是佛性，若無佛性，豈能成佛？……以此可知，若將佛性如來藏視作即是空性，雖在中觀見，也是認同的。 ❷❾

此說明了空性是眾生的主體，也是成佛的正因。若就此

---

❷❽ 《華嚴心詮》，頁272。
❷❾ 《華嚴心詮》，頁273。

而論，所謂的空性、佛性，是無二無別的。換言之，佛性即空性，空性即佛性，皆可做為眾生之主體。且認為此論點，在中觀見者也會認同的。因此，將無常、空性、佛性、法身等加以融合，如《華嚴心詮》云：

> 悉有佛性的理由是：佛性即是諸行無常、諸法無我的空性，無一現象非無常，無常即無實我實法，無常法即無不變恆常的自性，故在《般若經》稱為自性空，稱為畢竟空，此一自性空的形容詞，轉為名詞，即稱為空性，即是空無自性之意。既然是諸法本空的自性，此一空性便是遍在的，便是恆常的。因此，空性遍在萬物萬象的一切法，即是一切法的自性，總名之為法性；此空性在凡夫的有情眾生，稱為佛性，因為若能覺悟此諸法自性是空，便稱為見性，所以佛性亦名覺性；成佛之後，此空性即成為佛的法性身，簡稱法身，亦名法界身。❸

此顯示了空性是遍在的、恆常的，是眾生的主體。基於此，所以空性、佛性、法性、見性、覺性、法界身等彼此是相融的，是不同因緣之施設。此空性遍於一切法中，稱之為法性；此空性在凡夫的有情眾生，稱為佛性；若能覺悟此諸法自性是空，便稱為見性，所以佛性亦名覺性；成佛之後，此空性即成為佛的法性身，簡稱法身，亦名法界身。顯然地，空性仍如佛性般具有遍在、恆常的特質，以做為眾生之主體。

---

❸ 《華嚴心詮》，頁263-264。

由前述可知，聖嚴法師一方面以空性為佛法之根本、究竟；一方面視佛性、如來藏為方便。但另方面聖嚴法師基於空性是遍在的、恆常的，又將空性、佛性等同起來。如此一來，所謂的如來藏、佛性是否如空性一樣是究竟的？對此，聖嚴法師似乎未有進一步說明。若此能成立，那麼方便即究竟、究竟即方便，方便與究竟無二無別。如此才是真正達到如來藏說與緣起性空之融通。

若能如此，才能真正徹底解決如來藏說與緣起性空對立之問題，也才能為今後的世界佛教步上康莊大道，真正實踐如聖嚴法師所說的：「今後的世界佛教，……還得要靠如來藏思想。」及「適應未來的世界佛教，仍將以如來藏思想為主軸。」因為如來藏思想具備了整合性、適應性、包容性、消融性等特質，且如來藏思想可滿足哲學思辨的要求、滿足信仰的要求，甚至可以連結緣起性空的源頭及貫通究竟實在的諸法實相。㉛

聖嚴法師之所以如此的看重如來藏說，可說主要來自於聖嚴法師的主體信念，深信如來藏說將成為今後世界佛教之主軸，且深知中國佛教諸宗（不論天台、華嚴、禪宗、淨

㉛ 此段之論點，乃參考《華嚴心詮》、《自家寶藏——如來藏經語體譯釋》。為便於閱讀，摘錄如下：如《華嚴心詮》云：「今後的世界佛教，應該是要具整合性、適應性、包容性、消融性的，能夠擔任並扮好這份使命及角色的，相信還得要靠如來藏思想。」（頁273）又如《自家寶藏——如來藏經語體譯釋》云：「因此我敢相信，適應未來的世界佛教，仍將以如來藏思想為其主軸，因為如來藏思想，既可滿足哲學思辨的要求，也可滿足信仰的要求，可以連接緣起性空的源頭，也可貫通究竟實在的諸法實相。」（頁7）

土）皆擅長於空、有之調和。 ❸❷

三、因應之方法

（一）三教三宗

　　從上述之探討可得知，聖嚴法師如來藏說與印順法師之看法是有所區別的，認為佛性、如來藏為空性之異名，且認為今後的世界佛教要靠如來藏思想來運作。雖然如此，但因聖嚴法師對如來藏、性空之詮釋，往往沿用印順三系之分判，而非太虛或傳統中國佛教。因此，這也造成聖嚴法師學術思想內在之一些問題。縱使與印順法師三系說有別，但大體上卻脫離不了印順三系之架構。

　　有關如來藏說與緣起性空之融合，其實在中國佛教早已有極充分之論證，尤其是天台、華嚴之教理。因此，本論文試著作進一步之探討；另外，亦舉傅偉勳的論點來做為佐證，以及說明印順三系說所面臨的困境。

　　在中國佛教中，對大乘佛教作一系統分類的，可追溯到

---

❸❷ 如《佛教入門──因果與因緣》云：「佛教到了中國，比較起來，是喜歡空的，但卻並不喜歡印度的般若空，不論是天台、華嚴、禪之各宗，都是空與有的調和論者，總是要講心和性，所謂清淨心和實性、佛性、法性，都是在空去煩惱妄心之後，尚有一個菩提心或寂滅性，這稱為唯心論的佛教，以心為中心，例如天台稱一念三千，不出一心。或稱自性彌陀、唯心淨土等的觀念，均係空與有的調和論，講真空的同時，又要講妙有，這是由於中國的固有文化，喜簡樸，所以對繁瑣的名相分析的法相唯識學，未能作廣大持久的弘揚；又由於中國文化，重視實際的生活，所以對於一空到底的般若之學，也不能作廣大持久的弘揚。」法鼓全集第五輯第一冊，1999，頁132。

天台四教的「通、別、圓」三教。通教，代表著菩薩乘共二乘（聲聞、緣覺乘）之教法；別教，代表著菩薩乘不共二乘之教法；圓教，則象徵著法法平等圓妙，一花一草皆是中道實相。若以空、假、中三諦來說，是指中道佛性，也是一般所說的如來藏。為了避免「中」與空、假割裂不相即，天台往往以「即空即假即中」來表達之，以顯示空、假、中三者是彼此相即的，故稱之為圓融三諦。且顯示空、假本身即是中道，非於空、假之外另立中道。

　　若就如來藏來說，可說指的就是中道佛性。此中道佛性，在天台有別、圓二教之不同。別教之中道，稱為「但中」，顯示「中」與空、假不相即；圓教之中道，稱為「圓中」，顯示「中」與空、假相即。因此，一般所說的如來藏，在天台教理至少有兩層涵義，甚至可開成五種三諦。❸然不論是圓教之「中」或別教之「中」，皆可說是建立在緣起無自性上。當然也有可能發生對別教「中」之偏執情形，而墮入外道梵我思想中。❸同樣地，若執取圓教之「中」，亦有

可能甘露變成毒藥。㉟

　　由此可知，不僅對「中」之執取易墮入外道神我；同樣地，若執取「空」，亦是如此，或如二乘取證空而入涅槃。

　　天台之「空、假、中」，乃至「即空即假即中」之施設，可說是對治空、假、中之偏執而來。

　　至此，吾人可得知任何之施設皆有其因緣，包括空、假、中，乃至「即空即假即中」無不如此，若將其執以為實性，則墮外道梵我。非只是執如來藏會有此問題，若執無我、空，何嘗不是如此。同樣地，若不能了達空亦是假名施設，而以空為判準，將空自性化，何嘗非外道思想？！

　　就華嚴宗而言，其直接就諸法之相互關聯，來顯示諸法之相即不離，亦即所謂的法界緣起。縱使就如來藏緣起來說，在華嚴宗也往往藉用「空、有不二」或「理、事無礙」來論述如來藏，顯示如來藏乃是不異空之有，所以是「有而非有」，此非有即空。㊱

墮冥初生覺，從覺生我心過，尚不成界內思議因緣，豈得成界外不思議因緣？！惑既非不思議境，翻惑之解豈得成不思議智？！」（CBETA，T33，no.1716，頁699，c14-19）此乃天台對魏晉南北朝時之地論師、攝論師將如來藏及阿黎耶識執為實性之批判。

㉟ 如《摩訶止觀》卷5：「圓教四門生四見，見見具三假六十二見百八煩惱等。如來教門示人無諍法，消者成甘露，不消成毒藥。」（CBETA，T46，no.1911，頁63，b25-27）《妙法蓮華經玄義》卷4：「若開麤顯妙，無麤可待，即絕待行妙意也。問：法華開麤，麤皆入妙。涅槃何意更明次第五行耶？答：法華為佛世人破權入實，無復有麤，教意整足。涅槃為末代凡夫，見思病重，定執一實，誹謗方便，雖服甘露不能即事而真，傷命早夭，故扶戒定慧顯大涅槃。得法華意者，於涅槃不用次第行也。」（CBETA，T33，no.1716，頁726，b3-10）

　　而此如來藏說並非如印順法師三系說對真常唯心論的看法，認為華嚴宗之如來藏說是外道梵我。更何況華嚴宗所論述之事事無礙法界緣起，基本上乃是就法與法之關係來論述，以此來表達華嚴別教一乘之特色。**㊱**

　　前術論及聖嚴法師的學術思想受到印順三系（性空唯名、虛妄唯識、真常唯心系）之影響，而印順之三系，實亦從太虛三宗（真空無相宗、虛妄唯識宗、法界圓覺宗）而來，然太虛之三宗，亦可說是來自於華嚴宗法藏的大乘三宗（真空無相宗、唯識法相宗、如來藏緣起宗）。**㊳**雖然彼此所使用三教三宗之名稱略有所別及所賦予之評價不同，但大體上所指涉的對象是共通的。有關大乘佛教的三宗、三教、三系，如下圖表所示：

㊱ 如《華嚴五教止觀》卷1：「夫事理兩門圓融一際者，復有二門：一者心真如門、二者心生滅門。心真如門者是理，心生滅者是事。即謂空有二見，自在圓融，隱顯不同，竟無障礙。言無二者，緣起之法似有即空，空即不空，復還成有。有空無二，一際圓融，二見斯亡，空有無礙。何以故？真妄交映全該徹故。何者？空是不礙有之空，即空而常有；有是不礙空之有，即有而常空。故有即不有，離有邊有；空即不空，離無邊空。空有圓融，一無二故。空有不相礙，互形奪故，雙離兩邊。故經云：深入緣起，斷諸邪見。有無二邊，無復餘習。」（CBETA，T45，no.1867，頁511，b5-16）另如《法界觀門》於理事無礙觀，以十種角度來探討理事之關係，如《註華嚴法界觀門》卷1：「一、理遍於事門，……十、事法非理門。」（CBETA，T45，no.1884，頁687，b23，頁689，b2）

㊲ 詳細之論證，可參考拙著《華嚴無盡法界緣起論》第一章、第四章。

㊳ 如《大乘起信論義記》卷1：「第二隨教辨宗者，現今東流一切經論，通大小乘。宗途有四：一、隨相法執宗，即小乘諸部是也。二、真空無相宗，即般若等經、中觀等論所說是也。三、唯識法相宗，即解深密等經、瑜伽等論所說是也。四、如來藏緣起宗，即楞伽密嚴等經、起信寶

法藏三宗	真空無相宗	唯識法相宗	如藏來緣起宗
宗 三宗	泯絕無寄宗	息妄修心宗	直顯心性宗
密 三教	密意破相顯性教	密意依性說相教	顯示真心即性教
太虛三宗	真空無相宗	虛妄唯識宗	法界圓覺宗
印順三系	性空唯名系	虛妄唯識系	真常唯心系

　　就法藏的大乘三宗來說：真空無相宗，是指會事顯理，重點在於「理」。唯識法相宗，是指依理起事，重點在於「事」。如來藏緣起宗，是指理事融通無礙，重點在於「理、事」之關係。換言之，真空表現在理上，唯識表現在事上，如來藏表現在理事不二上，雖然各有所偏重，但彼此並非對立的。太虛的三宗，可說依此而建立。至於印順的三系，亦依此而建立，所不同者，印順將緣起性空視為性空唯名之專屬，以此非難如來藏說違背了緣起性空。

　　對法藏而言，三宗基本上彼此皆建立在緣起無自性上，

性等論所說是也。此四之中，初則隨事執相說，二則會事顯理說，三則依理起事差別說，四則理事融通無礙說。以此宗中許如來藏隨緣成阿賴耶識，此則理徹於事也；亦許依他緣起無性同如，此則事徹於理也。又此四宗，初則小乘諸師所立，二則龍樹提婆所立，三是無著世親所立，四是馬鳴堅慧所立。然此四宗亦無前後時限差別，於諸經論亦有交參之處。」（CBETA，T44，no.1846，頁243，b22-c7）本論文所言三宗，是針對大乘佛教而言，若除去四宗之小乘「隨相法執宗」，則成為大乘三宗。另外，宗密提出三宗三教之看法，如《禪源諸詮集都序》卷1：「禪三宗者：一、息妄修心宗。二、泯絕無寄宗。三、直顯心性宗。教三種者：一、密意依性說相教。二、密意破相顯性教。三、顯示真心即性教。」（CBETA，T48，no.2015，頁402，b17-20）

只是彼此偏重各有所別，所以形成了三宗，不似印順法師
只許性空唯名系是建立緣起無自性上。在法藏之三宗中，真
空無相宗，以彰顯無自性之空理；唯識法相宗，以彰顯事為
主；如來藏緣起宗，以彰顯理事圓融不二。

　　諸如此類，吾人可得知，不論天台或華嚴對如來藏說之
論述，基本上是就理事不二論證之。

（二）學者建言──以傅偉勳為例

　　有關印順三系之性空唯名系可能存在的問題，以及因應
之道，本論文舉傅偉勳的觀點來作說明。依傅偉勳的看法，
認為印順三系說是相當獨斷的觀點，如〈從中觀的二諦中道
到後中觀的台賢二宗思想對立──兼論中國天台的特質與思
維限制〉云：

　　　在當代中國佛學界最具影響力的一代泰斗印順法師，由
　　於堅信中觀哲學代表勝義佛法的終極真理，也相當獨斷地
　　主張，除了「中觀為正，唯識為副」的印度（大乘）佛學
　　之外，如來藏思想之類的所謂「真常唯心論」或台賢二宗
　　的所謂「圓教」教義，乃至一般禪學以及淨土思想（密宗
　　更不用說）等等，皆非正統正宗，義理上無甚意義，不但
　　可有可無，反有污染中觀原旨之險。❸

---

❸ 傅偉勳〈從中觀的二諦中道到後中觀的台賢二宗思想對立──兼論中國天
　台的特質與思維限制〉，《中華佛學學報》第10期，385頁。

　　此說明了在印順三系說之分判下，唯有中觀哲學代表勝義佛法的終極真理，如來藏思想（包括天台、華嚴、禪宗、淨土思想等）之類的所謂「真常唯心論」，不僅皆被印順法師視為非正統正宗，且認為反有污染中觀原旨之險。接著，傅偉勳提出他個人對天台、華嚴宗的看法，認為天台、華嚴宗處於後中觀時代，此二宗之立論不但不違背中觀，且講活、救活了中觀，如其云：

　　我卻認為，處於後中觀時代而遵循中觀所立二諦中道這大乘佛法共同理念的天台大師智顗，正是以創造的詮釋家身分，發現龍樹上述本頌的種種可能「蘊謂」（豐富的義理蘊涵）之餘，不但挖掘出具有深意的《中論》「當謂」（即「龍樹『應當』如此講說」），特為龍樹講活了二諦中道之旨，且進一步救活了具有無限否定性（而忽略日常妙有性）的可能偏差之嫌的印度本位一切法空觀，而創造地開展出「真空（即顯）妙有」的圓融三諦、一念三千等等天台獨特的實相論說的。以法藏為首的華嚴宗亦然，乃站在所謂「別圓教」立場，開展了批判地超越一切法空觀的，圓融無礙四法界觀、十玄門、六相圓融等等華嚴宗獨特的真空妙有論。就這一點說，木村泰賢在《大乘佛教思想論》中所強調的，「從真空到妙有」的大乘佛法開展理路，如與印順法師的偏守中觀論說相比，顯然殊勝得多，至少能夠順理說明，勝義（大乘）佛法不得不從中觀原創的二諦中道辯證地轉進（足以代表中國大乘佛學傳統的）台賢二宗分別所倡「圓教」義理的理論線索。❹

　　依傅偉勳的看法，認為天台特為龍樹講活了二諦中道之旨，且進一步救活了具有無限否定性的可能偏差之嫌的印度本位一切法空觀，而創造地開展出「真空（即顯）妙有」的圓融三諦、一念三千等等天台獨特的實相論說的。另外，也認為華嚴宗站在別教一乘之立場，不僅批判地超越一切法空觀的思想，且開展了圓融無礙四法界觀、十玄門、六相圓融等等華嚴宗獨特的真空妙有論。

　　換言之，依傅偉勳的看法，天台獨特的實相論說、華嚴宗的真空妙有論，不僅講活了二諦中道之旨，且進一步救活了中觀可能存在的偏差。至於為何如此？傅偉勳對此作了進一步之說明，如其云：

　　但是，法師未曾明說（或敢說）中道亦如空、假二諦，本身亦是假名，蓋中道乃依附二諦之分別而有，在不二門的不可思議佛法之中，二諦分別化為烏有，則那來得所謂「中道」？因此空、假、中同時成真，同時亦可成假。緣起與空性、諸法與實相、生死與涅槃等二元分別原本不立，因此中道亦原本不立；此類二元分別乃不過是一體兩面的兩種觀法及其言詮而已，而中道也者乃就強調兩者「交融無礙」而另顯一種觀法及其言詮而已，三者畢竟同等無別而又（於此二諦中道的言詮佛法層次）形成三種不即不離的觀法，觀法（在天台宗）即不外是「諦」，故云三諦，有何不可呢？天台家有意講活甚至救活二諦中道理

念之際，到底誤解了甚麼？天台「即假即空即中」的三
諦（三種終極不二而暫且分為三種觀法）難道祇是「思
想的自由」（印順法師似乎意指「戲論」或「思想的遊
戲」），還是二諦中道的創造性詮釋呢？**❹**

在此，傅偉勳特別針對中道來作比較，顯示天台之中道
並不遜於印順所宗的中道。至少對天台而言，空、假、中三
者是平等的，三者皆是假名施設，三者同時成真，亦可同時
成假，因此天台往往以「即假即空即中」來說明三者是不即
不離的。反觀印順法師並未曾明說（或敢說）中道亦如空、
假二諦，本身亦是假名。

由此可知，天台對二諦中道之論證，比印順法師所說的
中道更為徹底。豈如印順法師一味地視天台對中道之詮釋只是
「思想的自由」，且認為天台智者已背離了中觀。至於孰窄化
了中道？孰誤解了中道？此等皆有待吾人作進一步之探討。

四、結語

有關如來藏說之問題，在印度佛教早已存在著諍論，且
進而加以釐清如來藏說並非外道之梵我、神我。在中國佛教
的發展中，亦難避免此問題之產生，亦有可能將如來藏、佛
性等梵我化之情形，此在陳・隋時期的天台智者（538-597）
早已提出。**❹**其實不只是如來藏說會產生此問題，同樣地，此
問題亦會發生在性空唯名或虛妄唯識上，甚至《阿含經》亦

---

❹ 《中華佛學學報》第10期，387頁。

不例外。這似乎是人類難以避免的問題，因為人類與生俱來的本能，就存在著對絕對普遍性之追求。

因此，如何避免走向絕對化？可說是佛教之重要課題，藉由不斷地反省觀照，了知一切皆是因緣所生，不僅如來藏是因緣所生法，是種方便；其實連所謂的緣起性空，亦是種方便，其本身亦是因緣所生法，假名施設的。反之，若視緣起性空為唯一究竟，此恐易將緣起性空墮入自性化。

若就此而言，所謂的如來藏是種方便說，反而易讓人產生覺察，而避免墮入自性化中；反觀若將緣起性空視為唯一究竟，此不單無法解決二元的問題及三系說相互對立的問題，且難免將性空唯名陷入自性化的困思中。

由此可知，所謂方便，何法非方便？！不僅如來藏說如此，緣起性空亦是如此。若要說究竟，何法非究竟？！不僅性空是究竟，如來藏說亦是究竟。所以，若印順三系說下之如來藏有梵我之情形，性空唯名系之自性化何嘗不也如此。

因此，重新檢視佛教，重新來看待真常唯心之如來藏說，乃是當務之急。

聖嚴法師的學術思想，基本上，是採用印順法師的三系說，且以性空唯名為究竟、如來藏為方便。但聖嚴法師的主體信念卻是如來藏說，以及其所指導的禪淨修證、所提倡的人間淨土，乃至其所推動的心靈環保等，可說皆與如來藏說有極密切之關係。在印順法師三系說的分判之下，如來藏說

---

❷ 參《妙法蓮華經玄義》對魏晉南北朝時之地論師、攝論師將如來藏及阿梨耶識執為實性之批判。（T33，no.1716，頁699，c14-19）

與性空唯名,基本上是存在著對立,若聖嚴法師是沿著印順法師三系說來試圖解決如來藏說所存在的問題,其所能產生的釐清作用,效果恐怕不大。

本論文的建議:如來藏說與緣起性空本是一體兩面之施設,並非存在著對立之關係,此在中國佛教諸宗(不論是天台或華嚴宗,甚至禪宗、淨土),皆可找到充分之論證,如:論證「空、有不二」、「理、事無礙」等,以及禪宗惠能之《壇經》、諸禪師、淨土大師等論著,有諸多這方面的論述。因此,本論文認為要解決如來藏說所存在的問題,可直接就傳統中國佛教來切入或直就如來藏說來論述如來藏;此外,亦可針對印順法師三系說所存在的困思來作反省,畢竟將大乘佛教分成對立性的三系說,視緣起性空為性空唯名之專屬,如此一來,不僅是印順法師三系說所分判下的如來藏說會有問題,且連性空唯名系亦難免墮入空自性化之傾向。

Venerable Sheng Yen's Scholarship on Late Ming Buddhism

Jimmy Yu（俞永峰）

Assistant Professor at Florida State University

▎ Abstract

This paper aims to accomplish two tasks. First, to explore Venerable Sheng Yen's (1930-2009) contribution to Buddhist studies through his study of Ouyi Zhixu 蕅益智旭 (1599-1655), who was one of the four eminent clerics of the late Ming period (16th-17th centuries). I argue that in the context of the 1970s, Sheng Yen's work not only spearheaded the study of late imperial Chinese Buddhism, but also contributed to a greater understanding of modern forms of Buddhism. Second, and more importantly, this paper examines how Sheng Yen's scholarship has impacted his own formulation of and approach to the teaching of Buddhism that is oriented towards the modern world. I focus on three aspects of Sheng Yen's thought—his doctrinal synthesis of Chinese Buddhism, his Chan teaching grounded in Buddhist doctrine, and his promotion of the bodhisattva precepts—and divide the development of his thoughts on doctrine and practice into four periods in order to show how they can be traced back to his study of and response to Ouyi's life work. While the evidence culled for this paper needs to be further studied and that my conclusions are tentative, the general thrust of the argument is highly conceivable.

In Taiwan Venerable Master Sheng Yen (1930-2009) was named as one of the fifty most influential people of the past four hundred years. He is known as an educator, a great advocate and exponent of humanitarianism and environmentalism, a Chan master, and a scholar. He was a prolific writer. His writings cover diverse areas of Buddhist studies and Buddhist practice. It is difficult to clearly discern a systematic thought that runs through his various work. This short paper is an initial attempt at doing just that. While the evidence culled for this paper needs to be further studied and that my conclusions are tentative, the general thrust of the argument is highly conceivable. I argue that Sheng Yen's scholarship on late Ming Buddhism has been instrumental in his understanding of Buddhism and in formulating his own teachings. Specifically, this paper explores Sheng Yen's contribution to Buddhist studies through his study of Ouyi Zhixu 溝益智旭 (1599-1655), who was one of the four eminent clerics of the late Ming period (16th-17th centuries). In the context of the 1970s, Sheng Yen's work not only spearheaded the study of late imperial Chinese Buddhism, but also contributed to a greater understanding of modern forms of Buddhism. This paper also aims to examine how Sheng Yen's scholarship has impacted his own formulation of and approach to the teaching of Buddhism that is oriented towards the modern world. I focus on three aspects of Sheng Yen's thought—his doctrinal synthesis of Chinese Buddhism, his Chan teaching grounded in Buddhist doctrine, and his promotion of the bodhisattva precepts—and divide the development of his thoughts on doctrine and practice into four periods in order to show how they can be traced back to his study of and response to Ouyi's life work.

Sheng Yen's scholarship was revolutionary and controversial in the context of Buddhist studies in Japan in the 1970s. At that time Buddhism in late Chinese religious history was largely unexplored. There were several reasons for this. Japanese scholars of Chinese Buddhism tended to overlook this later period because it was considered to lack any bearing on the historical genesis of Japanese

Buddhism. Likewise, Sinologists who focused on Chinese history tended to marginalize Buddhism. Even scholars who do worked on Chinese religion during this time tend to interpret Buddhism through the normative lens of Neo-Confucianism.❶ Sheng Yen explored terrains that were basically untouched. Working against the Buddhist scholarly currents at the time, his monograph on Ouyi Zhixu, *Minmatsu Chūgoku Bukkyō no kenkyū: toku ni Chigyoku o chūshin to shite* (明末中國佛教の研究：特に智旭を中心として), published in 1975, was the first indepth study of one of the so-called "four eminent Buddhist clerics" in the late Ming that influenced subsequent study of the other eminent Buddhist clerics.❷ A thorough analysis of Sheng Yen's scholarship on the late Ming is beyond the scope of this paper. Here I shall focus exclusively on the intellectual thought of Ouyi as represented by Sheng Yen in his *Minmatsu Chūgoku Bukkyō no kenkyū*. I will not discuss Sheng Yen's historicization of Ouyi's religious practices

---

❶ To my knowledge, the only scholar working on late imperial Buddhism at this time was Araki Kengo 荒木見悟, who produced two books on the late Ming: *Mindai shisō kenkyū : Mindai ni okeru Jukyō to Bukkyō no kōryū* 明代思想研究: 明代における儒教と佛教の交流 (Tōkyō : Sōbunsha, 1972); *Minmatsu shūkyō shisō kenkyū ; Kan Tōmei no shōgai to sono shisō* 明末宗教思想研究：管東溟の生涯とその思想 (Tōkyō : Sōbunsha, 1979). His thoughts, based on the normative Neo-Confucian views, different substantially from that of Sheng Yen.

❷ The other three scholars who worked on the other three eminent monks in the late Ming were Sung-peng Hsu (徐頌鵬), *A Buddhist Leader in Ming China: The Life and Thought of Han-shan Te-ch'ing* (University Park: Pennsylvania State University Press, 1979); Chüng-fang Yü, *The Renewal of Buddhism in China: Chu-Hung and the Late Ming Synthesis* (New York: Columbia University Press, 1981); and the third scholar is J.C. Cleary who wrote a dissertation on Zibo in the late 70s, and published it as a Buddhist book popular consumption, J.C. Cleary, *Zibo: The Last Great Zen Master of China* (Berkeley CA: Berkeley Asian Humanities Press, 1989).

or his research methodology, both of which reflect more or less conventional approaches to Buddhist studies at the time.❸

In 1979, Dr. Jan Yun-hua wrote a positive book review of *Minmatsu Chūgoku Bukkyō no kenkyū*, but also questioned Sheng Yen's apparent ambiguous position on Ouyi's "original contribution" to Chinese Buddhism. He asked "Was this lack of originality in his thought a general reflection of the decline of Buddhist dynamism in China"?❹ But if we examine Sheng Yen's work closely, we see that Sheng Yen does argue, quite clearly, for an acknowledgement of Ouyi's original contribution. Different from the received normative traditions which claim that Ouyi Zhixu was a Tiantai monk, a Chan monk, or a vinaya monk, Sheng Yen convincingly asserts that Ouyi's thinking cannot be limited to any one of these schools. He was an active systematizer of many different Buddhist and non-Buddhist schools of thought. The syncretic tendency of late Ming Buddhism is, of course, recognized in scholarly circles since the 1970s, but Sheng Yen claims that Ouyi was the only Buddhist cleric in the late Ming who cogently integrated different Buddhist schools of thought in a consistent manner. For example, Ouyi divided strands of Buddhist philosophy

---

❸ My main criticism of early Buddhist scholarship, which includes Sheng Yen's work on the late Ming, is the limitation of using literary criticism (*wenxian shi* 文獻史) to reconstruct narrative social history. The "context" of the late Ming that Sheng Yen provides, for example, is problematic. "Context" itself as an idea consists of texts. Yet, analysis of texts through intertextuality is still insufficient because it is unable to break away from the practice of connecting text with text. It assumes that single texts are the ultimate objects of study and the principle units of meaning. It also assumes that certain text can represent the history of a community.

❹ See Jan Yun-hua, *Minmatsu Chūgoku bukkyō no kenkyū: toku ni Chikyoku wo chushin to shite* (A Study of Chinese Buddhism during the Late Ming Dynasty by Focusing on the Central Position of Chih-hsü), *Journal of the American Oriental Society*, vol.99, no.1. (Jan. - Mar., 1979): 130-131, especially, 131.

into two main schools: the school of phenomenal appearance (Faxiang school 法相宗) as represented by Consciousness-only school (weishi zong 唯識宗); and the school of phenomenal nature (Faxing school 法性宗), which included indigenous schools such as Huayan 華嚴 and Tiantai 天台.❺

Sheng Yen contends that Ouyi made three contributions to late Ming Buddhism. First, in sythesizing the various strands of Buddhist thought, Ouyi articulated and invented a unique concept of the *xianqian yinian xin* 現前一念心 or "the mind of the single manifested thought." This interpretation is an indirect criticism of Araki Kengo's claim that Ouyi's formulation was actually inspired from the thought of innate knowledge (*liangzhi* 良知) of Wang Yangming 王陽明.❻ According to Sheng Yen, Ouyi used this concept to explain and bridge the seemingly incongruent teachings between the two schools mentioned above. Specifically, Ouyi appropriates terms such as "the present manifested mind" (*xianqian xin* 現前心) from the *Śūraṃgama Sūtra* 大佛頂首楞嚴經,❼ the "instance of thought" (*jie'er xin*介爾心) from the *Great Calming and Contemplation or the Mohe zhiguan* 摩訶止觀,❽ and the "true suchness of the one mind" (*yixin zhenru* 一心真如) from the *Awakening of Mahāyāna Faith* 大乘起信論❾ to reinterpret the narrow definition of the sixth sense consciousness in the Faxiang school.❿

Second, according to Sheng Yen, Ouyi also harmonized the differences between the Chan and the Faxing schools. However,

---

❺ Ouyi's systematization of these two schools of thoughts was inspired by Yongming Yanshou's 永明延壽 (904—975) *Zongjing lu* 宗鏡錄; see *Minmatsu Chūgoku bukkyō no kenkyū*, pp.365-66.

❻ Araki Kengo 荒木見悟, *Mindai shisō kenkyū*, pp.354-371.

❼ See *Da foding shoulengyan jing* 大佛頂首楞嚴經, T. no.945, 19: 110a.

❽ See *Mohe zhiguan* 摩訶止觀, T. no.1911, 46: 32b2-3, 54a8, 69a8.

❾ See *Dasheng qixin lun*大乘起信論, T. no.1666, 32: 576a5-13.

❿ See *Minmatsu Chūgoku bukkyō no kenkyū*, pp.369-70.

he accomplishes this not from traditional standpoint of the Chan lineage but from the standpoint of scriptures such as the *Śūraṃgama Sutra* and *the Sūtra of Brahma's Net* 梵網經.❶ From this perspective, even though Ouyi can be said to be a Chan monk, he did not fit in the mold of Chan Buddhism that was prevalent during his time, which emphasized *gong'an* 公案 practice and extemporaneous dialog (*jifeng* 機鋒). In fact, Ouyi was vociferous about the pretentiousness of the Chan clerics of his day. Sheng Yen characterizes his form of Chan teachings as the "Chan of Tathgatas" (*rulai chan* 如來禪), as opposed to the "Chan of the Patriarchs" (*zushi chan* 祖師禪).❷ Different from the Chan of the Patriarchs, the Chan of Tathgatas was based on Buddhist scriptures. Ouyi's understanding of Chan cannot be separated from the *Śūraṃgama Sutra*. Moreover, his Chan emphasized observing Mahāyāna precepts. ❸

Third, Ouyi was in general agreement with the *vinaya* tradition of Daoxuan 道宣 (596-667), but he had reservations. Sheng Yen argues that while Ouyi adopted the *Four Division Vinaya* (sifenlü 四分律) of the so-called Hīnayāna tradition as interpreted by Daoxuan, he criticized the latter for reorganizing the ritual procedures (*jiemo* 羯磨; Skt. *karma*) and that the *bhikṣu* precepts must be complimented by Mahāyāna bodhisattva precepts. For Ouyi, the core value of his understanding of the Buddhist morality is centered on the precept derived from the *Sūtra of Brahma's Net*.❹ This idea of integrating Mahāyāna precepts to compliment that of the *Four Division Vinaya* was, according to Sheng Yen, unprecedented in the history of Chinese Buddhism.

I contend that Ouyi's and Sheng Yen's thoughts converged precisely on these three points of doctrinal synthesis, Chan

❶ Ibid., p.371.
❷ Ibid., pp.356, esp., 358-59.
❸ Ibid., p.359.
❹ Ibid., pp.359-61.

practiced based on doctrine, and the emphasis of bodhisattva precepts. According to Sheng Yen's *Shengyan fashi xuesi licheng* 聖嚴法師學思歷程 (*The Intellectual Autobiography of Dharma Master Sheng Yen*), there were three reasons why Sheng Yen chose Ouyi as his dissertation topic:

> The reason I engage in Buddhist studies is for my own practice of Buddhism, not for the sake of doing academic studies. I chose the great master, Ouyi Zhixu, as a topic for my Ph.D. dissertation for three reasons: 1) Master Ouyi Zhixu was one of the four eminent masters of the late Ming. He was not only a scholar, but actually practiced what he preached. Practice must accord with understanding; this is the correct principle of Buddhadharma. 2) Everyone believes that the great master Ouyi was the last Chinese Tiantai master of great accomplishment. I have always admired the school's dual emphasis of doctrine and practice and śamatha and vipaśyanā. This is because doctrinal understanding and meditation practice complement each other, and is precisely the spirit that is needed in today's Buddhism. 3) When I was deciding on a topic for research, I asked my advisor Sakamoto Yukio [坂本幸男] for guidance. He said that originally he wanted to write such a topic, but due to his old age and the fact that the previous Chinese international student never responded to his encouragement to write on such a topic, if I would write this dissertation it would indeed be wonderful!" ⓯

Sheng Yen's interest in Ouyi can be characterized by his admiration for Ouyi's systematization of the Buddhist doctrine and practice and his creative appropriation of the *tathāgatagarbha*

⓯ Sheng Yen, *Sheng Yen fashi xuesi licheng* 聖嚴法師學思歷程 (Taipei: Zheng zhong shu ju, 1993), 126-27.

system of thought to interpret conflicting doctrinal positions. Arguably, the focus in the above passage on the harmony of doctrine (*jiao* 教) and practice or contemplation (*guan* 觀) is characteristic of Sheng Yen's own formulation of Buddhism and Chan. This is corroborated by the fact that in the same book, Sheng Yen states that he had wished to "widely disseminate the spirit of Master Ouyi." ❻

While the doctrinal synthesis of Sheng Yen's thought is similar to that of Ouyi in certain ways, Sheng Yen's own foundation is different than that of Ouyi. In his earlier writings, or formative years of developing his own theoretical understanding of Buddhism, Sheng Yen almost exclusively draws inspiration on foundational Buddhist teachings, particularly that of the Buddhist vinaya and the *Āgamas*.❼ I characterize this period as the Youthful Formation of his intellectual development: from 1956-1969, age 27 to 39. Such a focus stemmed from his personal interest and internal connections in these two areas.❽ Sheng Yen's studies in these two areas established his foundation for his integration of Ouyi's Buddhism. In 1969 Sheng Yen left Taiwan for higher education at Rissho University.

Sheng Yen's understanding of Buddhism took a turn from early Buddhism to later Mahāyāna Chinese Buddhism in Japan during his doctorate studies. I characterize this period as the Formative Years of his intellectual development, from 1969-1975. Two things transpired: his thought was changed by his indepth study of Ouyi; he was exposed to other forms of Buddhism beyond what he had known, including Zen, Shingon, Indian Buddhism, and new

---

❻ Ibid., p.127.

❼ Representative works of this early phase of Sheng Yen's carrer are *Zhengxin de fojiao* 正信的佛教 and *Jielüxue gangyao* 戒律學綱要.

❽ As he states in his *Sheng Yen fashi xuesi licheng*, his initial foray into studying the *vinaya* was basically out of curiosity, op. sit., p.67. He also states that it was his study of the vinayas that inspired his study of the *Āgamas*, pp.71-72.

religions in Japan. This is not the place to go into the details of his experience of other forms of Buddhism in Japan, but suffice it to say that it was his exposure to Ouyi's doctrinal works that later blossomed into his own doctrinal synthesis.

The Mature Years of Sheng Yen's thought, from 1976-1983, age 47-54, is the period of integration of his early studies of the *Āgamas* and Tiantai with Chan. This integration is evidenced in his first English book on Chan published in 1983, *Getting the Buddha Mind*, the culmination of several Chan retreats held in the States.❿ In this work we note his interests in systematizing Chan practice into stages, his appropriation of pedagogical methods of Japanese Zen Buddhism, and his insistence on correcting what he perceived as Japanese Zen's lopsided emphasis of *gong'an* practice (which he may have learned from Ouyi's criticism of Linji's practice in his time) by highlighting alternative Chan theories and methods represented by Hanshan Deqing (1546-1623) and Hongzhi Zhengjue (1091-1157), who were relatively unknown to students of Chan/Zen at the time. In his commentaries on the works of these two masters, we see traces of his insistence on balancing theory and practice, or doctrine and contemplation. His systematization of Chinese Chan Buddhism can also be gleaned in his book *Hoofprint of the Ox*, one of his most systematic presentations of his Chan thought. Even though this work was published in 2001, all the materials that made up this work date back to the early 80s. In *Hoofprint of the Ox*, Sheng Yen places great emphasis on observing precepts, and he interprets the practice of silent illumination in terms of Tiantai's formulation of *śamatha* and *vipaśyanā*. ❷

---

❿ The book in question is *Getting the Buddha Mind* (New York: Dharma Drum Publications, 1983). This book was later translated into Chinese as *Foxin zhongsheng xin* 佛心眾生心.

❷ See Sheng Yen, *Hoofprint of the Ox: Principles of the Chan Buddhist Path as Taught by a Modern Chinese Master* (New York: Oxford University Press, 2001), 53-106, 139-140.

In this light, Sheng Yen's formulation of Chan Buddhism resembles that of Ouyi, especially in the way the latter uses Tiantai doctrine and contemplation to interpret Chan thought㉑ and in the way he insists that precept adherence is central to Chan practice. This is particularly prominent in the Later Years of Sheng Yen's thought, from 1989-2009, age 60 to his passing in 2009, when he developed a new form of the bodhisattva precepts that are both practical and what he considered to be truer to the Mahāyāna spirit. Comparing these two masters' doctrinal understanding, both integrate Buddhist philosophy from the Chan perspective. They use the *tathāgatagarbha* system of thought to synthesize mainstream Buddhist philosophy. In *Tiantai xinyao* 天台心鑰 (*The Key to the Heart of Tiantai*), which is Sheng Yen's his commentary to Ouyi's *Jiaoguan gangzong* 教觀綱宗 (*Essential Principle to Doctrine and Contemplation*), Sheng Yen states:

> *Jiaoguan gangzong* has influenced me greatly, especially in the way [Ouyi] structures and systemizes [the doctrine]. Openly [Ouyi] asserts the following statement in the beginning of his work: "The essence of Buddhas and patriarchs is encapsulated in the [union of] doctrine and contemplation. Engaging in contemplation without understanding doctrine would lead to heterodoxy; engaging in doctrinal study without practicing contemplation would terminate the transmission [of the doctrine]." Doctrine and contemplation refer to the teachings that guides [one's understanding] and the practice that leads to attainment. Passages such as "From Chan, doctrine is born" and "Borrowing the doctrine to awaken to the principle" testify that doctrine and contemplation are the two sides of the same reality; they are complementary to one another.㉒

㉑ See Sheng Yen, *Minmatsu Chūgoku bukkyō no kenkyū*, p.358.
㉒ See Sheng Yen, *Tiantai xinyao* 天台心鑰 (Taipei : Dharma Drum Pub. Corp., 2002), 6.

Ouyi was not a Tiantai master, but he used its teachings and analytical methodologies to formulate a coherent Buddhist teaching.㉓ Similarly, Sheng Yen spent a great deal of time learning Tiantai thought through the works of Ouyi, such that he later stated that his own understanding of Buddhism was significantly rooted in Tiantai Buddhism.㉔ However, he does not considers himself a Tiantai specialist, but (as he states in retrospect in 2002) one who merely uses Tiantai teachings to reveal the unique features of Chinese Buddhism. Specifically, he cites the "inclusive (*baorong xing* 包容性), integrative (*xiaorong xing* 消融性), and systemic (*xitong xing* 系統性) characteristics" of Chinese Buddhism.㉕

There are, however, differences in the thinking of these two masters. Even though Sheng Yen affirms the *tathāgatagarbha* teachings in his Chan writings, the heart of his Chan is the foundational wisdom teachings set forth in the *Āgamas*.㉖ He sees the *Āgamas* as the earliest embodiment of the Buddha's teaching on wisdom, specifically the wisdom expressed in the three seals of the Dharma (*san fayin* 三法印).㉗ As noted above, this was the starting point in the development of his own understanding and synthesis of Buddhist teachings. Ouyi's foundation, however, was the *Śūraṃgama Sūtra*.㉘

In emphasizing precept observance, Ouyi centered his thought on the *Sūtra of Brahma's Net*, whereas Sheng Yen, questions the practicality of these precepts.㉙ Sheng Yen shifts the focus away from the *Sūtra of Brahma's Net* to a more holistic and practical

---

㉓ See Sheng Yen, *Minmatsu Chūgoku bukkyō no kenkyū*, pp.463-64.

㉔ See Sheng Yen, *Pingjie lixing* 評介、勵行 (Taipei : Dongchu Pub., 1993), 223.

㉕ See Sheng Yen, "Preface," in *Tiantai xinyao*, pp.5-10, esp. 10.

㉖ See Sheng Yen, *Shengyan fashi xuesi licheng*, p.200-1.

㉗ This is also corroborated in *Hoofprint of the Ox*, pp.53-64.

㉘ See Sheng Yen, *Minmatsu Chūgoku bukkyō no kenkyū*, p.356.

㉙ See the DVD on the "1990 Commentary on the Bodhisattva Precept" (Taipei: Dharma Drum Pub. Corp., 2006), first morning talk.

vision of bodhisattva precepts, based on different Indian and Chinese Buddhist scriptures.❸ Most of his endeavors to reinterpret bodhisattva precepts belong to the Later Years of his thought. At the same time Sheng Yen's understanding of the precepts was already rooted in his earliest period of thought. In his main work on Buddhist precepts, *Jielüxue gangyao* 戒律學綱要 (*Essentials of Learning about Precepts*) written in 1965, Sheng Yen openly writes that "In general, this book is influenced by the two great masters, Ouyi Zhixu and Hongyi. However, I did not follow their line of thought completely...precepts should be a useful guide for all buddhists, not the privilege of one particular school within Buddhism." ❸

Ouyi's and Sheng Yen's formulation of Chinese Buddhism are reflections of their times. Both masters responded to the needs of the Chinese Buddhists in times of perceived crisis (*weiji* 危機). Ouyi not only witnessed the devastation from the fall of the Ming dynasty, but also the internal profligacy of Chinese Buddhism, particularly Chan.❸ Likewise, Sheng Yen's attempted to reinterpret and systematize Chinese Buddhism in such a way that it gives equal weight to precepts, doctrine, and Chan practice. These efforts were founded on his perception that Chinese Buddhism had an extremely minor position in religions of the world, and was on the verge of extinction.❸ Despite the different historical contexts, there are definite parallels between the formulations of these two masters of Chinese Buddhism.

---

❸ See Sheng Yen, *Pusa jie zhiyao* 菩薩戒指要 (Taipei: Dharma Drum Pub. Corp., 1996).

❸ See Sheng Yen, *Jielüxue gangyao* 戒律學綱要 (Taipei: Dongchu Pub., 1991, 12th ed.; originally published in 1965), 7.

❸ See Sheng Yen, *Minmatsu Chūgoku bukkyō no kenkyū*, pp.7-10, 358-59.

❸ See Sheng Yen, *Chengxian qihou de zhonghuachan Fagu zong* 承先啟後的中華禪法鼓宗 (Taipei: Dharma Drum Pub. Corp., 2006), 23-26.

編輯後記

聖嚴教育基金會秉承推動並弘揚聖嚴法師理念之宗旨，以學術研討會的方式，建立與國內外學者的交流互動平台。於2006年假台灣台北圓山大飯店舉辦「聖嚴思想與當代社會」第一屆國際學術研討會，2008年假台灣台北之台灣大學舉辦「聖嚴思想與漢傳佛教」第二屆國際學術研討會。會中邀請國內外漢傳佛教與聖嚴思想研究學者，透過學術論文發表和對話研討的方式探討聖嚴法師之理念，故研討會內容涉及教理教義、思想淵源、歷史定位、教育實踐及社會關懷等層面，以呼應聖嚴法師在世時，強調從心出發，由內而外，以具體行動推己及人，更擴大到對社會、人類、環境、自然、生態的整體關懷，藉由淨化心靈，提昇生活品質。

感謝方丈和尚果東法師、哥倫比亞大學于君方教授與聖嚴教育基金會董事長施建昌先生為本書作序，也感謝台灣大學佛學研究中心、中華佛學研究所、法鼓佛教學院、法鼓山文教基金會與法鼓山世界青年會的協辦使研討會順利圓滿。

本書忝為創刊號，其中編選了研討會中的論文。雖然聖嚴法師已圓寂，但其思想秉承漢傳佛教傳統，又富於積極開創的時代意涵，能繼續為人類點亮一盞永久的明燈。由於聖嚴思想研究為嶄新的學術研究領域，盼望本書的出版能為聖嚴思想研究墊下一塊基石，更盼望由於各界的投入研究，未來可預見其深度。誠如聖嚴法師在第二屆研討會中的致詞：「研究聖嚴思想並不是為了要利益他個人，而是為了協助佛教在人間推廣。」讓人間淨土的理想早日實現。

生命與學術的融合

【聖嚴教育基金會學術研究獎助】

　　集學問、修行、人間關懷於一身的聖嚴法師，以推動「心靈環保」影響普世人心至深。聖嚴法師認為佛教教育是發揚佛法的必要先決條件，因此積極推動具備系統化、全面化及層次分明的教育機構，以符合現在及未來時代之需要。

　　除了法鼓山建置完整的教育體系之外，同時積極鼓勵各方學者投入漢傳佛教與聖嚴思想研究，本會特訂立「博碩士論文獎助辦法」與「佛學院畢業生獎學金」及各領域學者之研究贊助，鼓勵各方學者、博、碩士研究生、佛學院學生能專心投入研究，凡主題與「聖嚴思想」或「漢傳佛教」相關者，誠摯地邀請您來申請。

◎詳細資訊敬請參閱聖嚴教育基金會網站：http://www.shengyen.org.tw/

國家圖書館出版品預行編目資料

聖嚴研究. 第一輯 ／ 聖嚴教育基金會學術研究部
主編. -- 初版. -- 臺北市：法鼓文化, 2010.03
　　面 ；　　公分. --（聖嚴思想論叢 ；1）
　　部分內容為英文

　　ISBN 978-957-598-509-7（平裝）

　　1. 釋聖嚴　2. 學術思想　3. 佛教哲學　4.文集

220.9208　　　　　　　　　　　99002125

聖嚴思想論叢 1

聖嚴研究 第一輯
Studies of Master Sheng Yen Vol.1

編者	聖嚴教育基金會學術研究部
出版者	法鼓文化事業股份有限公司
主編	楊蓓
責任編輯	李書儀
封面設計	黃聖文
內頁美編	連紫吟、曹任華
地址	台北市北投區公館路 186 號 5 樓
電話	（02）2893-4646
傳真	（02）2896-0731
網址	http://www.ddc.com.tw
E-mail	market@ddc.com.tw
讀者服務專線	（02）2896-1600
初版一刷	2010 年 3 月
建議售價	380 元
郵撥帳號	50013371
戶名	財團法人法鼓山文教基金會—法鼓文化
北美經銷處	紐約東初禪寺
	Chan Meditation Center（New York, U.S.A.）
	Tel ／（718）592-6593　Fax ／（718）592-0717

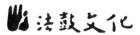